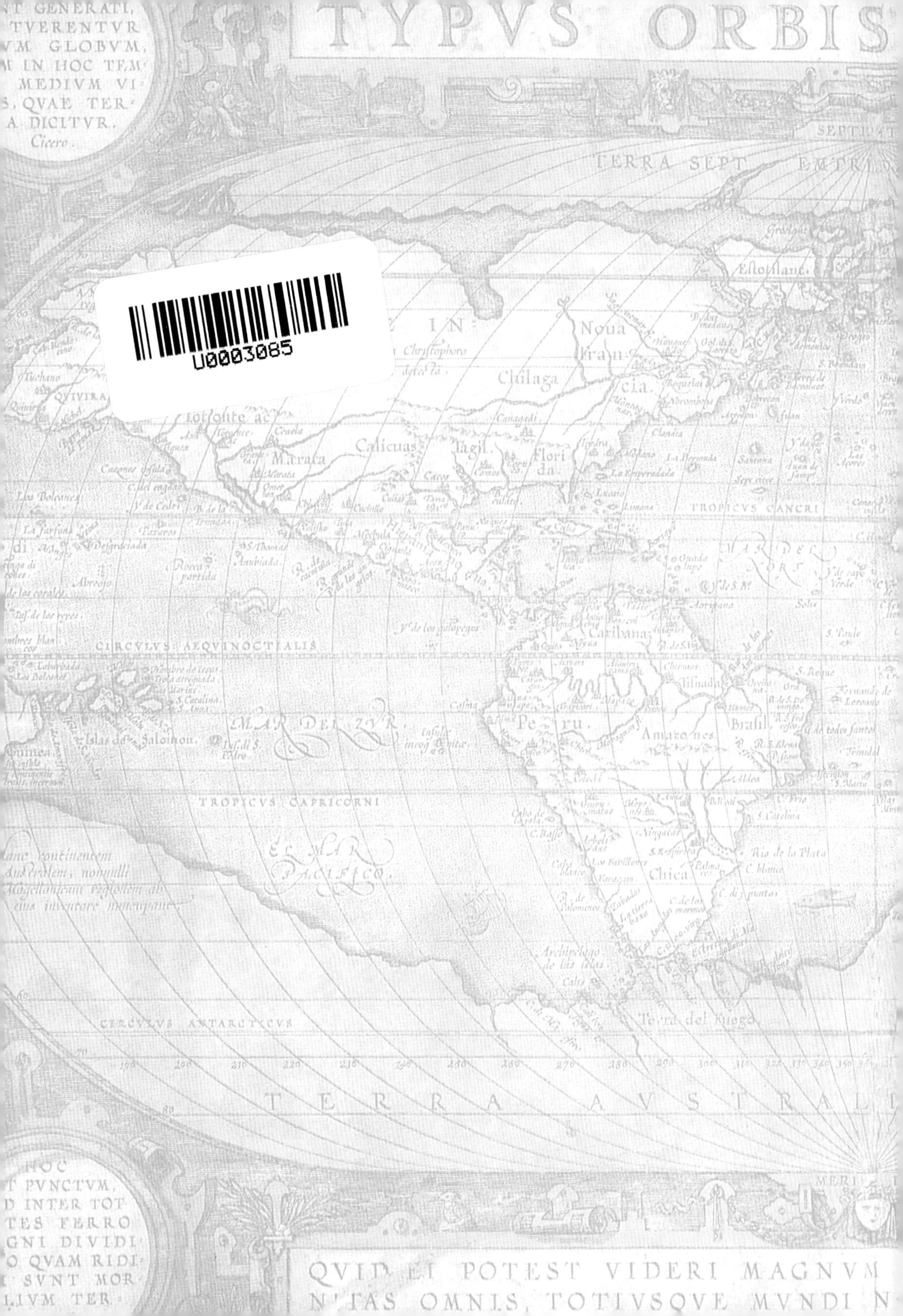
NT GENERATI,
TVERENTVR
VM GLOBVM,
M IN HOC TEM
MEDIVM VI
S, QVAE TER
A DICITVR.
Cicero.
TYPVS ORBIS
TERRA SEPT EMTRI
Noua Francia
Chilaga
Florida
TROPICVS CANCRI
CIRCVLVS AEQVINOCTIALIS
MAR DEL ZVR
Caribana
Peru
Amazones
Brasil
TROPICVS CAPRICORNI
EL MAR PACIFICO
Chica
Terra del Fuego
CIRCVLVS ANTARCTICVS
TERRA AVSTRALI
HOC
T PVNCTVM,
D INTER TOT
TES FERRO
GNI DIVIDI
O QVAM RIDI
SVNT MOR
LIVM TER
QVID EI POTEST VIDERI MAGNVM
NITAS OMNIS, TOTIVSQVE MVNDI N

S TERRARVM.
CAVSA, ARAND
BOS, VENANI
ET CVSTODIEN
CANIS, HOMO A
TEM ORTVS A
MVNDVM CON
TEMPLANDVM.
Cicero.
NALIS INCOGNITA
EVROPA
ASIA
Tartaria
Cathaio
China
Turcheftan
Perfia
Natolia
India orientalis
AFRICA
Agisymba
Nubia
Arabia
Abissini
Manicongo
Melinde
OCEANVS AETHIOPICVS
MAR DI INDIA
Lantchidol mare
LIS NONDVM COGNITA
VTINAM
QVEMADMO-
DVM VNIVERS
MVNDI FACI
IN CONSPECTV
VENIT, ITA PI
LOSOPHIA TOT
NOBIS POSSE
VM IN REBVS HVMANIS, CVI AETER:
NOTA, SIT MAGNITVDO. CICERO:

倒著看的世界史

島崎晉 著　賴又萁 譯

前言

如各位所知，教科書的歷史從古代開始談起，按照時代順序越來越新，這是非常正確的做法。

不過，也並非完全沒問題。除了受時間限制無法一次看到現代史的部分之外，也不容易弄懂事件前後的因果關係。

如果沒有清楚了解因果關係，學生在尚未得到充分理解的情況下，有可能跟不上課程進度。甚至喪失對歷史的興趣，不再碰歷史。這種情況對個人和全體社會都是一大損失，絕對不可以逃避。那要採取什麼樣的對策才好呢？

本書便是答案之一。

如果從新的時代開始讀，就不用擔心對現代史感到生疏。此外，只要明記該事件的原因為何，就能確實掌握因果關係。而且能藉此維持對歷史的興趣，進而覺得歷史很有趣，欲罷不能地想要一直念下去。我想如此就能減少大家對歷史的反感吧！

以這樣的想法為基礎，本書以淺顯易懂為優先考量。盡可能地用平易近人的文章講解，重要的專有名詞以粗體標記。

為了有助閱讀，附上適宜的圖表，在各小節的結尾處皆有「重點整理」，必要時會補充「知識小百科」、「延伸閱讀」、「用語說明」的項目。「延伸閱讀」當中的推薦書籍，精選了內容淺顯、價格不貴、容易購買的書籍，想要有更深入了解的讀者，請務必看看這些書。

在此聲明，專有名詞的讀音表記部分，盡可能採用與原音相近的念法，並不一定與教科書相同。

2012年12月

島崎 普

CONTENTS

2 第二次世界大戰和中國共產黨

3 動盪的歐洲

第2章

妄想征服世界的歐洲列強

【從19世紀到18世紀後半】

為什麼歐洲需要殖民地

1 列強的殖民地化

2 單一民族的獨立國家和革命的浪潮

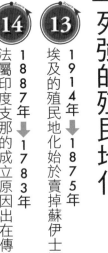

3 新興國家的抬頭

第3章 地理大發現改變歐洲的歷史

【從18世紀前半到15世紀】

為什麼會有宗教改革和地理大發現呢？

1 歐洲和亞洲的改變

2 歐洲的新風氣

3 舊秩序崩毀的亞洲

第4章

全球化的世界
【從14世紀到9世紀】
為什麼東方世界和西方世界會接軌呢？

1 皇家的繼承者之爭與十字軍

2 亞洲的新秩序

3 世界的重整

第5章 世界宗教的起源

【從8世紀到西元前1世紀】

為什麼猶太教、基督教、伊斯蘭教會廣泛傳播呢？

3 世界宗教的誕生

4 漢朝與三國志的時代

第6章 最初的統治者

【前2世紀到古代文明】

為什麼會有文明，文明又是如何傳播至世界的？

3 古代文明的世界

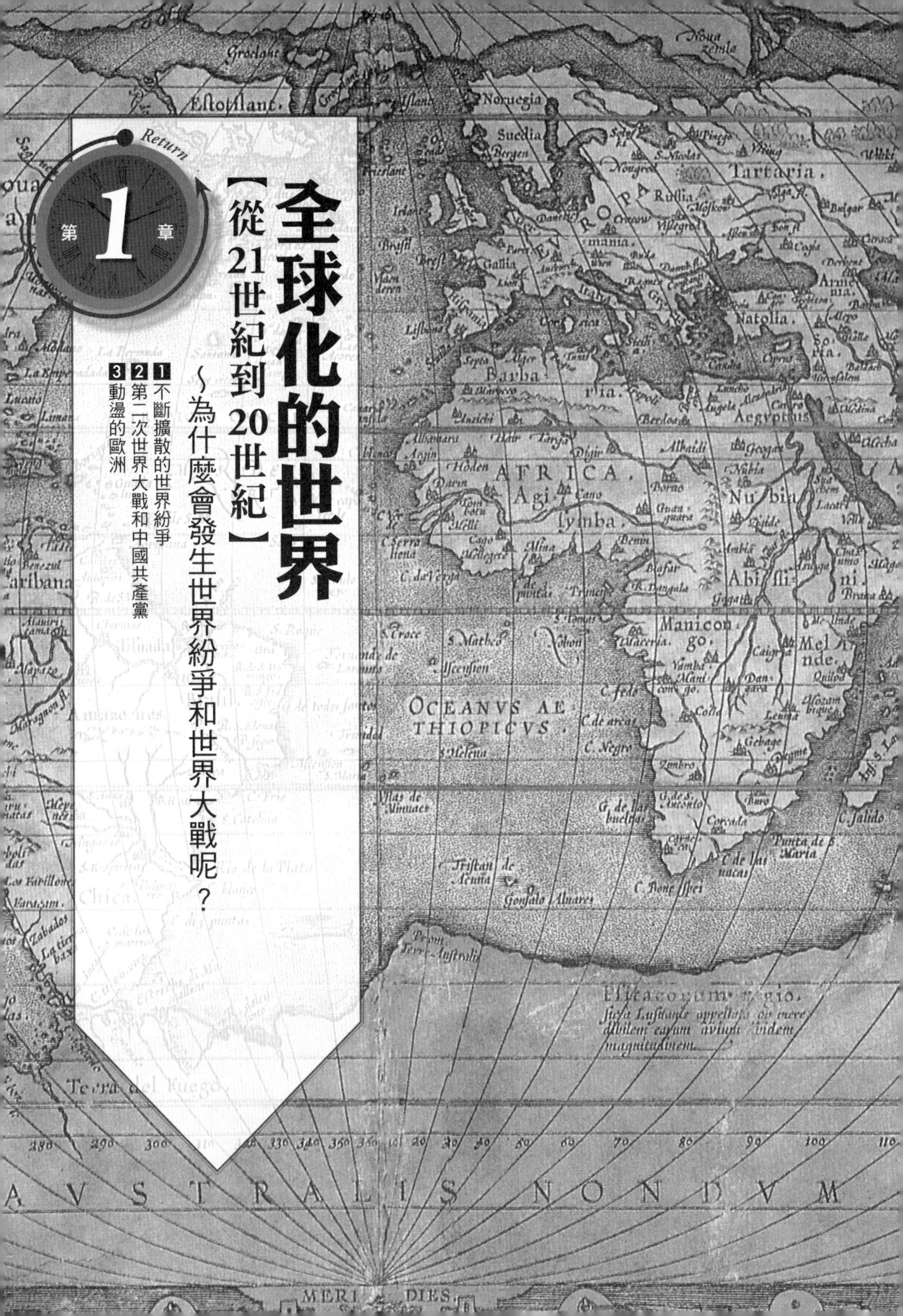

Return

第1章 全球化的世界

【從21世紀到20世紀】

～為什麼會發生世界紛爭和世界大戰呢？

1 不斷擴散的世界紛爭
2 第二次世界大戰和中國共產黨
3 動盪的歐洲

2000

2010 突尼西亞的反政府示威運動（茉莉花革命）

2003 伊拉克戰爭

2001 美國911恐怖攻擊事件

1991 南斯拉夫內戰（～2001）

1980 兩伊戰爭（～1988）

1979 伊斯蘭共和國建立

1973 第四次中東戰爭（十月戰爭）

1971 第三次印巴戰爭

1967 第三次中東戰爭（六月戰爭）

1966 中國開始文化大革命

1962 古巴導彈危機

1960 越戰（～1975）

1959 古巴革命

1956 第二次中東戰爭（蘇伊士運河戰爭）

1950 朝鮮戰爭（～1953）

1949 中華人民共和國建立

1948 第一次中東戰爭（巴勒斯坦戰爭）

1947 發表馬歇爾計畫

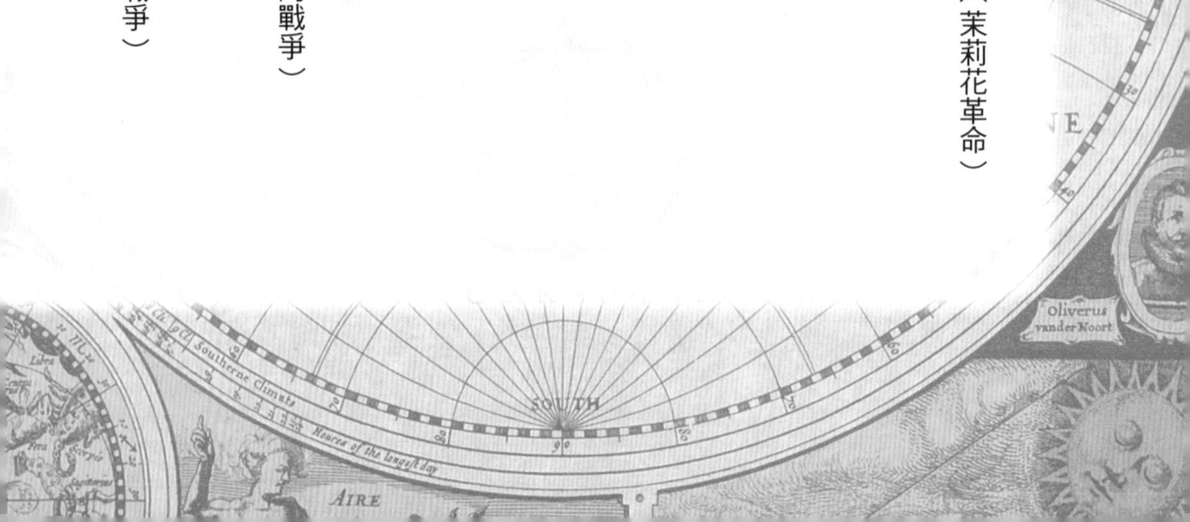

1900

1946 邱吉爾發表「鐵幕」演說
1941 太平洋戰爭（～1945）
1939 第二次世界大戰（～1945）
1937 中日戰爭（～1945）
1936 西班牙內戰（～1939）
1931 九一八事變（瀋陽事變）
1929 紐約華爾街股災
1923 土耳其共和國建立
1920 國際聯盟成立，簽訂色佛爾條約
1918 國總統威爾遜提出「十四點和平原則」
1917 俄國革命
1912 清朝滅亡，中華民國建立
1911 中國發生辛亥革命
1906 全印穆斯林聯盟成立
1905 俄國發生流血星期日事件
1899 南非戰爭（～1902）
1897 召開第一屆猶太復國主義者大會
1870 義大利統一

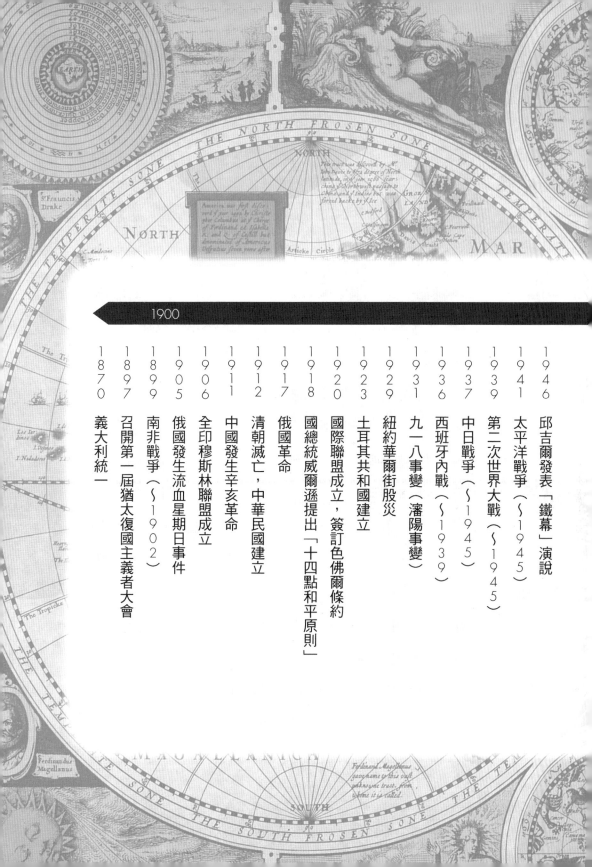

1 阿拉伯之春 源自於19世紀末的一位思想家

思想家阿富汗尼的思想改變了阿拉伯

2010年12月17日，突尼西亞有一名青年自焚。以此為引爆點，在全國展開反政府示威行動，隔年1月14日，執政23年的總統班・阿里不得已只好下台。這個事件被稱為茉莉花革命，其影響波及至周邊阿拉伯諸國，這一連串的變動統稱為「阿拉伯之春」。

埃及約有30年處於穆巴拉克總統的獨裁統治當中，自2011年1月25日反政府示威行動開始，社會波瀾掀起，2月11日穆巴拉克也讓出政權的寶座。穆斯林兄弟會的非合法化解除，一躍而上掌握國政大權。時而被報導為伊斯蘭原教旨主義組織，這是以伊斯蘭教義為基礎、以復興社會為目標的組織，這一類伊斯蘭的復興運動均源自於19世紀活躍於世界的思想家阿富汗尼。

阿富汗尼的思想表露在他創辦的政治評論雜誌《堅柄》，其主張可以歸納為二點。第一點，伊斯蘭世界弱化的原因之一為社會內部的停滯。第二點，欲對抗歐洲列強的帝國主義政策，以伊斯蘭為主軸的連帶運動是有必要的。

阿富汗尼的思想由徒子傳承給徒孫，並隨著傳承產生了二大流派。一派是認為歐洲近代的政教分離與伊斯蘭教義不相互矛盾的近代派，另一派是認為唯有重拾先知穆罕默德時代的純正伊斯蘭才能再興伊斯蘭世界的復古派。後者的流派獲得支持，1928年於埃及成立穆斯林兄弟會。

1967年以後，阿拉伯民族主義衰退

阿富汗尼死後（1897年）不久，其繼承人的力量達不到左右政局的程度。多數的阿拉伯人民比起伊斯蘭更醉心於以跨越國家障壁連繫阿拉伯民族為訴求的阿拉伯民族主義。

在阿拉伯世界，自1948年第一次中東戰爭（巴勒斯坦戰爭）敗戰後，民族主義的熱潮益發高漲。1952年在埃及發起自由軍官運動的革命，陸軍中校納賽爾（GamalAbdulNasser）掌握了實權。納賽爾於1956年當上

加馬爾丁・阿富汗尼（Jamal al-Din al-Afghani，1839-1897）思想家，伊斯蘭活動領導者，提倡泛伊斯蘭主義。

總統，至死為止都擔任總統一職，帶動了阿拉伯民族主義的盛行。第二次中東戰爭（蘇伊士運河戰爭）的勝利，以及1958年2月起約三年半的時間與敘利亞的國家聯盟等事件讓其權威達到最高峰，但是從1962年10月介入北葉門的內戰後聲望開始走下坡，於1967年第三次中東戰爭（六月戰爭）敗北時，完全喪失權威。

受此影響，阿拉伯民族主義的火勢漸微。思考阿拉伯民族整體一事被放在次要的位置，按照列強劃分的國境線，在各自國家內構築國民的族群意識乃首當之務，在政治體系內的君主專制和世俗主義的獨裁政權被一分為二。

穆斯林兄弟會的草根運動有了豐碩的成果

阿拉伯民族主義的退潮在一般民眾之間也受到甚深的影響，為了抵抗以歐美價值觀為尊的全球主義，若要再興停滯的社會該以何為歸依？思考的結果，多數人開始回歸伊斯蘭世界。

為此，埃及的穆斯林兄弟會開始在地下紮根。到了1940年代末期，成長為埃及最大的政治結社，當時據說有相當於50萬名團員數目的支持者。1949年首任領導者哈桑・班納被暗殺，1954年組織轉為非法，穆斯林兄弟會被迫迎接冰凍時期，但是隨著阿拉伯民族主義的退潮，再次重見天日。

知識小百科　實際支配巴勒斯坦自治區加薩的哈瑪斯（Hamas）讓穆斯林兄弟會巴勒斯坦分支與母體結合。

伊斯蘭世界的復興動向雖然變得比較活潑，但是穆斯林兄弟會卻二分成溫和派和激進派。好不容易等到溫和派握有主導權，排除激進派份子，這時不認同中庸政策的人開始脫離兄弟會，成立伊斯蘭聖戰組織（EgyptianIslamicJihad）或伊斯蘭團（TheIslamicgroup）等新的激進組織。1981年的沙達特總統暗殺事件以及1997年多數外國觀光客成了犧牲者的路克索恐怖攻擊事件等，都是這些激進派份子的作為。

隨著穆巴拉克政權的垮台，穆斯林兄弟會取得合法性，在第一次的議會選舉當中成為第一大黨。此一成果無法僅用伊斯蘭世界的復興流程來說明，是至今為止兄弟會針對下層民眾進行的醫療、教育、社會福利等草根活動而得到了豐碩的成果。

埃及的反政府示威活動除了有穆斯林兄弟會所代表的復古派，亦有多數承襲近代派一脈的都市年輕人參與。二者對於伊斯蘭世界的看法雖然相異，但是想要追求自由以及維護正義的心願是相同的。

重點整理

思想家阿富汗尼提倡的「伊斯蘭世界的牽絆」影響了埃及的反政府示威活動，打垮穆巴拉克政權。

延伸閱讀

橫田貴之《原教旨主義的潮流 穆斯林兄弟會》山川出版社

2 印度和巴基斯坦的對立可追溯至英國的印度分離政策

全印度穆斯林聯盟和印度國民大會黨

2008年11月26日，印度的孟買發生恐怖攻擊事件。罪行是伊斯蘭激進派所為，據傳背後與巴基斯坦有關。印度教占大多數人的印度和以伊斯蘭為國教的巴基斯坦，二國關係緊張並不是頭一遭，過去也曾面臨數次差點引發核子戰爭的危機。為什麼二國的交情如此險惡？

712年伊斯蘭首次傳播到南亞，伍麥亞王朝的遠征軍隊經由海路渡過了阿拉伯海，進入印度河中游區域，此乃最早的記錄。藉由陸路的傳播始於11世紀，承接連續統治約320年的德里蘇丹國，在16世紀建立了蒙兀兒帝國。相較於此，英國自18世紀中葉開始正式進軍印度，1858年將全南亞納入殖民地體制內。

以印度國民大會黨*為中心，要求自治、獨立的聲浪不斷高漲，英國政府以導入選舉制度等方式展現一定的讓步，另一方面為了減弱民族運動的力量，開始思考如何在印度教徒和穆斯林之間植入對立意識。而這正好擴大了屬於少數派的穆斯林*認為，自由選舉只是有

＊**印度國民大會黨**　印度歷史最悠久的全國政黨，在脫離英國的獨立運動中扮演要角，以政教分離為原則。

弊無利的危機感。在其助陣下，他們如英國所預期的，於1906年成立了全印度穆斯林聯盟。

穆斯林與印度教徒之間難以修補的鴻溝

全印度穆斯林聯盟雖然以表達南亞整體的穆斯林心聲之姿倍受期待，但成立30餘年，侍奉大地主或律師等階層的利益團體性格較強烈。因為欠缺組織力和大眾的基礎，在1937年第一次實施的州議會選舉當中慘敗。在被分給穆斯林的492席次之中只得到108席次，像是要趕盡殺絕般，印度國民大會黨開始要求實質上的吸收合併。

全印度穆斯林聯盟強烈反對此要求，同時虛心接受選舉的結果，決意走入人群聽取大眾心聲。放棄與印度國民大會黨的協調，改變對英國政府的依賴，開始提倡「完全獨立」的理念。

在這樣的努力下，加入聯盟的人急速增加。壯大後，在1940年3月23日的拉合爾聯盟代表大會上，議長真納發表了印度的穆斯林與印度教徒在語言、宗教、習慣等方面皆為相異的個別民族，應該依據民族自決主義建立屬於穆斯林的國家之演說。針對英國政府，提出了建立專屬於穆斯林的分離獨立國家的要求。

拉合爾聯盟代表大會的決議獲得了穆斯林大眾的支持，聯盟於1945年12月的中央

*穆斯林　指伊斯蘭信徒，女性教徒稱為穆斯林瑪，伊斯蘭這個字本身的意思為「絕對順從」。

■喀什米爾一帶

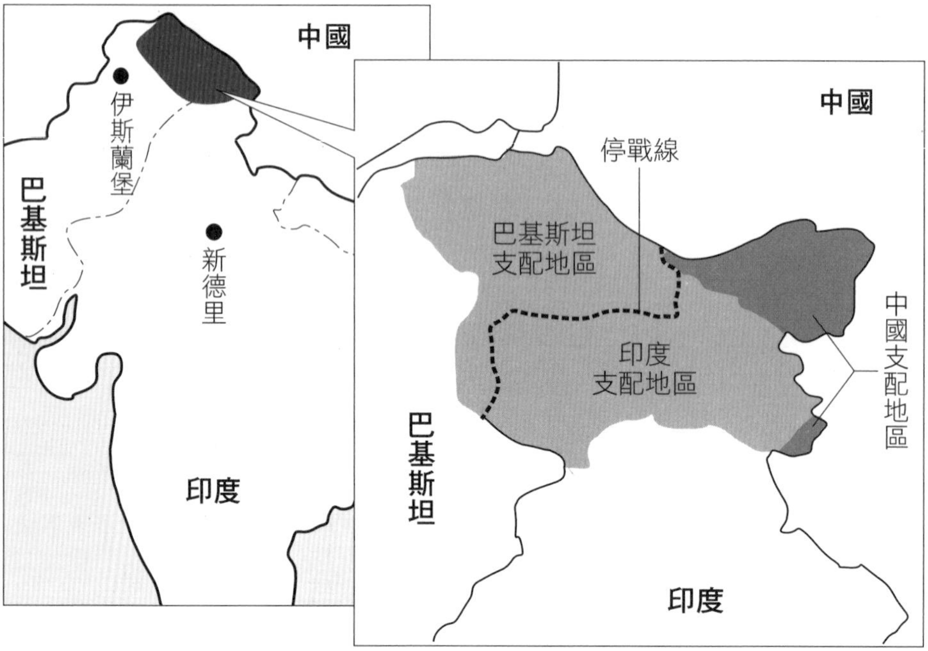

議會選舉和1946年2月的州議會選舉當中，穆斯林的投票總數超過75%，獲得壓倒性的勝利。

經過一連串的大會，印度國民大會黨和全印度穆斯林聯盟的關係變得難以修補。雖然要求獨立的意見一致，但是單一國家顯然已成為非現實的想法。就這樣決定各走各的路，1947年8月14日建立巴基斯坦，隔日印度成為正式的獨立國家。

■為何爆發核子戰爭的危機不斷上演？

北印度夾在巴基斯坦的領土中間，東西分離。但是，東西巴

知識小百科 聖雄甘地痛心於宗教間的相互殘殺，以斷食阻止鬥爭的激化。

基斯坦的關係並不平等。巴基斯坦的名稱是由構成西巴基斯坦的旁遮普、阿富汗、喀什米爾、信德、俾路支這四個地區的名字取一部分組合而成，其中並不包含東巴基斯坦（孟加拉）的名字，東巴基斯坦打從一開始就受到附屬品的對待。

不滿此情況的情緒終於爆發，1971年12月東巴基斯坦獨立，意即孟加拉人民共和國建立，不過這是因為有印度軍的介入才成功，這場戰爭被稱為第三次印巴戰爭。

既然名為第三次，就表示有第一次和第二次，第一次發生於獨立的那年至隔年，第二次是在1965年，二次皆與喀什米爾的歸屬問題有關。

之後二國軍隊雖然沒有發生直接衝突，但是從巴基斯坦潛入的伊斯蘭激進派在印度引發的恐怖攻擊事件每每造成緊張氣氛，有好幾次面臨差點爆發核子戰爭的危機。近年，二國首腦表面上雖然抱持改善關係的誠意，另一方面，二國政府皆加深宗教色彩等，不能否定二國之間依然存在著巨大的不安定要素。

重點整理

英國藉由煽動印度國內的對立，強化殖民政策，這件事仍讓印度痛苦至今。

延伸閱讀

山根聰《四億的少數派 南亞的伊斯蘭》山川出版社

3 伊拉克戰爭的原因為以色列的建國

■巴勒斯坦問題的引爆點為聯合國的分割案

2003年3月20日，以英美為主體的願者聯盟（coalitionofthewilling）展開對伊拉克的攻擊。為什麼會演變成戰爭呢？其實這場戰爭的遠因為1948年的以色列建國。

19世紀末，居住在現在的以色列．巴勒斯坦的猶太人不超過2萬人。受到俄羅斯屠殺的影響，在1917年倍增至5萬6000人。此外，英國外交大臣貝爾福支持猶太人建國的聲明（貝爾福宣言），在英國開始委任統治的1922年，總人口75萬人當中占了11％，1931年占了17％，隨著納粹．德國的抬頭，在1943年達到32.2％的占有率。

雖然猶太人仍屬少數派，但是在聯合國採行的分割案當中，猶太人分到57％的土地。理所當然，遭到周邊阿拉伯諸國的反彈，於是爆發了第一次中東戰爭（1948～1949）。相較於只有簡陋的武器，而且整備不全的2萬3000名阿拉伯聯軍，猶太人的軍隊超過四萬人，不僅裝備齊全且士氣高昂。一開始勝負未定，埃及軍占領加薩地區，約旦軍壓制了約旦河西岸地區，戰爭在猶太人的勝利下結束。新生國家以色列取得相當於

＊**大衛營協議**　1978年由美國總統卡特扮演協調人，與埃及總統和以色列總理達成的外交協議。

■爆發伊拉克戰爭的經過

年	事件
1948	第一次中東戰爭 →以色列支配巴勒斯坦八成的土地
1952	埃及七月革命
1956	第二次中東戰爭 →英法在中近東的地位下降，美俄的發言權擴大
1967	第三次中東戰爭 →以色列的領土再度擴張
1973	第四次中東戰爭 →阿拉伯產油國的石油策略（石油危機）
1979	伊朗革命、埃以和約
1980	兩伊戰爭
1991	波灣戰爭
2001	美國911恐怖攻擊事件、阿富汗戰爭
2003	伊拉克戰爭

聯合國分割案1.5倍的領土，換言之支配了八成的巴勒斯坦土地。

不過，中東的伊斯蘭諸國不接受此結果，除了土耳其和伊朗，皆表明反以色列的態度。另一方面，阿拉伯諸國分成溫和派和激進派，激進派諸國絲毫不掩對美國（支援以色列）的敵意。

■因為美國支援，伊拉克的戰力如虎添翼！

東西冷戰下，英國支援以色列，與阿拉伯溫和派諸國建立友好關係，而蘇聯選擇接近阿拉伯激進派諸國。

可是，在1978年的大衛

＊**伊朗革命**　從巴列維王朝的結束到伊朗伊斯蘭共和國的建立，此大規模的政治、社會變動的總稱。

營協議*、1979年的伊朗革命*以及蘇聯侵略阿富汗戰爭等影響下，中東的勢力版圖開始起了巨大的改變。本以為埃及、約旦與以色列締結和平條約就沒事了，沒想到親美·親以色列的伊朗變成反美·反以色列的國家。又因為同樣與蘇聯為敵，美國也正式對伊斯蘭色彩濃厚的阿富汗游擊隊展開支援。

伊拉克與革命後的伊朗在反以色列這一點雖然一致，卻因為石油輸出的要塞阿拉伯河的使用權產生領土問題因而對立。此外，伊拉克總理薩達姆·海珊擔心伊朗革命會影響本國。海珊唯恐雖屬多數派卻遭到壓抑的什葉派人民受到伊朗革命的啟發，以伊朗政府的支援為後盾，進行反政府示威活動。因為關於領土問題以及宗教性問題的擔憂加劇，海珊決定與伊朗全面戰爭（兩伊戰爭，1980～1988年）。

伊朗和伊拉克哪一邊比較危險？斟酌後的結果美國選擇支援伊拉克，在戰爭快要結束前直接軍事介入。伊拉克和美國的蜜月關係持續至戰後，戰力與戰前相比明顯強化許多。

海珊政權下的伊拉克是潛在威脅

美國與伊拉克的蜜月關係因為1990年伊拉克入侵科威特而告終，科威特因為是石油量產國家而遭到覬覦，如果漠視不理，恐怕海珊會進攻其他灣岸國家。因此美國與兩伊戰爭的時候不同，迅速且嚴肅地應對，以聯合國主導的多國軍隊形式採取軍事介入的手段

知識小百科　海珊出生於伊拉克中部的提克里特，該地同樣是過去十字軍東征的英雄薩拉丁的出生地。

（波灣戰爭，1991年）。

這時雖然只停留在解放科威特的程度，但是美國無法放著對以色列的潛在威脅不管，於是利用經濟制裁脅迫海珊政權。由此可見，猶太人對美國的政治經濟影響力高到不得不出此對策。

事態產生巨大改變是在2001年的時候，因為美國911恐怖攻擊事件，急速點燃戰火。以藏匿911恐怖攻擊事件的主嫌國際蓋達組織首腦歐薩瑪・賓拉登為由，以美國為主體的願者聯盟對實質支配阿富汗的伊斯蘭激進派組織塔利班展開攻擊。不知是否因為判斷此舉可彌補越戰敗戰的傷痛，美國在阿富汗戰爭走下坡的2003年，將矛頭指向伊拉克，採取徹底排除對以色列而言乃潛在威脅的行動。

激烈的戰鬥在短時間內結束，開戰起不到半個月的時間就攻陷以巴格達為首的主要城市。以美國為主體的願者聯盟出兵的正當理由是伊拉克持有大量殺傷性武器，但是至今仍未搜到。海珊雖然被逮捕處刑了，治安卻難以回復，未來仍有分裂成數個國家的可能性。

重點整理

為了躲避大屠殺，多數的猶太人選擇移居巴勒斯坦，結果促使阿拉伯人提高危機意識，發展成戰爭。

延伸閱讀

酒井啟子《伊拉克和美國》岩波新書

4 Return

波士尼亞戰爭起因為1878年的柏林條約

■奧斯曼帝國的統治其實很寬鬆

1995年，長達三年半的波士尼亞戰爭結束了。不過，這場紛爭的原因為何，誰又是當事人呢？

被前南斯拉夫的塞爾維亞、克羅埃西亞、蒙特內哥羅包圍的波士尼亞，南斯拉夫人開始居住在這塊土地是在6世紀末到7世紀初之間。北部和西部是克羅埃西亞人，南部和東部則是塞爾維亞人較占優勢。

10世紀以後，以塞爾維亞為首，克羅埃西亞、匈牙利、拜占庭帝國，統治者不斷更迭，到了12世紀中葉以後產生了由當地人領導的統一王國。以這個應該稱為中世波士尼亞王國的國家為基礎，波士尼亞日後合併了被稱為赫塞哥維納的胡姆（Hum）地區，立下波士尼亞與赫塞哥維納的基礎。

14世紀後葉到15世紀中葉，巴爾幹諸國一個接一個被奧斯曼帝國征服。在信仰希臘正教（東正教）的塞爾維亞人和信仰羅馬公教（天主教）的克羅埃西亞人當中，有少數人改信伊斯蘭。相較於一級市民的穆斯林，天主教徒和猶太人僅受到二級市民的待遇，但是因為採取讓人民有一定的自治權等寬容的巧妙政策統治，沒有產生太大的摩擦。

不過，隨著奧斯曼帝國的領土漸漸縮小，以及從歐洲傳入國家概念，情勢越趨緊張。

■奧匈帝國的搶奪是戰爭的原因？

在相鄰諸國的影響下，波士尼亞與赫塞哥維納的塞爾維亞人和克羅埃西亞人的民族意識漸漸成形。受到他們的刺激，同地區的穆斯林也產生了自己與天主教徒的塞爾維亞人和克羅埃西亞人是不同民族的意識，最後因為宗教間的相異築起了心牆。

1878年3月，奧斯曼帝國與俄羅斯的戰爭（俄土戰爭）敗北後，簽下聖斯特凡諾條約。

但是，為了不使俄羅斯獨佔好處，英國和奧匈帝國極力反對，於是在柏林再度召開會議，同年7月，簽下新的條約（柏林條約）。為此，除了塞爾維亞、蒙特內哥羅、羅馬尼亞獨立以及保加利亞獲得自治權，為了防止俄羅斯拓展勢力，奧匈帝國得到波士尼亞與赫塞哥維納的行政權。日後思考，或許這就是造成戰爭的原因。

1908年，奧斯曼帝國有一個名為「統一與進步委員會」的組織發起革命，奧匈帝國擔心受到波及，於是合併波士尼亞與赫塞哥維納。但是，對於當地已經受到近代民族主義洗禮的塞爾維亞人和穆斯林而言，大國的支配並不是他們所期望的。

一開始大表歡迎同為天主教信仰的克羅埃西亞人態度也立刻180度大轉變，人民情緒逐漸激烈，終於爆發第一次世界大戰（1914～1918年）的導火線塞拉耶佛事件*。

■南斯拉夫解體引發內戰

1918年，「塞爾維亞人・克羅埃西亞人・斯洛維尼亞人的王國」建立，波士尼亞與赫塞哥維納成為其中一部分。這個王國於1929年改名為南斯拉夫王國，第二次世界大戰後，建立了奉行社會主義的南斯拉夫聯邦人民共和國（日後更名為南斯拉夫社會主義聯邦共和國）。

南斯拉夫聯邦人民共和國正如同其國名所代表的含意「7個國境、6個共和國、5個民族、4種語言、3個宗教、2種文字、1個國家」，是一個難以統治的國家。大戰時期，在納粹・德國的占領下發生的民族之間相互殘殺的行為仍餘波盪漾。像狄托這一類的領導者還算可以接受，在他死後（1980年）立刻烏雲密布。

給予這個脆弱國家致命一擊的是1989年柏林圍牆倒塌，南斯拉夫社會主義聯邦共和國打算以南斯拉夫聯邦共和國之姿重新出發，但是六個共和國中贊成維持聯邦的政黨，

＊**塞拉耶佛事件**　1914年，奧匈帝國皇儲夫婦在塞拉耶佛被塞爾維亞的激進份子暗殺。

■前南斯拉夫的民族組成

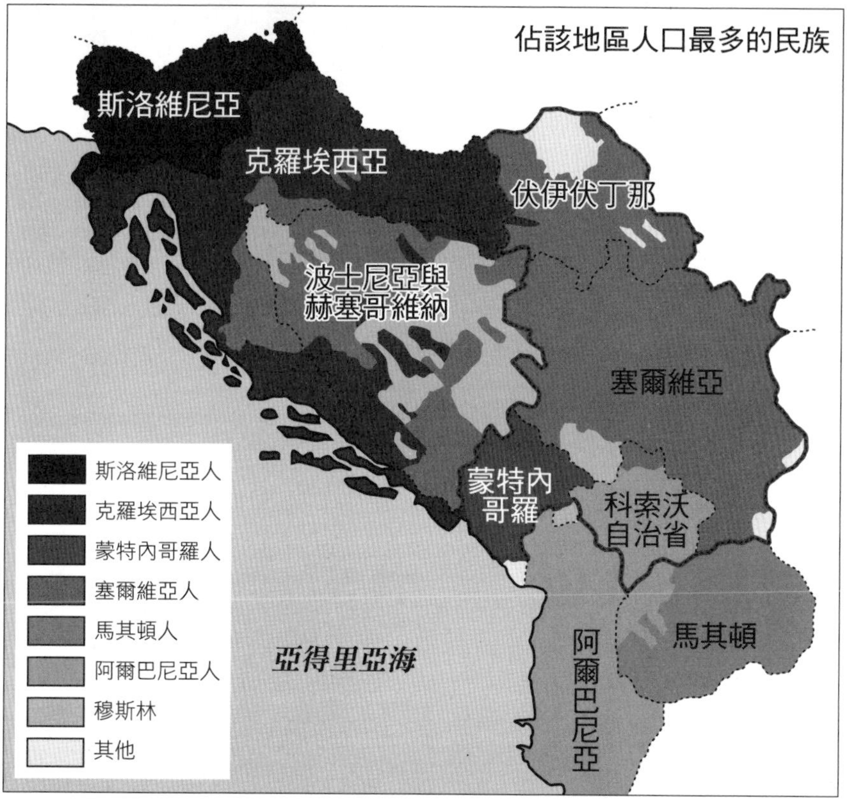

【主要語言】

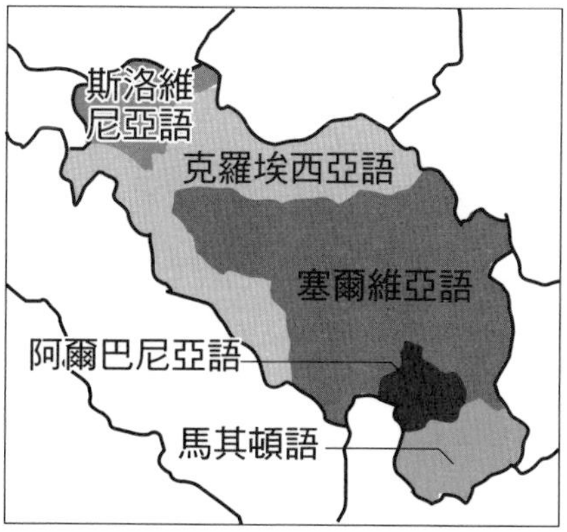

【主要宗教】

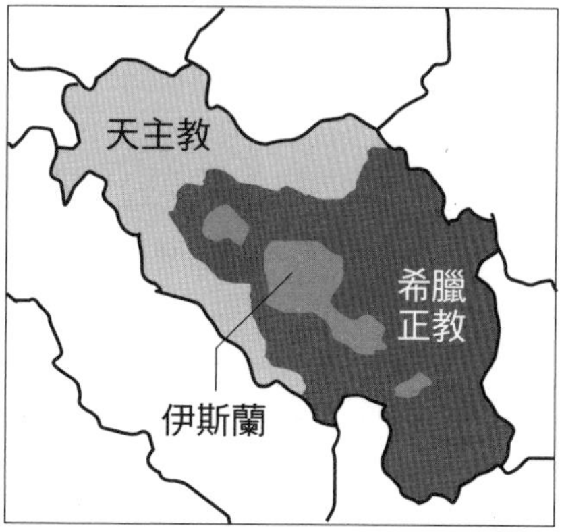

知識小百科 狄托曾是南斯拉夫人民解放軍的領導者，因為這項經歷使其具有強烈的獨裁性格，得以壓抑民族主義的滋長。

取得勝利的只有塞爾維亞和蒙特內哥羅，其他四個共和國皆由民族主義色彩濃厚的政黨成為第一大黨。

是聯邦還是國家聯盟？二者的主張有極大的隔閡，因為對彼此所懷抱的憤恨，終究讓南斯拉夫走向解體，展開內戰之路。被統稱為「前南斯拉夫內戰」的戰爭始於1991年，隨著斯洛維尼亞的獨立宣言開始的十日戰爭，之後是克羅埃西亞內戰、波士尼亞內戰、科索沃內戰、馬其頓內戰，開戰後經過十年，戰火終於平息。

為此，波士尼亞與赫塞哥維納的領土51％分給由穆斯林和克羅埃西亞人組成的波士尼亞與赫塞哥維納聯邦，49％分給塞爾維亞共和國，維持單一國家的結構。

重點整理

夾雜多民族和多語言的這塊土地，常遭到強國任意的擺佈。

延伸閱讀

柴宜弘《南斯拉夫現代史》岩波新書

5 多虧日本軍隊，毛澤東的勝利純屬偶然

毛澤東與蔣介石，兩雄對決以前者的勝利收場，不過大概純屬偶然。毛澤東每次陷入生死關頭的危機時，日本軍隊總會引發一些事件，來看看經緯。

第一次國共合作的成立與分裂

中國現代史的主角是名為中國國民黨與中國共產黨這二個組織，中國國民黨的歷史始於1894年孫文在夏威夷組成興中會這個反清革命團體。由廣東省出身的人組成的興中會，在1905年與由湖南省出身的人組成的華興會合併，再加上由浙江省出身的人組成的光復會的一部分參加者，結成中國同盟會。辛亥革命後，發展改名為國民黨，二次革命失敗後，改變型態成為以孫文為絕對領導者的中華革命黨，見到因為五四運動*興起的大眾運動浪潮高漲，搖身成為公開政黨，改稱中國國民黨。

中國國民黨有一個大缺陷，其成員比例為幹部多、一般黨員少的逆三角形組合，缺乏穩固基盤。為了彌補此缺陷，1924年1月，孫文在第三國際的仲介下決定與誕生不久的中國共產黨合作（第一次國共合作）。以此為契機，年輕優秀的人才開始聚集至中國國

***五四運動** 因為不滿1919年簽訂的凡爾賽條約內容，在全國展開揭示反日．反帝國主義的大眾運動。

民黨。但是，國共合作在一開始就有人持反對意見，如果沒有孫文的強力指導難以存續。不出所料，隨著孫文病歿，情勢改變。接班人蔣介石在正值北伐北洋軍閥之際的1927年4月12日發動（上海四一二）政變，開始壓制中國共產黨，第一次國共合作因而劃下句點。

助中國共產黨一臂之力的日本軍隊行動

北伐結束於1928年12月，蔣介石提出削弱歸順軍閥兵力的計畫後，他們聯手欲謀叛亂；蔣介石利用豐厚的資金，靠武力與收買將叛亂導向內部瓦解，朝再次統一中國的路大幅邁進。

問題只剩下中國共產黨，自從政變發動後，中國共產黨換走武鬥路線，以位於江西省和湖南省省境的井岡山為據點。但是，不曉得是否因為該地過於狹小，二年後又將據點移至位於江西省和福建省省境的瑞金。

蔣介石無意與中國共產黨和解，立刻下令圍剿據點。「只要以壓倒性的兵力進攻，就能一舉殲滅。」蔣介石如此深信著，但此時卻發生了意想不到的事——1931年9月的九一八事變以及隔年1月的一二八事變（第一次上海事變）。因為日本軍隊的行動，不得已只好中斷攻擊。

知識小百科　一般認為共產黨黨員皆為貧窮家庭出身，但其實毛澤東的老家是富有的農人，同鄉的劉少奇老家也是富有的農人。

與日本軍隊的戰火平息後，蔣介石再度正式展開圍剿攻擊。中國共產黨受不了，於是放棄瑞金往西邊退，然後又北上。之後被稱為長征的此一躲避行動移動距離長達1萬2500公里，最後在陝西省北部的延安築下新的據點，這段期間，1935年1月發生了一起大事件。在貴州省遵義召開的會議當中，毛澤東獲得領導權。毛澤東是創黨以來的幹部，雖然在那之前一直都是具有蘇聯留學經驗的人較受優待，硬要說的話毛澤東並不受到矚目。

蔣介石再次下令圍剿延安，被動員的有張學良的東北軍以及楊虎城的西北軍，戰況卻不如預期。而且或許是因為多數的學生和兵將對於中國共產黨在1935年8月發表的「為抗日救國告全體同胞書」（八一宣言）深感共鳴，兩將領也受到感召，於1939年12月，發動政變，軟禁為了督戰而來到西安的蔣介石（西安事變）。

毛澤東（1893－1976），建立中華人民共和國，成為首任中華人民共和國的主席。

以這場政變為界，蔣介石停止圍剿行動，在進入真正的停戰狀態之際，也開始在檯面下與中國共產黨交涉。在這段期間內，1937年7月7日發生了盧溝橋事變，8月13日發生八一三事變，中日二國

■中國革命的進展

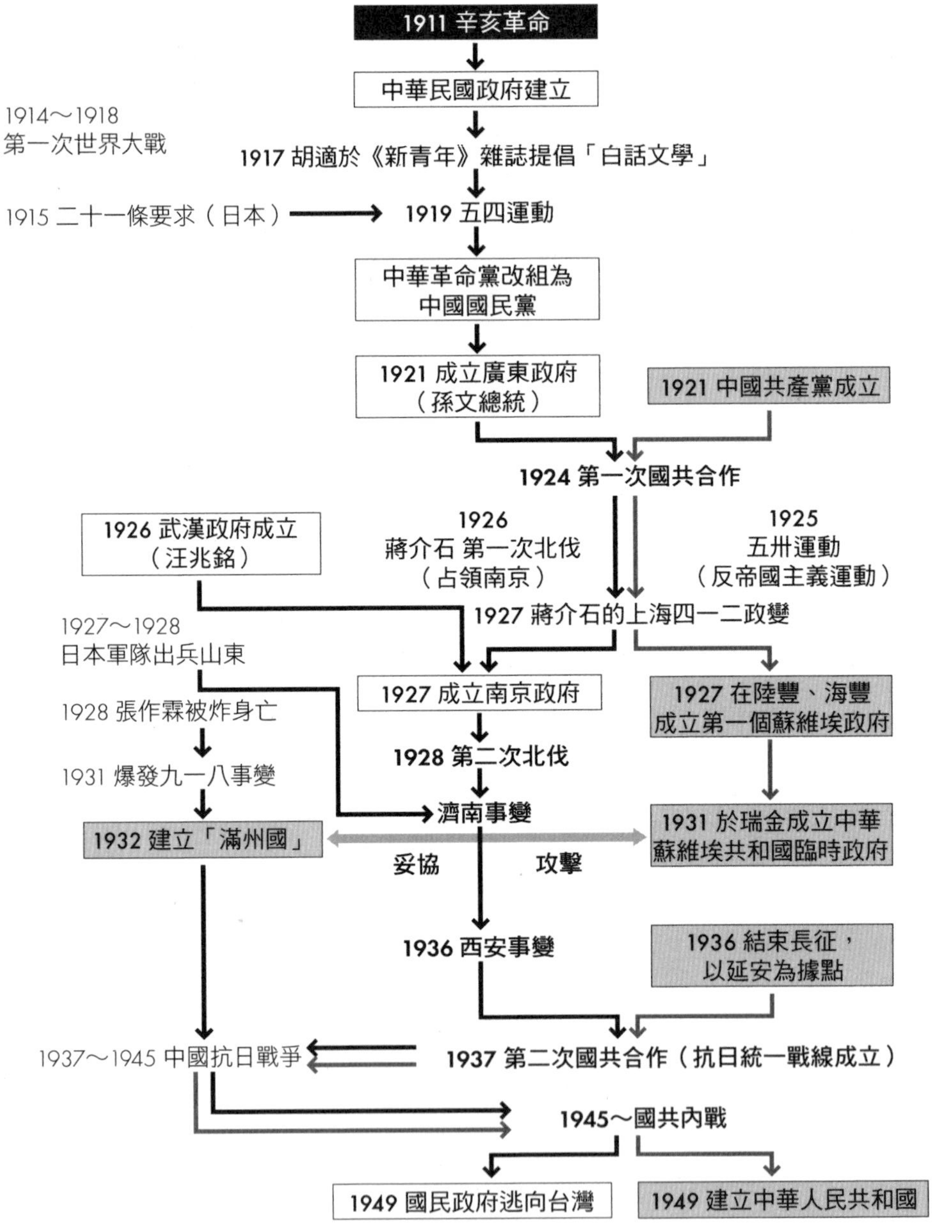
1911 辛亥革命
中華民國政府建立
1914～1918
第一次世界大戰
1917 胡適於《新青年》雜誌提倡「白話文學」
1915 二十一條要求（日本）
1919 五四運動
中華革命黨改組為
中國國民黨
1921 成立廣東政府
（孫文總統）
1921 中國共產黨成立
1924 第一次國共合作
1926 武漢政府成立
（汪兆銘）
1926
蔣介石 第一次北伐
（占領南京）
1925
五卅運動
（反帝國主義運動）
1927～1928
日本軍隊出兵山東
1927 蔣介石的上海四一二政變
1928 張作霖被炸身亡
1927 成立南京政府
1927 在陸豐、海豐
成立第一個蘇維埃政府
1931 爆發九一八事變
1928 第二次北伐
濟南事變
1932 建立「滿州國」
1931 於瑞金成立中華
蘇維埃共和國臨時政府
妥協
攻擊
1936 西安事變
1936 結束長征，
以延安為據點
1937～1945 中國抗日戰爭
1937 第二次國共合作（抗日統一戰線成立）
1945～國共內戰
1949 國民政府逃向台灣
1949 建立中華人民共和國

展開全面性戰爭（中國抗日戰爭）。情勢演變至此，已不是打內戰的時候。同年9月，蔣介石決定正式與中國共產黨合作。

贏得三次勝利的毛澤東

在第二次國共合作的時間點，中國國民黨與中國共產黨的軍事力量之差依然明顯。前者獲得壓倒性的勝利，中國抗日戰爭結束後，國內再度爆發內戰，中國國民黨軍隊430萬人對中國共產黨軍隊120萬人，前者無論是人數和裝備都勝過後者，在初期的戰爭中也處於優勢。但是，不知為何，1947年5月左右開始，情勢逆轉。因為背叛的軍隊屢出，中國國民黨吃了好幾次敗仗。以東北為首，接著失守華北、江南等據點，最後不得已只好放棄大陸，據守台灣。

就這樣，中華人民共和國於1949年10月1日建國，在這個值得紀念的慶典上，中國共產黨成立之初的十三名黨員當中，能夠站上北京天安門城樓的只有二人，毛澤東與另一人。

重點整理

每當毛澤東陷入危機，不知為何日本都會攻擊蔣介石的軍隊，結果讓毛澤東起死回生，完成革命。

延伸閱讀
臼井勝美《中國抗日戰爭：要和平還是要擴大戰線》中公新書

6 第二次世界大戰的原因為過於苛刻的凡爾賽條約

1939年9月，因為德國進攻波蘭而引爆第二次世界大戰。前一場戰爭帶來的莫大傷害仍記憶猶新，為什麼又演變成這種局面？其實這與前一場戰爭的戰後處理有極大的關係。

■凡爾賽條約向德國求償不合理的賠款

第一次世界大戰（1914～1918年）德國成為敗戰國，在1919年6月簽署的凡爾賽條約當中，德國除了失去所有殖民地外，軍事設備也遭到許多限制。此外，大戰爆發的全部責任都算到德國頭上，德國除了要負責舊聯合國的戰爭費用以及賠償物品、人員的損害之外，還必須給付戰死者遺族補助金和撫卹金。1921年4月，賠償總金額訂為1320億金馬克，這是遠遠超過德國能負擔的天文數字。當德國滯繳時，法國不顧英國的反對採取強硬手段。1923年1月，如事前所預告的，與比利時一同出兵占領德國的主要工業地魯爾。因為被求償鉅額的賠款，國際輿論對於原本就令人反感的德國更加激烈。但是，也不可能打腫臉充胖子，德國經濟急速惡化，陷入嚴重的通貨膨脹狀態。

演變至此，各戰勝國開始理性因應，降低賠償金額或者延後支付期限，以美國為主亦提供貸款等等。在1929年的楊格計劃當中，賠償總金額縮減為358億金馬克，支付方法改為59年分期付款。

如此一來，應當能重振德國的經濟。但是，1929年10月從紐約開始的經濟大恐慌讓所有努力化為泡沫。

■經濟大恐慌導致納粹興起

原本多數的德國人就無法坦然接受敗戰的事實，為此他們並無發自內心審視敗戰的理由；「德意志帝國倒塌的理由是社會民主黨和猶太人等國內革命勢力從背後捅一刀」，人們太輕易相信右翼勢力這一類的宣傳。

經濟大恐慌後，在這股右翼勢力中抬頭的是由阿道夫．希特勒率領的國家社會主義德意志勞工黨（納粹黨）。

希特勒出生於奧地利，原本以藝術家之姿生活為志，實際上也達成夢想成為畫家。雖然個性軟弱到曾想躲避兵役，但是第一次世界大戰開始時，不知道心境產生怎樣的變化，投身軍隊。而且不是奧地利的軍隊，是德國慕尼黑的軍隊。經過五年的前線生活和敗戰後的混亂體驗，成為身強體健且持極右主義的政治強人。其優秀的口才直接促使黨勢擴大，

■第二次世界大戰前的國際關係

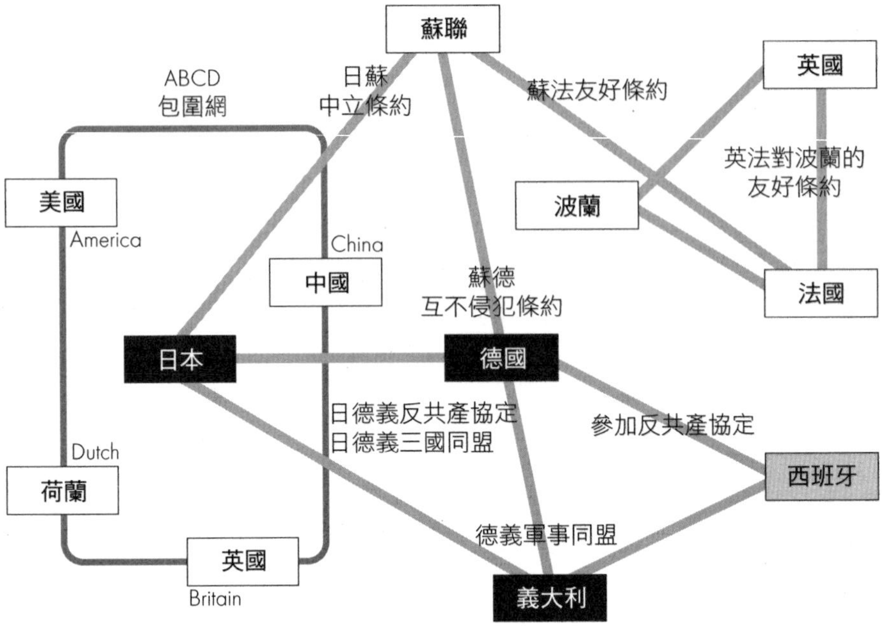

黨魁的位置自然由希特勒來坐。

納粹活躍還有其他理由，將表演效果利用到極致的選舉活動、對於反對勢力採取發言無效的暴力行為以及八面玲瓏的選舉公約。具體而言有給失業的人工作、讓勞工有安定的收入、支持企業家反共、降低農民的進口關稅、答應國防軍隊重整軍備，亂開一堆讓選民上鉤的選舉支票。納粹在主張反猶太主義時，也會依對象調整聲量。讓下游組織的突擊隊進行大規模的示威遊行，對左翼擁護者以暴力相抗。凡遇選舉演講，必有誇張的事前預告、音樂會和馬戲團等各式各樣的活動。

知識小百科 希特勒為了達成目的不惜與共產黨攜手，曾在國會選舉中合作一次。

第二次世界大戰是必然的嗎？

1933年3月，國會通過授權法案，納粹獨裁政權因此成立。同年10月發表退出國際聯盟和日內瓦裁軍會議的聲明，藉此打開重整軍備的大門。隔年8月，希特勒就任總理。1935年開始重整軍備，1936年納粹占領萊茵區，之後開始支援西班牙佛朗哥的軍隊。又宣稱凡爾賽條約無效，於1937年簽署日德義反共產國際協定。隔年與奧地利合併，在這個時間點英法對於世局仍樂觀，維持姑息政策。

但是1939年，德國將捷克斯洛伐克完全解體，還成立波西米亞和摩拉維亞保護國，英國與法國認為戰爭是不可避免的氛圍變得濃厚。德國接著違背與波蘭的互不侵犯條約和英德海軍協定，並簽署蘇德互不侵犯條約，此舉明顯表示出下一個目標就是波蘭。

9月1日，德國軍隊展開對波蘭的攻擊，二天後，英國和法國對德國宣戰，就這樣揭開第二次世界大戰的序幕。

重點整理

第一次世界大戰的鉅額賠款令德國抓狂，孕育出希特勒，邁向侵略一途。

（延伸閱讀）
林健太郎《威瑪共和國：希特勒的誕生背景》中公新書

1937年↓1901年

7 中國抗日戰爭的遠因為義和團事件

清朝錯在許可列強駐兵中國

1937年7月7日，北平（現稱北京）郊外的盧溝橋附近發生日本和中國軍隊的衝突。二國因此展開全面性的戰爭（中國抗日戰爭），話說回來，為什麼那種地方會有日本軍隊呢？起因為20世紀前後發生的大亂。

19世紀末，中國北部盛行反基督教的運動。由武術結社率領的無數中小集團最後形成一塊巨大的力量，代替清廷向列強宣戰，這就是所謂的義和團事件（庚子事變）。在八國聯軍平定此事件後的1901年9月，清朝和11個列強國定下辛丑條約。為此，清朝除了被要求高額的賠款，還以應保障海岸到北京的交通自由為由，賦予列強占領同地區主要地點的權利。

另一方面，日本為了侵略大陸，最初的目標為朝鮮半島，經過甲午戰爭和日俄戰爭，日本除了獲准擁有保護、監督該地的權利，還得到從俄羅斯到關東州（包含旅順、大連在內，遼東半島南端的一部分）的租界權，以及東清鐵路長春以南的南滿州分線和附屬權益和財產，外加撫順等重要炭礦的經營權。這場交涉日本說了算，當時的清朝完全沒有拒絕的實力和氣概。

得到朝鮮半島及關東州這二塊穩固的踏腳石後，日本侵略大陸的計劃大幅前進。1931年9月發動九一八事變*，將東三省納入支配範圍內，隔年搬出清朝末代皇帝溥儀，建立名為滿州國的傀儡國家。打算藉由將大量的移民送往此地，以解決國內的社會問題。

中國抗日戰爭的起始點盧溝橋，長約266公尺，寬約7.5公尺（北京市）。

戰火不斷蔓延

當時一般的國際觀念並不認為擁有殖民地是不好的，第一次世界大戰後成立的國際聯盟雖然揭諣了集團安全保障，也就是戰爭不僅是當事人而是聯盟整體的重大關切事項，必須靠全員的努力防止戰爭發生的理念，但在現實上卻無法阻止任何一場侵略戰爭。

在環境的助陣下，日本的關東軍從滿州國朝熱河省出兵，1933年5月根據塘沽協定，合併該地

＊**九一八事變**　日本的關東軍自導自演炸毀鐵軌反誣中國，發動軍隊以武力壓制東北三省（滿州）的事件。

作為滿州國的一部分土地。

根據該協定，日本在滿州國和中華民國國境相連的河北省東部設置非武裝地帶，局勢應可變得較安定。但是，抗日運動的白熱化、親日派對於國民黨特務機關發動的示威行動，以及以非武裝地帶為巢的土匪賊團不斷侵略熱河等等，狀況一直惡化。於是與總部在天津的日本支那駐屯軍簽署何梅協定，並且要南京的國民政府許可罷免河北省主席于學忠、令特務機關和中央直轄軍從河北省撤退等事項。受此刺激，關東軍的態度變得強硬，簽署秦土協定，讓承襲舊西北軍系統的宋哲元的二十九軍撤出長城以北的地方。

日本陸軍完全不信任蔣介石的國民政府，已經讓步到這樣的地步了仍不放心。因此關東軍又與支那駐屯軍以相互競爭的形式，開始將華北脫離出國民政府的統治的工作（華北分離工作）。結果，在前述的非武裝地帶成立冀東防共自治政府，宣告脫離國民政府。察知此舉的國民政府，改組管轄河北與察哈爾二省的冀察政務委員會，由宋哲元任委員長。

盧溝橋事變不只是一場局部戰爭

二十九軍在蔣介石眼裡看來是旁系的軍隊，原是北洋軍閥其中一人的馮玉祥部下，於1930年的中原大戰造反。為此，二十九軍想要表現出超過中央直轄軍的實力，抗日意識亦愈發高漲。

知識小百科

蔣介石和毛澤東不謀而合，認為如果戰爭演變成長期戰，有美軍的參戰必定勝券在握。

該軍隊分散於察哈爾長城以南一帶和河北，北平周邊除了在北平城內駐軍，也在北苑、南苑、盧溝橋、宛平縣城等地派兵駐守。另一方面，支那駐屯軍擅自曲解辛丑條約，派了大約5600士兵到北平西南部郊區的豐台。該地因為是北平通往天津、武漢的交通要衝，二十九軍雖然表達抗議，支那駐屯軍不但不理會，反而不斷在蘆溝橋和宛平縣城附近進行軍事演習。

一觸即發正好用來形容這個局面，1937年7月7日，支那駐屯軍在盧溝橋的東北、宛平縣城西北一帶的永定河東岸進行夜間軍事演習，有人向該軍隊發射砲彈，以此為引爆點，兩軍展開激烈的衝突。

這場衝突不過是一場局部戰爭，立刻就簽署協定平息爭鬥。如果單純是二十九軍和支那駐屯軍之間的問題，理應如此。但是，得到事件第一線消息的蔣介石決定應戰和支派援軍，日本政府和參謀總部的態度隨之硬化，促使事態變得一發不可收拾。就這樣，日中二國開始全面性的戰爭。之後，雖然有好幾次可以和平收場的機會，但是因為各式各樣的因素無法達成協議，戰況泥沼化，迎向1941年12月美國參戰的戰局。

重點整理

以義和團的反基督教、反西洋列強運動為首的排外運動，埋下中國抗日戰爭的遠因。

延伸閱讀

石川禎浩《革命與國家主義1925-1945》岩波新書

Return 8

土耳其革命的出發點為1789年的改革

■最初的改革始於法國大革命那一年

第一次世界大戰（1914～1918年）敗北的結果，讓奧斯曼帝國面臨瓦解的危機。就在這個時候，穆斯塔法・凱末爾出現了，人民在他的指導下發動革命，帝國於1923年搖身變為土耳其共和國。不過，改革的舉動並非突然發生，而是與法國大革命爆發那一年的某項改革為契機。

這個世上不存在足以與自己匹敵的對手，奧斯曼帝國歷代的蘇丹（皇帝的稱號）如是深信。但是，在1683年的維也納之戰嚐下敗北的辱痛後，在1699年的卡爾洛夫奇條約*中喪失許多領土。

在歐洲各國眼裡奧斯曼帝國明顯的正在衰退，可惜當時的奧斯曼帝國欠缺自覺，什麼都沒做就跟著時間一同過去了。

但是在與俄羅斯・奧地利戰爭正打得火熱之際的1789年，塞利姆三世即位，他和至今為止的蘇丹不一樣。正巧這個時候，在法國大革命的煽動下達成與奧地利的停戰協

***卡爾洛夫奇條約**　奧斯曼帝國第一次被迫割讓土地的國際條約，原因為第二次維也納之戰的失敗。

議，塞利姆立刻派使節前往維也納，調查西洋各國的軍事和行政。接獲報告後，塞利姆著手各式各樣的改革。在軍事方面，所有軍隊劃分成軍事行政和單純的軍事部門，並導入階級制和成果主義，取代由奴隸軍人組成的耶尼切里軍團（常備步兵），創立新的西洋式步兵部隊「新制軍」（Nizam-Cedid，亦稱新軍）。在行政方面，裁掉冗員及效率化；在外交方面，於倫敦、維也納、柏林、巴黎設置大使館。

可是，改革通常伴隨反抗。最大的反抗勢力是耶尼切里軍團，因為拿破崙遠征埃及，國內反西洋的浪潮逐漸高漲，此外地利貝伊（封建領主）們也從原本反對中央集權的立場改與帝都伊斯坦堡的保守派互通消息。如此一來，萬事休矣。塞利姆被迫退位，最初的正式改革遭到挫敗。

穆斯塔法．凱末爾．阿塔蒂爾克（1881-1938），土耳其共和國的第一任總統，推動祖國解放戰爭並指導土耳其革命。

最初的立憲制僅一年多便告終

軍事能力的低落以及社會、經濟的疲弊，即使面對這些重大問題，不管遭遇多頑強的反抗，有志改革的人仍未絕跡，在19世紀末實施三大改革。

1808年即位的馬哈茂德二世有多項政績，尤其是廢除耶尼切里軍團乃軍事改革一大進步，取而代之建立了做為步兵常備軍的穆罕默德常勝軍，他們必須穿戴西洋式制服和土耳其帽。除了進行中央集權化，也實施了創設翻譯局、重開常設大使館、創辦官報及設立郵務制度等近代化的政策。

接著，1839年頒布了御園敕令，1856年發布改革詔書，這些改革被統稱為坦齊馬特。

因為坦齊馬特的成果，1876年開始實施第一次立憲制。揭謁了全國國民平等、言論自由、二院制議會、責任內閣制等內容，並於隔年3月召開第一次的帝國議會。但是，蘇丹阿卜杜勒哈米德二世不以為然，以爆發俄土戰爭的緊急事態為藉口，於1878年2月解散議會。就這樣，第一次的立憲制僅一年多的時間便告終。

隨著共和國的建立加速進代化的發展

阿卜杜勒哈米德二世讓阿爾巴尼亞人和阿拉伯遊牧民族駐軍在伊爾迪茲宮，雖然他想以嚴格的言論控制和密布在全國各地的情治機關來鞏固專制體制，改革的精神仍在接受過西洋式教育的軍人之中蔓延開來。結果，1908年青年土耳其黨人發動革命，開啟第二

知識小百科

土耳其帽被視為舊體制的象徵，隨著土耳其共和國的建立，全面禁止使用土耳其帽。

■土耳其革命和土耳其共和國建立的經緯

1683	維也納之戰失敗
1699	卡爾洛夫奇條約 → 喪失許多領土
1789	塞利姆三世即位
1876	第一次立憲制
1877～1878	俄土戰爭 敗戰 → 立憲制中止
1878	柏林條約（領土縮小）
1908	青年土耳其黨人革命 ← 影響日本在日俄戰爭當中贏得勝利 → 第二次立憲制
1914～1918	第一次世界大戰 敗戰 → 1919
1920	建立穆斯塔法·凱末爾、安卡拉政府 色佛爾條約立（喪失除了伊斯坦堡周圍之外的歐洲領土） 帝國統治下的各民族獨立
1919～1922	希土戰爭
1922	土耳其革命 開始 → 廢除蘇丹制（奧斯曼帝國滅亡）
1923	洛桑條約（背棄色佛爾條約·恢復領土、軍備限制·廢除治外法權） 土耳其共和國建立 首都安卡拉 土耳其國民黨（共和人民黨）的一黨獨裁 （首任總統穆斯塔法·凱末爾～1938）
1924	土耳其共和國頒布憲法 廢除哈里發制
1925～1930年代	近代化政策

（延伸閱讀）
新井政美《土耳其近現代史 從伊斯蘭國家到民主國家》美鈴書房

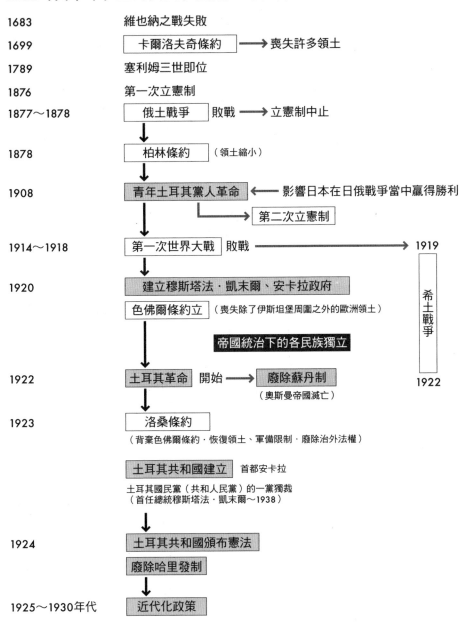

次的立憲制。

由青年土耳其黨人領導的「統一與進步委員會」開始掃蕩蘇丹的情治網，流放腐敗的官吏，換成較好的人管理，但是也就僅只如此而已。為什麼呢？雖然他們的目標在於恢復憲政，卻缺乏政治經驗，加上始終以祕密結社的形式活動，尚無擁有足以掌握政權的組織能力。

1920年，奧斯曼帝國與第一次世界大戰後的各國聯軍相互締結色佛爾條約，領土只剩下伊斯坦堡及其周圍，成了一個由戰勝國和少數民族分割統治的國家。這時挺身而出站在祖國解放戰爭最前線的是在加里波利之戰一躍成為國民英雄的穆斯塔法．凱末爾，在加里波利之戰當中，奧斯曼帝國的軍隊擊敗了打算上陸占領伊斯坦堡的聯合國軍隊。

孤軍奮戰，這句話正適合形容祖國解放戰爭。穆斯塔法．凱末爾引領著戰爭的往勝利，並流放一心只想保命的梅荷美特六世，廢除蘇丹制。隔年1923年與西歐各國簽署洛桑條約，令西歐列強承認其領土，自己就任總統一職。不久也廢除哈里發制*，建立世俗主義的共和國。

> **重點整理**
>
> 塞利姆三世最初的改革雖然因為反抗勢力而受挫，其改革影響了凱末爾的正式革命。

＊哈里發制　哈里發是伊斯蘭最高統治者的稱號，以哈里發為首長的政治體制稱為哈里發制。

9

俄羅斯革命成為參戰的導火線

■社會主義的勢力在大戰前的選舉中屬少數派

1917年的俄羅斯革命讓羅曼諾夫王朝的歷史落幕，王朝的支配體制雖然自1905年發生流血星期日事件後有巨大的動盪，但還不至於倒塌。但是狀況急速轉變，主要原因為參加第一次世界大戰（1914～1918年）。

因為流血星期日事件使得革命運動更加盛行，俄羅斯沙皇尼古拉二世內心產生動搖的結果，聽從大臣維特的進言，於同年10頒布詔書，答應改變國家杜馬（國會）的形態，不再是行政機關而是立法機關等事項。

為此，隔年3月實施第一次的選舉，5月（俄羅斯曆4月）頒布欽定憲法，四天後舉辦第一屆國家杜馬。

時間來到第一次世界大戰前的1912年12月，第四屆國家杜馬選舉，溫和自由主義的十月黨以96席次位居第一大黨的寶座。國權派和溫和右派得到88席次，莫斯科棉花工會的重要人物柯洛巴羅夫領導的進步黨占了64席次，民族派211席次，由俄羅斯社會民主工黨

＊**流血星期日事件**　在俄羅斯的首都聖彼得堡，發生了國軍朝和平請願遊行的勞工隊伍發射砲彈，導致多人傷亡的事件。

的少數派組成的孟什維克得到8個席次，多數派組成的布爾什維克有6個席次，在這個時間點，社會民主勢力尚未擁有左右政局的力量。

因為尼古拉二世的弊政讓俄羅斯走上瓦解之路

俄羅斯根據三國協約與英國、法國攜手，也因為同樣信仰希臘正教*（東正教）之故，得到塞爾維亞的支援。因此，如果哪一國開始戰爭的話，俄羅斯也必須參戰。

1914年7月28日（俄羅斯曆15日），奧地利向塞爾維亞宣戰時，俄羅斯開始動員部分的軍隊。不顧德國的警告，也不管內閣的反對意見，尼古拉將部分動員改為總動員。為此，德國也發出總動員的命令，向俄羅斯宣戰。接著是法國、英國的參戰，就這樣開始了第一次世界大戰。

組成國家杜馬的各黨大致都協助戰爭，只有社會主義勢力的布爾什維克和孟什維克表示反對戰爭。大部分的國民也支持開戰，直到數天前都還因為街頭戰而與警官對峙的首都勞工也都回到了工作崗位。

戰況在一開始對俄羅斯的軍隊較有利，但是一個月過後，情勢惡化，傷亡者不斷增加，補給愈發遲緩。在這樣的狀況下，尼古拉自命為最高司令官，同時將軍需物資送往最前線為優先考量。戰情因此穩定，另一方面，後方的經濟開始露出破綻。因為欠缺運輸手

* **希臘正教**　與東方各教會並列組成東方教會，希臘、俄羅斯、塞爾維亞等各民族擁有自己的教會組織。

■俄羅斯革命的經緯

1903		俄羅斯社會民主工黨分裂成布爾什維克、孟什維克
1904～1905		日俄戰爭→國內情勢惡化
1905	**1～9月**	**第一次俄羅斯革命**
	1月	流血星期日事件
	10月	10月17日宣言（詔書）（維特起草） （成立國家杜馬，許諾立法權）
1906		斯托雷平擔任首相→強行反動政治
1914		第一次世界大戰→戰況惡化 →因為經濟不景氣、食糧短缺等因素擴大民眾的不滿
1917	**3月**	**二月（三月）革命**
	3月	彼得格勒暴動 尼古拉二世退位　臨時政府成立
1917	4月	列寧發表「四月提綱」 「蘇維埃國家政權形式」
	7月	克倫斯基（社會革命黨）就任臨時政府的總理
	10月	列寧主張武裝暴動
1917	**11月**	**十月（十一月）革命**
	11月	11月布爾什維克暴動 「和平法令」（無合併・無賠償・民族自決的和平原則） 「國土法令」
1917	11月	立憲議會選舉 →社會革命黨大勝。布爾什維克反抗
1918	1月	列寧以武力解散立憲議會 →布爾什維克走向獨裁體制 「俄羅斯蘇維埃聯邦社會主義共和國」宣言

段，各地開始出現糧食短缺的情形。

危機擺在眼前，尼古拉性格柔弱缺乏判斷力的一面顯露出來。內閣沒有應對現況的能力，陷入混亂。要求改造內閣的自由主義者被漠視，國家杜馬遭到解散。從此，較有骨氣的官僚紛紛遠離沙皇。

為什麼會發生二月革命和十月革命？

1917年3月8日（俄羅斯曆2月23日），在首都彼得格勒（現．聖彼得堡）女工們提出了「麵包和玫瑰」的口號，舉行示威遊行。多數民眾深受感召，全市罷工行動在瞬間傳開。

為此，國家杜馬遭到沙皇下達解散的命令，但是議員們以不知情為由，主張命令無效。當首都籠罩在革命的氛圍當中，正副議長與各黨代表共12人決定組成國家杜馬臨時委員會。

3月14日（俄羅斯曆1日），尼古拉欲將皇位讓給弟弟米哈伊爾，但是米哈伊爾以無法保障人身安全為由堅持不接受，羅曼諾夫皇朝因而閉幕（二月革命）。取而代之的是國家杜馬臨時委員會，以臨時政府的形式掌握政權。另一方面，由勞工組成，名為彼得格勒蘇維埃的組織與駐軍在首都的士兵合作形成巨大的力量，首都的這二股勢力處於對峙的緊

知識小百科 尼古拉二世十分信賴一位名為拉斯普丁的僧侶，關於政治和軍事的問題也會尋求他的意見。

張狀態。

那時布爾什維克的領導者列寧在瑞士身亡，在企圖讓俄羅斯國內陷入混亂的德國參謀本部的計畫之下，將列寧遺體運回彼得格勒。

臨時政府和蘇維埃對於大戰的意見相當分歧，相較於主張遵守與聯合國簽署協定的臨時政府，「直到戰爭勝利為止都要履行義務」，蘇維埃雖然認同防止外部侵略的防衛戰爭可避免革命成果受到威脅，同時也明示應實現無合併、無賠償的和平。

首都輿論傾向後者，於是迎接11月7日（10月25日）的十月革命，政權交到以布爾什維克為中心的社會主義勢力的手上。之後，統一全國的過程當中，一黨獨裁制興盛，1922年蘇維埃社會主義共和國聯邦建立。

重點整理

自流血星期日事件發生以來，被鎮壓住的革命運動，隨著第一次世界大戰時尼古拉的弊政重振勢力。

延伸閱讀

和田春樹編《俄羅斯史 新版世界各國史22》山川出版社

1902年 ↓ 1899年

10 大英帝國的衰微始於南非戰爭

賭上大英帝國顏面的殖民地戰爭

1902年1月，結成英日同盟。這意味著英國捨棄了「光榮孤立」政策，此舉代表英國不再獨自君臨世界，到底是什麼原因讓英國失去了實力和自信呢？

19世紀末，列強的殖民地爭奪戰越演越烈。英國已經如同日不落帝國那般支配廣大的領域，建立起所謂的大英帝國，即便如此仍不停止擴張的慾念。

在已經沒有完全未開發的土地後，只好去搶曾經下手過的地方，於是英國著眼於南非大陸南端的德蘭士瓦共和國和奧蘭治共和國。該地由17世紀移民的荷蘭人子孫布爾人（當時的稱呼，現稱為阿非利卡人）治理，1886年發現金礦後，經濟實力極速提升。

德蘭士瓦共和國因為反英運動的核心人物保羅．克魯格再度被選為總統，緊張氣氛一舉變得高亢。以圍繞在外國人居住者的選舉權問題為契機，1899年10月，終於開戰。奧蘭治共和國按照之前的約定，與德蘭士瓦共和國並肩作戰（南非戰爭）。

「以數量取勝的英國軍隊大獲全勝，而且是在短時間內。」英國政府的如意算盤是這麼打的，但是拙劣的作戰指揮與阿非利卡人的奮戰，反而讓戰爭對阿非利卡人較有利。

不過，對縱橫世界的大英帝國而言，不會就此善罷甘休。英國派任新的指揮官，並且從大英帝國全國各地選拔菁英做為增援部隊，終於得到優勢，1902年5月好不容易進入到雙方談和的階段。

南非戰爭（1899～1902年）時的英國士兵，這場戰爭對於人員損傷和經濟都造成相當大的打擊。

英國衰微，德國抬頭

雖然戰爭贏得勝利，卻相當地吃力不討好。其中之一是人員的損傷，英國軍隊戰死者6000人，受傷者2萬3000人，是在過去的殖民地戰爭中不曾有的重大損傷。

另一個是經濟方面的打擊，南非戰爭總共動用了45萬名的士兵，耗費2億3000萬英鎊的費用，這使得英國財政嚴重赤字並且留下鉅額國債，讓國家經濟困頓不已。

此外，也嚴重傷及國家威望。英國並非無敵，英國陸軍也不像大家所認為的那樣勇猛，這些事昭然若揭。此外，戰爭時的國際輿論始終較偏袒阿非利卡人，加深了英國的孤立感。雖然至今為止喊的是「光榮孤立」之類的口號，但是當其他列強實力漸漸增強，英國很難再繼續憑一己之力維持國際地位。

其中最大的威脅是德國，還是俾斯麥當首相時，德國外交以孤立法國的形式取得勢力均衡的狀態，但是俾斯麥下台，皇帝威廉二世親政後，以武力為手段，進行強迫重整國際秩序的外交活動。

在英國眼中最大的威脅是德國海軍不斷增強的實力，德國根據1899年和1900年的二次立憲會議，決定建設足以與英國媲美的強大海軍。附帶一提，自1890年開始的十年間，德國的海軍預算增加了1.6倍，陸軍也增加了1.4倍。

捨棄孤立，締結三國協約

未等南非戰爭結束，英國就捨棄「光榮孤立」，締結日英同盟。雖然還不到很嚴重的程度，但是孤軍奮戰讓英國有點忙不過來，因此打算藉由與日本結盟，阻止俄羅斯侵略遠東地區。

一旦打破一次慣例就有第二次、第三次，1904年又締結英德協約。

這是一項與紐芬蘭島和西非有關的協約，以及與暹羅、馬達加斯加、南太平洋的新赫

知識小百科
戰爭結束後，當地為了讓白人之間得到和解，優待白人的行為制度化，影響日後的種族隔離政策。

■3B政策（德）與3C政策（英）對立構造

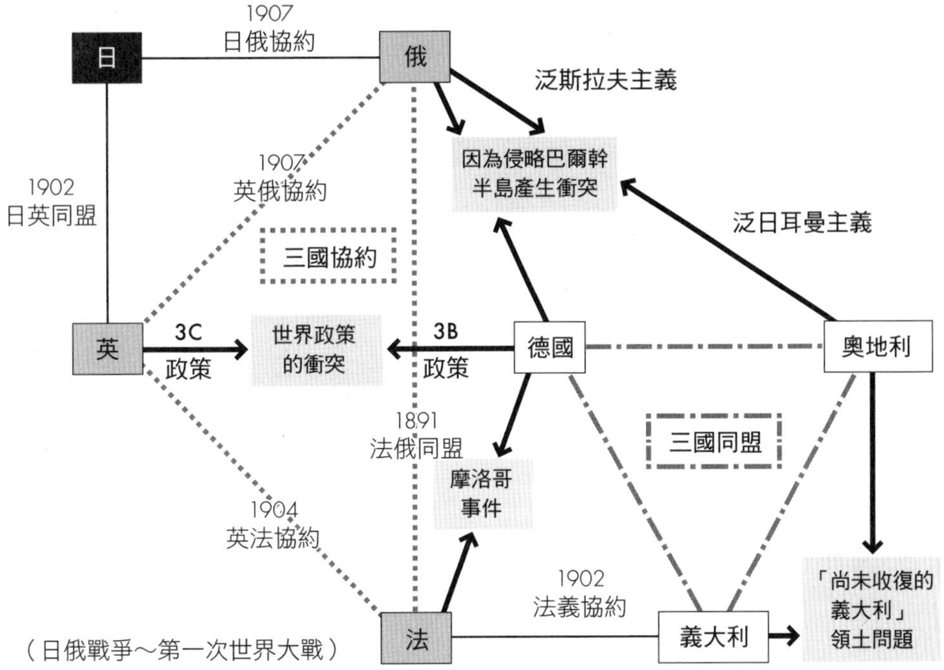

布里底群島、埃及、摩洛哥有關的宣言，藉此化解了英法二國數百年的對立。

另一方面，英國自1854年的克里米亞戰爭*後與俄羅斯保持對立關係，日俄戰爭後，日本與俄羅斯的關係漸漸改善，又因為流血星期日事件使得俄羅斯的國力衰微，或許是因為英國看出已經不需要擔心俄羅斯會侵略南亞或西亞，決定與俄羅斯修復關係。

1907年英俄協約締結，內容是劃定英俄二國在波斯（伊朗）、阿富汗以及西藏的勢力範圍，整體而言對英國較吃香，但

＊**克里米亞戰爭** 以克里米亞半島為舞台，俄羅斯與奧斯曼帝國、英國、法國、薩丁尼亞王國之間發生的戰爭。

是在侵略達達尼爾．博斯普魯斯兩海峽與巴爾幹半島方面，英國也讓步了。

就這樣，英國、法國、俄羅斯三國締結了友好關係（三國協約），如同前述，英國的假想敵是德國，德國也因此迅速地與奧地利、義大利締結軍事同盟（三國同盟）。

德國當前的目標是將柏林和奧斯曼帝國的伊斯坦堡（舊稱．拜占庭），利用巴格達鐵道連結（3B政策），這與英國打算占領連結印度的加爾哥答（現．加爾各答）、埃及的開羅和南非的開普敦一帶的區域的外交政策（3C政策）正向抵觸，就這樣種下第一次世界大戰的種子。

重點整理

在殖民地戰爭當中受到莫大人員損傷和經濟打擊的大英帝國捨棄了「光榮孤立」的政策。

延伸閱讀

中山治一《帝國主義的序幕 世界的歷史21》 河出文庫

Return 11 錫安運動成為俄羅斯屠殺猶太人的契機

■離散的歷史可追溯至西元前

1897年，瑞士的巴塞爾召開第一屆錫安主義大會，決議在巴勒斯坦建立猶太人的國家。有「離散之民」稱號的猶太人會建構出這樣的想法，背景為在歐洲的迫害越來越嚴重的緣故。

歐洲人以猶太人殺了救世主耶穌為理由，從中世到近代斷斷續續地迫害猶太人。其中的伊比利半島是較不嚴重的地方，但是1492年隨著由天主教兩王發起的「收復失土運動」結束，西班牙也下達了流放猶太人的命令，這時他們移居至荷蘭或奧斯曼帝國的領土。

西班牙系的猶太人稱之為塞法迪猶太人，德國系猶太人稱之為阿什肯納茲猶太人，後者從德國的萊茵河沿岸又移居至東歐和俄羅斯，19世紀末的俄羅斯帝國大約住了520萬名的猶太人。

■俄羅斯屠殺猶太人的行為讓錫安運動白熱化

與西歐各國一樣，俄羅斯境內反猶太主義的思想也漸漸蔓延開來，只要燃起一點火苗就有可能大爆炸。

1881年3月13日，沙皇亞歷山大二世被民意黨的恐怖分子暗殺。真正犯案的是波蘭人，但在街頭巷尾卻傳出謠言這是猶太人幹的好事，緊張氣氛一舉高漲。4月15日，正值俄羅斯東正教會最大的祭典復活節，發生了波格魯姆事件。

所謂的波格魯姆（pogrom）乃俄語當中針對猶太人進行的集團暴力、破壞、掠奪、屠殺之意，關於直接的原因，有一種說法是上頭的中央密使犯下的組織性罪行，另一個說法是由下層的都市人民或農村出身的勞工自然而然發起的事件。

不論哪一個說法，波格魯姆事件不僅發生一次，之後也斷斷續續出現。政府不但不阻止事件再度上演，反而還實施了反猶太人的措施。讓大眾對於生活困頓的不滿發洩在波格魯姆一事上，似乎計畫讓猶太人成為代罪羔羊。

地點換到法國，1894年發生了德雷福斯事件。在參謀本部工作的猶太人上尉德雷福斯被懷疑是間諜，發展成將國家一分為二的激烈爭論。結果辨別間諜是他人，所有證據皆為偽造物，但在直到弄清是非的那段期間內，各地頻頻發生迫害猶太人的事件，這件事如實訴說著法國整體社會反猶太主義的蔓延情形。

■英國的多重外交

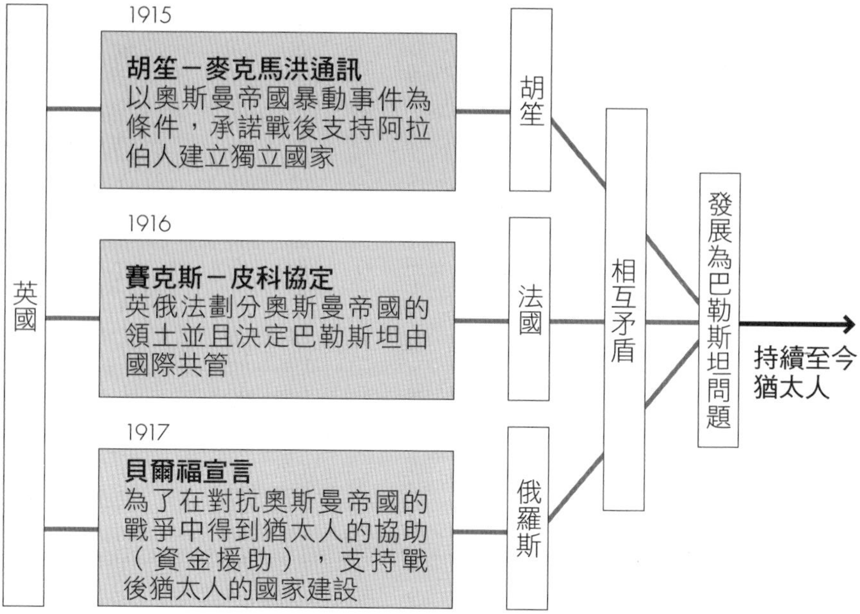
英國
1915
胡笙－麥克馬洪通訊
以奧斯曼帝國暴動事件為條件，承諾戰後支持阿拉伯人建立獨立國家
1916
賽克斯－皮科協定
英俄法劃分奧斯曼帝國的領土並且決定巴勒斯坦由國際共管
1917
貝爾福宣言
為了在對抗奧斯曼帝國的戰爭中得到猶太人的協助（資金援助），支持戰後猶太人的國家建設
胡笙
法國
俄羅斯
相互矛盾
發展為巴勒斯坦問題
持續至今
猶太人

事態演變至此，明天毫無希望可言。為此，在猶太人之間建立一個可以讓猶太人安心生活的國家的聲勢急速翻騰。就這樣召開了第一屆錫安主義大會，關於建立國家的場所，百般議論的結果選擇了巴勒斯坦。

這一類的思想和運動統稱為錫安主義運動，實行運動的人稱為錫安主義者，這個名稱源自於耶路薩冷的雅稱「錫安山」。

當初移居巴勒斯坦的方式是向遙領地主*阿拉伯人購買土地，一開始雇用阿拉伯勞工，但是後來認為在祖先的土地從事生產活動有助恢復民族的主體性，這樣才是較健全的做法，於是將阿拉伯人排除在外。

＊編按：不居於產權所在地也很少到該地的土地所有人。

讓移民聲浪一舉高漲的貝爾福宣言

進入20世紀，移民至巴勒斯坦的猶太人數量雖然增加，尚不足以受到世界的注目。可是，因為第一次世界大戰時發生的一件事讓移民人數激增，這件事就是所謂的貝爾福宣言。

在這場大戰裡，英國和奧斯曼帝國乃敵對關係，英國為了混亂奧斯曼帝國的社會秩序，分別利用了猶太人和阿拉伯人。

一方面，下令駐點埃及的高級事務官與麥加的行政官員胡笙交換書信，承諾以在奧斯曼帝國引發大規模的叛亂為條件，英國政府會支持阿拉伯人獨立的國家建設（胡笙－麥克馬洪通訊），另一方面，命令外交部長貝爾福致信國際財閥羅思柴爾德公爵，向其表達善意，英國政府支持猶太人在巴勒斯坦進行民族的鄉土建設，並承諾將努力促其實現。

復元的耶路撒冷聖殿（第二神殿），重建於西元前6世紀，由大希律王擴充建設。

知識小百科

第一次世界大戰結束後，胡笙的二兒子阿布都拉成為約旦的國王，三兒子費薩爾成為伊拉克的國王。

貝爾福宣言雖然有保障占絕大多數的阿拉伯人穆斯林與基督教徒的市民、宗教等各項權力的附帶條件，但是錫安主義者刻意漠視，只著眼在有利自己的權利。就這樣，大戰結束後，移民熱潮高漲，搬到巴勒斯坦的猶太人急速增加。

但是，對於在地的阿拉伯人而言並不樂見此現象，態度漸漸強硬，猶太人也以武力戒備。

英國雖然試著調停屬於委任統治範圍內的巴勒斯坦，卻不如所願的治安不斷惡化。當英國無法阻止雙方的示威行動，便將問題丟給聯合國處理。於是，1948年以色列建國，並且爆發了第一次中東戰爭。

重點整理

不斷迫害的結果讓猶太人渴望建立能夠安心生活的新國家。

延伸閱讀

臼杵陽《以色列》岩波新書

12

梵蒂岡城國誕生的遠因為1848年歐洲的革命浪潮

■薩丁尼亞王國成為統一運動的中心

西羅馬帝國滅亡以來，義大利半島就不曾統一。在西歐也是國家統一速度最慢，到了19世紀仍繼續分裂成許多國家的地方。但是，受到1848年歐洲革命浪潮*的影響，義大利出現建立統一國家的動向。其中心是以位於連結義大利半島和法國的交通要塞杜林為首都的薩丁尼亞王國，而實際讓薩丁尼亞王國推動革命的是首相加富爾。

阻擋國家統一之路最大的障礙物是將倫巴底．威尼西亞王國納入統轄範圍內的奧地利哈布斯堡王朝以及派衛兵駐守羅馬教宗領地的法國，加富爾選擇了分別擊破的方法。藉由參加克里米亞戰爭（1853～1856年）得到英國和法國的關心與同情，並先將矛頭指向奧地利。

如同預期，加富爾成功與法國皇帝拿破崙三世結盟。就這樣與奧地利開戰的薩丁尼亞在法國的幫助下，於1859年6月24日的索爾弗利諾戰役中取得勝利。結果雖然將塞維亞和尼斯讓給了法國，卻成功合併了倫巴底、托斯卡納、帕爾馬、蒙地納和羅馬涅。

＊**1848年歐洲革命浪潮**　法國的二月革命為引爆點，歐洲全土吹起自由主義、民族主義的革命運動總稱。

另一方面，加富爾也有一套與指揮系統完全相異的做法。那便是任命尼斯出生的加里波第為指揮官，他率領一支被稱為千人軍的義勇軍，僅僅二個多月就壓制住整個西西里島。接著又進軍半島本土，一瞬間就讓拿坡里淪陷，逼得兩西西里王國瓦解。加里波第想要繼續攻入羅馬教宗的領土，但是加富爾擔心因此與法國的關係惡化，在勸說後放棄進攻，將至今為止占領的所有土地全部獻給國王維托里奧．埃馬努埃萊二世。

趁戰爭紊亂之際達成國家統一的志業

在西西里和拿坡里舉行的居民投票當中，針對合併同一地區的薩丁尼亞王國一事，獲得壓倒性多數的贊成。在得到英法二國的同意下，1861年1月實施總選舉，2月18日除了尚未合併的羅馬教宗領土和威尼托，全義大利的代表聚集在杜林，召開第一屆義大利國會。然後在3月14日決議將義大利國王的稱號正式頒給維托里奧．埃馬努埃萊二世，建立義大利王國。

不知是否因為見證了義大利建國而耗盡自己的精力和神魂，6月6日加富爾病歿。但是，繼承人們無暇沉浸在悲傷的情懷裡。他們繼承加富爾的遺願，立志完成國家統一，謹慎注意國際情勢的變化。

1866年，機會終於來了。普魯士和奧地利爆發戰爭（普奧戰爭），義大利站在普魯士陣營參戰。結果雖然戰鬥失敗，但是其奮戰之姿受到評價，談合之際，國際認同與威尼托合併一事。

1870年第二個機會到來，法國和普魯士發生戰爭（普法戰爭）。戰爭於7月19日展開，9月2日在瑟當降伏了拿破崙三世以下的法國主力軍隊。為此，維

加富爾（1810-1861），薩丁尼亞王國首相、義大利王國首相，被稱為「義大立建國三傑」。

托里奧·埃馬努埃萊二世與羅馬教宗庇護九世交涉，因為教宗採取強硬的態度而談判破裂。同月20日早晨，開始向羅馬市內進行武力攻擊，經過4小時的戰鬥，教宗終於投降。接著在10月2日舉行的居民投票結果，支持與教宗領土內的義大利王國合併的人有13萬3681人，反對的人只有1507人。

墨索里尼主導與教宗和解

就這樣義大利達成統一，但還只是半成品。因為教宗拒絕在1871年5月3日召開的

知識小百科

和加里波第一同起義的義勇軍因為穿著一樣的紅色上衣，又被稱為「紅衫軍」。

義大利議會當中決議的教宗保障法，內容為梵蒂岡宮殿及拉特朗聖若望大殿的所有權、自由召開公會議和教宗選舉會議的權利、給與教宗廳年金等，閉守在梵蒂岡宮殿內。

義大利政府與教宗廳的對立持續至20世紀，為了解決這個問題，墨索里尼打算確立借助教會權威的法西斯體制。1929年2月11日，墨索里尼首相與庇護十一世底下的樞機主教加斯佩里簽訂拉特蘭條約，此條約包含二份文件，第一份文件的內容為建立教宗擁有絕對主權的梵蒂岡城國、義大利以天主教為國教，以及作為過去教會財產國有化的賠償金，每年支付現金7億5000萬里拉加上5%利息的國債給教廷等等。在第二份文件當中規定了中小學實施宗教教育的義務化、婚姻聖統制、聖職人員免除徵兵、承認拒絕宣誓・證言的權利等等。

因此誕生了世界最小的國家，梵蒂岡城國，但是隨著第二次世界大戰的結束，大眾世俗化的現實擺在眼前，內部漸漸空洞化。

重點整理

因為都市國家林立以及周邊國家阻擾而分裂的義大利，受到1848年歐洲革命浪潮的影響，完成統一國家的大業。

延伸閱讀

谷川稔、北原敦、鈴木健夫、村岡健次 《近代歐洲的熱情和苦惱 世界的歷史22》 中公文庫

Return

第2章

妄想征服世界的歐洲列強

【從19世紀到18世紀後半】

~為什麼歐洲需要殖民地

1 列強的殖民地化
2 單一民族的獨立國家和革命的浪潮
3 新興國家的抬頭

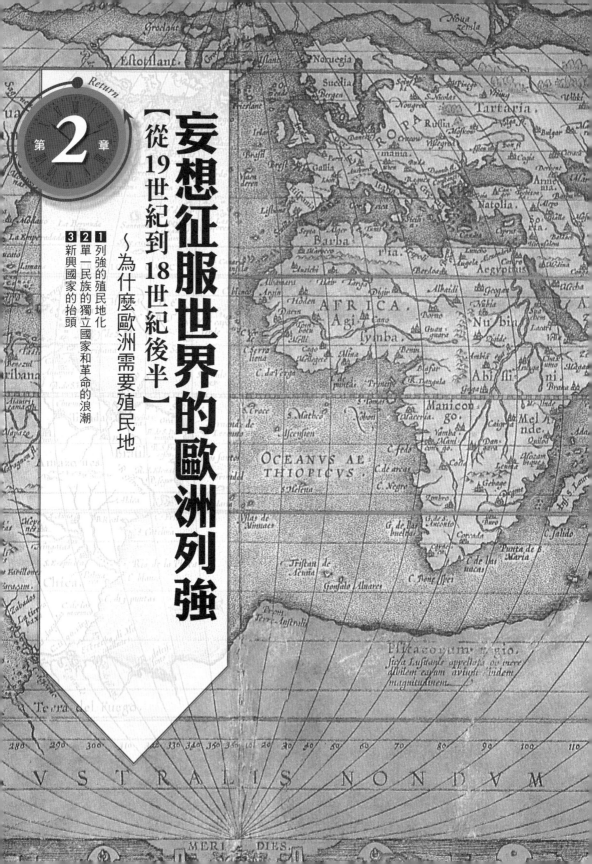

1887 法屬印度支那聯邦建立

1877 俄土戰爭（俄羅斯・土耳其戰爭～1878）

1875 英國成為蘇伊士運河的第一大股東

1871 德意志帝國建立

1870 普法戰爭（～1871）

1869 蘇伊士運河開通

1867 奧匈雙元帝國建立

1866 普奧戰爭

1865 林肯總統被暗殺

1863 林肯總統發表「解放奴隸宣言」

1861 美國展開南北戰爭（～1865）

義大利王國建立

俄羅斯頒布解放農奴的法令

1858 蒙兀兒帝國滅亡

1857 西帕衣團兵變

1856 第二次鴉片戰爭（～1860）

1852 拿破崙三世恢復帝制

1851 舉辦倫敦萬國博覽會

1849 美國加洲的黃金潮

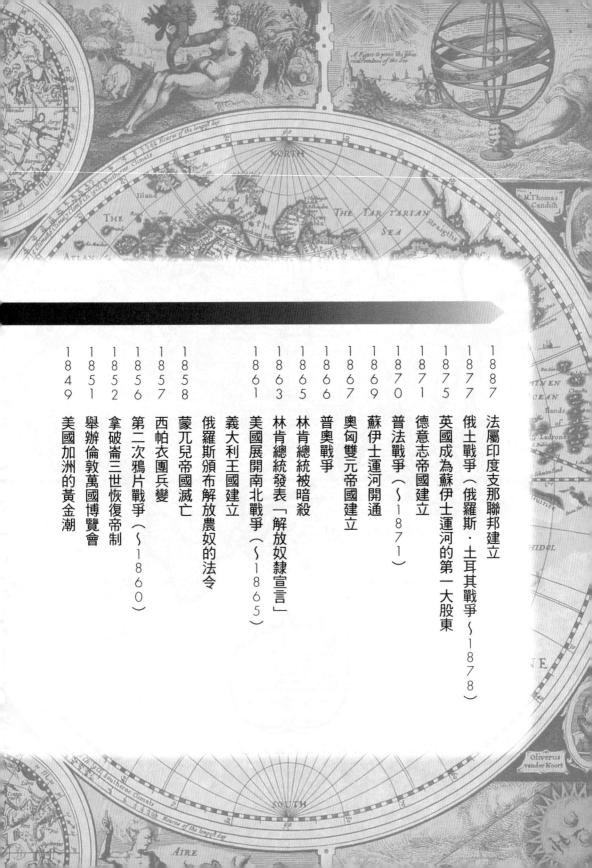

1800

1848 法國爆發二月革命

1840 鴉片戰爭（～1842）

1830 法國爆發七月革命

1823 清廷將鴉片貿易商趕出廣州

1818 印度的馬拉塔聯盟向英國投降

1815 滑鐵盧戰役

1813 萊比錫戰役

1812 拿破崙征俄

1805 利塔利滋大會戰

1804 拿破崙皇帝的加冕禮

1799 在埃及發現羅塞塔石碑

1796 中國的白蓮教起義（～1805）

1793 在巴黎，路易十六被送上斷頭臺

1789 法國大革命開始

1775 美國獨立戰爭（～1783）

1773 波士頓傾茶事件

1764 英國發明珍妮紡紗機

1757 普拉西戰役

1756 爆發七年戰爭（～1763）

1914年→1875年

Return 13

埃及的殖民地化始於賣掉蘇伊士運河的股票

英國和印度的關係交惡

1914年，埃及成為英國的保護國。究竟契機為何？其實邁向殖民地化一事與蘇伊士運河關係密切。

在列強爭奪殖民地的競爭當中，英國始終領先，法國大大地落後。為了縮短差距，法國前外交官雷賽布出馬了。雷塞布為了挫挫英國的銳氣，打算讓英國和印度結下樑子，因此著眼在位於正中間位置的埃及。

對雷賽布而言，皇帝拿破崙三世的皇后歐仁妮是其姪子的女兒，又與埃及總督賽義德在25年前雷賽布還擔任副領事的時候交情甚篤。形式上，埃及屬於奧斯曼帝國的統轄範圍，國家元首是伊斯坦堡的蘇丹，當地的統治者稱為總督。言下之意，雷賽布和法國、埃及雙方的君主都有點關係。

雷賽布從賽義德那邊取得開鑿蘇伊士運河的許可後，1859年開始施工。賽義德除了無償給與蘇伊士運河公司必要的土地，也承認領土的主權，展現極大的度量。此外，也同意無償強制農民勞動一事。

因為氣候惡劣以及食糧短缺等問題，施工期間共有12萬名工人死亡。在如此壯烈的犧牲下，1869年11月，蘇伊士運河開通了。

連結地中海和印度洋的蘇伊士運河，在英國的管理下，加速埃及的殖民地化。

因為財政困難而賣掉股票，引發嚴重的事態

英國一張蘇伊士運河公司的股票都沒有，或許是沒想到會真的開通且實際運作吧。從開始施工到完工為止，英國政府頂多是施壓給伊斯坦堡政府而已，並無採取正式的妨礙行動。

可是，一旦運河開通，英國政府忽然面臨殘酷的現實。通過運河的船有八成是英國國籍的船，英國後悔至極。不過，不管多不甘心都無法改善實情。想要找到對策，或者採取有效的行動，必須靜待當前的環境改變才行。

運河開通六年後，引頸期盼的機會終於降

臨。那時埃及的賽義德逝世，由兒子伊斯梅爾繼承。

開鑿蘇伊士運河花了不少超出預期的費用，加上伊斯梅爾熱衷於埃及的近代化，不管做什麼事都需要資金。他為了籌措這些費用，不得不在歐洲市場長期借貸資金。因為一年利息高達23.4%，埃及在一瞬間揹上巨額的負債。1873年的稅收從990萬英鎊增加至1060萬英鎊，但是外債利息的支付金額高達3700萬英鎊。為了償還貸款，不得已只好賣掉蘇伊士運河的股票。伊斯梅爾做出這樣的決斷後，情報立刻傳到歐洲。但是，普法戰爭（1870～1871年）敗戰後的法國尚未復甦，無法立刻有所回應。

另一方面，英國的議會正好還在開會，若無議會的同意政府不能擅自支出鉅款。這時，首相迪斯雷利祭出奇招。英國政府拿抵押品向親友，同時也是大財閥的羅斯柴爾德男爵請求即刻的融資。因此，英國政府以每張408萬英鎊的金額購買蘇伊士運河公司的股票約17萬7000張。1875年11月，共40萬張的股票到手44%，英國立刻取得第一大股東的位置。

■獨立後仍賴著不走的英國軍隊

儘管釋出多張股票，埃及的經濟仍不見好轉，1876年陷入無法償還負債的狀況。因此，埃及的財政改交給歐洲諸國管理。這不僅朝向殖民地化邁進一大步，還理所當然遭

知識小百科　雷賽布是賽義德少年時代的體育老師，運動流汗後，只要他喜歡，不管多少義大利麵都讓他吃。

到當地人反對。1881年陸軍上校阿拉比發動起義，逼迫總督陶菲克下臺。面對這個狀況，英國派出陸海軍干涉，瞬間鎮壓住革命。將埃及全土納入軍事管理範圍內，在第一次世界大戰開打的1914年將埃及列為保護國。

大戰後的1919年，埃及再度興起革命運動的浪潮。於是英國讓步，於1922年承認埃及獨立，但只是掛名而已，英國依然握有埃及的經濟、軍事等各式各樣的特權。1936年雙方締結新的同盟協約，雖然大幅改善埃及的地位，但唯有蘇伊士運河的駐留權英國仍不肯放手。

只要還允許外國軍隊的駐留，就稱不上是真正的獨立國家。第一次中東戰爭（1948~1949年）敗北後，埃及那樣的想法越來越強烈，1952年發動政變。廢除王制，成立共和政體。到了1956年第二次中東戰爭（蘇伊士運河戰爭）之際，終於讓英國軍隊撤退。

重點整理

埃及在近代化的過程中因為財政困難招致英國的干涉，邁向殖民地化。

延伸閱讀
牟田口義郎《講述中東的歷史 東洋文明5000年的光芒》中公新書

14 法屬印度支那的成立原因出在傳教士身上

■為了避免滅亡尋求外國的援助

1887年，法屬印度支那聯邦成立。範圍相當於現在的越南和柬埔寨，法國為什麼會將歪腦筋動到越南呢？這得歸因於阮氏王朝建國時曾借助傳教士之力。

越南於1428年建立後黎王朝，1527年莫氏發動政變，越南陷入內亂，16世紀末起，實質上分裂成將首都設在河內的鄭氏以及將首都設在廣南省（中越）順化的阮氏此二個對峙政權。

替膠著狀態帶來變化的是，1771年在廣南阮氏勢力範圍內的西山村，由阮氏三兄弟（西山黨）發動的叛變。西山黨得到因為饑荒而極度窮困的農民和流民廣泛支持，急速擴大勢力。開始暴動四年後，滅了廣南阮氏，並於1786年推翻鄭氏。孤立無援的後黎王朝向大清帝國尋求援助，清朝心想運氣好的話搞不好可以一舉併吞整個越南，於是派遣20萬大軍，但被西山黨擊潰，西山黨不但守住越南的獨立，還完成統一全土的志業。

順化淪陷後，廣南阮氏的親族以南部為據點持續抵抗，一個接一個被打垮後，最後只剩下阮福映（後來的嘉隆帝）一人存活下來。他雖然一時奪回南部的中樞嘉定，但是立即遭到反擊，只好逃往暹羅灣的富國島。陷入存亡危機的他，除了尋求外國勢力的軍事援助之外別無他法，於是試著在暹羅（泰國）接近法國。

作為中間橋樑，他選擇的是認識的法國傳教士百多祿。1783年，百多祿答應以幼小的兒子做為人質當作條件，自己赴往曼谷，成功取得暹羅國王派水軍二萬人與戰船300艘的援助。

在外國的援助下平定全國

百多祿暫回法國一趟。雖然得到國王路易十六派遣遠征軍隊的許可，但是駐兵在印度的法國軍隊司令官表示實行困難，計畫因而作罷。不過，百多祿靠自己的力量購買武器彈藥和募兵，在能夠交差的狀況下回到阮福映身邊。

阮福映得到法國義勇軍和暹羅的援軍，加上當地華人的助陣以及葡萄牙提供武器彈藥的援助，終於扭轉情勢。所到之處勢如破竹，1802年平定全土。新的阮氏王朝因此誕生，1804年清朝賜予國王的印璽和越南這個國號，1806年加封皇帝稱號。

嘉隆帝雖然之後與暹羅呈現敵對關係，但是與西洋商人仍維持良好關係，對於基督教的傳教事業也採取寬容態度。可是第二代皇帝明命帝攘夷思想強烈，對西洋列強極度反

■法屬印度支那聯邦

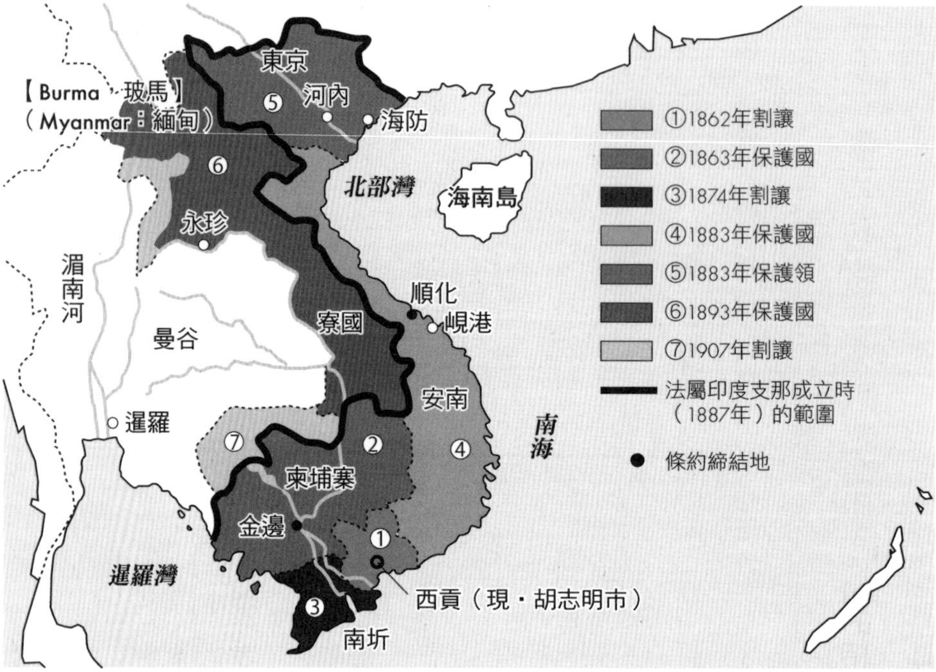

感，於是施行閉關鎖國的政策，1833年頒布禁止傳播基督教和破壞教堂的法令。

第三代的紹治帝和第四代的嗣德帝也承襲明命帝的政策，但是列強要求開國的聲浪逐漸高漲。假使和平的手段行不通只好仰賴軍事力量，法國和西班牙的傳教士被處刑，越南基督教徒全員亦遭處刑，最後法國終於採取軍事行動，時間為1858年的8月。

法屬印度支那聯邦的成立

向越南求償基督教的傳教自由、通商自由以及傳教士的損害賠償，這是當時法國開戰的目的。但

知識小百科　王朝在殖民統治下雖然保住命脈，但是其歷史隨著1945年8月17日開始的革命運動而告終。

是不知何時欲望變成了得到領土，在1862年6月簽訂的和約當中，主張割讓南圻（越南南部）東部三省，邊和、嘉定與定祥。

1874年法國軍隊態度更加強硬，南圻西部三省也到手了。1883年將安南（越南中部）列為保護國，東京（越南北部）作為保護領。又於隔年簽訂巴德諾和約，令越南承認法國的保護權，以及讓渡外交權、內政權等等，這些條約使越南淪為法國真正的殖民地。

至今自認是越南宗主國的清朝雖然表示異議，經過與法國軍隊的有限戰爭（Limitedwar），於1885年的天津條約當中承認法國的諸多權利。再加上柬埔寨，就這樣1887年建立了法屬印度支那聯邦。

重點整理

為了重建家園不加思索向法國求助的結果，讓越南招致後患。

延伸閱讀

小倉貞男《講述越南的歷史 一億人民國家的魄力》

15 印度的殖民地化始於1757年的普拉西戰役

東印度公司替英國帶來前所未有的榮景

1877年英國維多利亞女王登基成為印度女皇，將印度完全地殖民地化，但這並非一蹴可幾的事，從建蓋橋頭堡開始，其實經過了120年的歲月。

自1660年起，英國迎向前所未有的好景氣。房屋一棟接著一棟新建，造船業也很興盛，生活水準大幅提升。在人們認為物質水準到達極限的這個時代，經濟史上稱為商業革命，其支撐的基礎便是海外貿易的擴大。

當時，享有超高人氣的貿易公司是皇家非洲公司、哈得遜河灣公司以及東印度公司這三間，其中又以東印度公司的規模位居翹楚。

英國東印度公司於1600年專為與亞洲的貿易而設立，在東南亞香料貿易的競爭上雖然輸給了荷蘭東印度公司，以此為契機改以印度為主軸。1612年，蒙兀兒皇帝賈漢吉爾許可英國在古吉拉特邦的蘇拉特、坎貝等地方興建商館。接著一點一滴增加權利，於1685年將原本位在西海岸的據點移至龐貝（現・孟買），1700年向皇帝奧朗則布的

＊1奧地利王位繼承戰爭 因為不承認女子繼承王位，1740年普魯士和法國等國家在奧地利發動的戰爭。

皇子取得加爾哥答（現．加爾各答）等三個村莊的領主權。

英國東印度公司在印度最大的競爭對手是法國東印度公司，該公司於奧地利王位繼承戰爭*1和七年戰爭*2這二個世界級規模的戰爭當中，曾與法國東印度公司交手數次，在那樣的過程中壯大了搶奪領土的野心，結果迎向了1757年的普拉西戰役。

■普拉西戰役讓印度朝殖民地化邁進一大步

普拉西的本地話為普拉塞依，屬於孟加拉地方。該地的土著之間爆發勢力的鬥爭，一方向英國求救，另一方找法國支援，英法兩家公司的軍隊於是產生激烈衝突。贏得勝利的英國東印度公司，因此得到了孟加拉地方的自由貿易權，此乃該公司歷史的一大轉機。從此，該公司不再只是單純的貿易公司，代理英國本國的角色越來越濃厚。

英國東印度公司採取積極的軍事行動，於1764年的布克薩爾戰役之中擊敗阿瓦德州長官蘇賈烏道拉和前孟加拉州太守米爾卡西姆的軍隊，隔年由蒙兀兒皇帝沙阿拉姆二世授與孟加拉、比哈爾、奧里薩這三個地方的帝旺尼（Diwani，行政管理權，如徵稅和財政）。蒙兀兒帝國的地方行政長官不過是單純領年金的人，該地方實質上變成英國的殖民地。

因為獲得帝旺尼的權利，東印度公司的員工有不少成了大富翁後歸國的人。這些人被

***2七年戰爭命** 1756年奧地利與法國、俄羅斯結盟，向普魯士與支援該國的英國發生的戰爭。

■確實進行的印度殖民地化

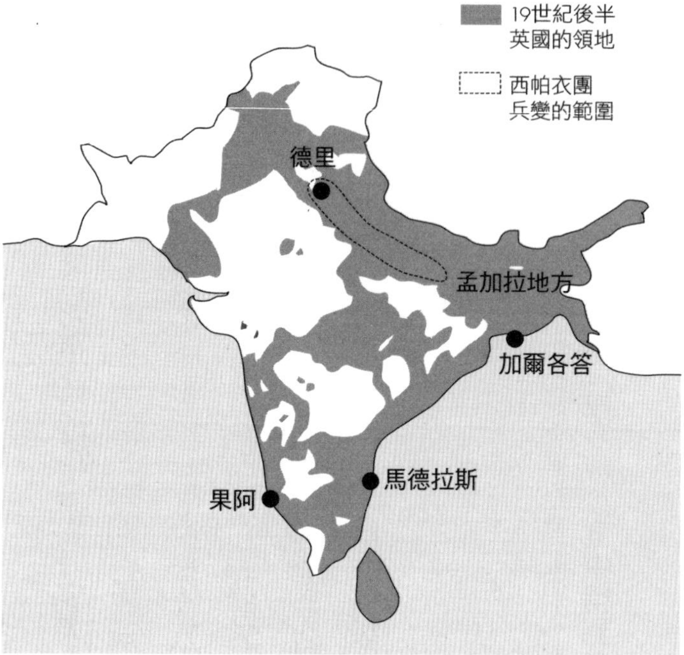

稱為Nabob（在印度發大財的歐洲人），一瞬間成了眾人欣羨和嫉妒的對象。議會上有人以人道觀點譴責這些人和東印度公司，於是1784年制訂了強化政府管理該公司的新法。

搭上工業革命的便車，以蘭開夏郡為中心的英國棉花工業界，要求自由參加印度貿易的聲浪高漲，1813年頒布了禁止獨佔印度貿易的法案。因此，展開印度貿易的公司陸續出現。

■以兵變為契機建立英屬印度

此時正逢蒙兀兒帝國國勢逐漸衰微，帝國無法成為阻擋英國的防波提，抵抗英國的是以馬拉塔帝國為中心的馬拉塔聯盟、邁索爾王國和錫克帝國等由非穆斯林組成的地方勢

知識小百科 兵變的主要原因為僱傭兵之間流傳了一種說法，指東印度公司的來福槍子彈包裝使用了混和豬油、牛油的潤滑劑。

力。但是英國仍一個接一個擊破，力量因此越來越強大的英國又將征服的矛頭指向阿富汗以及玻馬（現・緬甸）。在這段期間，東印度公司仍是英國在印度最大的公司。因為光只有英國人尚嫌不足，漸漸地印度人傭兵（西帕衣團）的比率越來越高，英國人用英語口音稱他們為西帕希。

1857年5月10日，在靠近蒙兀兒帝國首都德里的馬拉塔基地，西帕衣團的聯隊發動兵變（西帕衣團兵變・印度反英大起義）。他們進到德里擁立蒙兀兒皇帝巴哈杜爾二世，兵變從印度北部擴大至印度中部，最後孟加拉管轄區的74支連隊有62支連隊匯合。僅管如此，無可否認地其軍事力量和組織能力都處於劣勢，兵變發生後四個月，德里落在英國軍隊手上。雖然地方持續一年以上的抵抗，但仍不足以逆轉大局。

以這場大起義為契機，英國政府完全消滅蒙兀兒帝國的同時，也將形式改為由政府直接統治。建立了英屬印度，結束歷史使命後的東印度公司不久便面臨解散的命運。

重點整理

英國東印度公司在普拉西戰役當中得到自由貿易的權利，英國以其強大的力量為基礎佔領印度。

延伸閱讀
淺田實《東印度公司 巨大商業資本的盛衰》講談社現代新書

16 拿破崙戰爭播下1848年歐洲革命浪潮的種子

■為了保護革命的利益只好侵略他國！

1848年的歐洲革命浪潮讓整個歐洲動盪不已，為什麼會同時發生多起革命運動？其實，最早的原因可追溯至始於1803年的拿破崙戰爭。

1789年6月開始的法國大革命推翻了波旁王朝，建立法蘭西第一共和國。但是，內部發生嚴重的對立，法國陷入混亂的深淵。周邊諸國締結對抗法國的同盟，發動打倒革命政府的干涉戰爭。在這樣的危機當中，出生於科西嘉島的軍人拿破崙・波拿巴抬頭。拿破崙在1799年掌握政權後，1802年被選為終生總統，1804年坐上法國皇帝的寶座。當人們恨不得打倒王政的時候，為什麼又擁護君主呢？

這是為了守住革命的成果，1789年8月法國議會通過「人權和公民權宣言」（人權宣言），明示人民的自由（思想、言論、信仰的自由等等）、權利的平等、國民主權、所有權的絕對性等，也宣告了舊體制的滅亡，因此無論如何都要守住才行。就這層意義而言，外國的干涉形同時間倒轉，企圖恢復舊體制，因此有斬草除根的必要。為此，認為必須將一切託付給獨裁者的人佔了絕大多數。

那為什麼需要打仗打到國外去呢？也許是出於一種防衛的本能。單是將敵人趕出國外的話無法真正除去威脅，徹底討伐真正有敵對意思的人，直到使其完全屈服為止都不能有絲毫的鬆懈。這種想法漸漸強調了獨善性，終於演變成在1803年開始的拿破崙戰爭。

拿破崙沒落後，其遺腹子剛好成長

但是，在他國眼裡看來，拿破崙的對外戰爭不過是種侵略。1808年5月2日，馬德里發生民眾暴動。雖然立刻被鎮壓，但是當拿破崙將西班牙國王父子幽禁在法國，讓自己的哥哥約瑟夫（何塞一世）取而代之即位時，西班牙全國上下爆發叛亂。由西班牙人看來，這是一場獨立戰爭。因為得到英國的支持，這場叛亂絲毫不見平復的徵兆。

拿破崙・波拿巴（1769－1821）。出生於科西嘉島，以拿破崙一世之姿當上法蘭西第一共和國的皇帝。

奧地利和普魯士明明已經屈服，唯獨英國不放棄敵對姿態。因此，拿破崙為了重挫英國決定採取經濟政策，搬出大陸封鎖令，但是俄羅斯卻違背這項禁令。如果不加以嚴懲就無法給他國良好示範，因此1812年，拿破崙組織一支大軍，斷然實行遠征俄羅斯之舉。可惜俄羅斯的將軍庫圖佐夫採用焦土戰術，以及因為寒冬的到來讓拿破崙軍隊大敗。拿破崙失去大部分的軍兵後，苟延殘喘逃回巴黎。

西班牙的叛亂仍在進行當中，遠征俄羅斯又失敗，此二個失策讓拿破崙的運氣不再好轉。1813年10月的萊比錫戰役以及1815年6月的滑鐵盧戰役都敗陣後，拿破崙被流放至聖赫勒拿島，政治生涯就此劃上終點。

就這樣，拿破崙從歷史的舞台消失。但是他播下的種子尚未除去，自由主義和法國人的國民國家概念蔓延至整個歐洲，深層滲透。

■1848年的歐洲革命浪潮決定歷史走向

戰勝的五大國除了部分例外，決定所有的政治體制恢復到法國大革命爆發前的模式。沿用開會的地點，稱為維也納體制。

但是，此舉與時代的要求相逆，各地瀰漫著不穩定的空氣。西班牙有要求恢復自由主義憲法的叛亂，拿坡里出現要求制定憲法的運動，希臘展開了對抗奧斯曼帝國的獨立戰爭，巴黎則爆發了七月革命，荷蘭的比利時獨立，華沙有反俄羅斯的暴動。其中有成功的

知識小百科 在歐洲大陸引發的震盪傳也傳到了英國，受到影響，在英國也興起了要求修正選舉權的運動。

■從拿破崙戰爭到維也納體制瓦解的經緯

1803		違反亞眠和約
1804	3月	制定拿破崙法典
	5月	經由國民投票就任皇帝
1805	8月	第三次對法大同盟
	10月	特拉法加海戰
	12月	奧斯特里茲的三皇會戰
1806	7月	萊茵同盟
	8月	**神聖羅馬帝國滅亡**
	10月	耶拿戰役
	11月	大陸封鎖令（柏林勒令）
1807	7月	提爾西特和約
1808	5月	西班牙叛亂（伊比利半島戰爭）的開始（～1814）
1810	12月	俄羅斯違反大陸封鎖令，再度展開與英國的貿易
1812	5月	遠征俄國開始（～12月）
1813	10月	萊比錫戰役（民族大會戰）
1814	4月	拿破崙退位
	5月	拿破崙被流放至厄爾巴島，恢復波旁王朝（路易十八）
	9月	維也納會議（～1815年6月）
1815	3月	拿破崙返回巴黎，建立「百日王朝」
	6月	滑鐵盧戰役
	10月	拿破崙被流放至聖赫勒拿島
1820		西班牙立憲革命（～1823）
		義大利的燒炭黨叛亂（～1821）
1821	5月	拿破崙逝世於聖赫勒拿島（51歲）
		希臘獨立戰爭（～1829）
1830		法國發生七月革命→波旁王朝瓦解
		比利時獨立，波蘭起義（～1831）
1831		義大利的燒炭黨叛亂
1848	2月	法國發生二月革命→成立第二共和國
	3月	德國發生三月革命，梅特涅逃亡→維也納體制瓦解

例子也有被鎮壓住的例子，即便是後者，也富含著立刻振作而起的強大生命力。

1848年，要求改革的聲浪達到最高潮。以在巴黎引發的二月革命為導火線，歐洲吹起革命的暴風雨。其中，有表達反對封建式束縛的聲音，也有揭示民族主義性、自由主義性的要求等各式各樣的形態。

維也納體制的瓦解儼然已是不爭的事實，不過各國的領導者雖然表現出讓步的姿態，卻也在等候反擊的機會。同年6月在巴黎發起的勞工暴動好像說好了一樣，在同一時間開始行動。這些革命運動快一點的地方在該年，慢一點的地方也在隔年就被鎮壓住了。

話雖如此，指針已無法停止轉動，歐洲之後的歷史朝1848年歐洲革命浪潮所要求的方向進行。在這之中有如德國和義大利那般往統一道路前進的地方，也有如哈布斯堡帝國那般朝瓦解之路邁進的地方。

重點整理

由法國大革命孕育出的自由主義種子，由拿破崙撒向歐洲全土，運勢銳不可擋。

延伸閱讀

Roger Dufraisse著 安達正勝譯《拿破崙的生平》白水社

17

鴉片戰爭敗北的原因在於地瓜、玉米、花生的普及

■新農作物的出現促使中國人口爆炸

清朝（大清帝國）在鴉片戰爭敗北的原因大多歸咎於軍事力量的差距懸殊，但是只要仔細分析，可以發現事情並非如此單純，其實在王朝最繁盛的時期就已埋下失敗的遠因。

中國於1644年朝代更迭，明朝滅亡、清朝立國，雖然仍有殘黨抵抗，遷都至北京後的第二代，由後金的努爾哈赤數來相當於第四代的康熙帝於1684年平定全國。沒有戰爭和叛亂的和平時代到來，人口急速增加。康熙39（1700）年估計人口有1億5000萬人，到了孫子乾隆帝的後期，意即18世紀末，人口超過3億，又到了其孫子道光帝治世的時候，也就是19世紀前半，人口已超過4億。

人口激增的理由不只是因為太平盛世，稅制的改革、開發的進展、農業技術的改良加上美洲大陸原產的新作物普及等都影響深遠。

在新農作物當中，影響尤其之深的是地瓜、玉米和花生。地瓜是救荒作物的箇中代表，玉米是容易保存且可以當作主食的穀物，花生即使在貧瘠的土地也能生長，這三樣新

農作物對貧民而言是很珍貴的寶物。因為這些農作物的普及，餓死的人急速減少。與之成反比，人口急速增加。開發的進展趕不上人口增加的速度，因此多數人必須離開住慣的土地，尋求新天地。

此時，有些人渡過大海來到東南亞，以華僑的身分生活下來。也有些人移居至到了19世紀終於開放給漢人的東北地區，還有些人遷往因為明末清初的動亂使得人口急速減少的四川，或者移民至人口尚嫌稀少的台灣。

移民社會中跋扈的祕密結社

土地從條件優渥的地方開始被佔據，晚一步的移民只好去條件較差的地方。在條件較差的地方，除了生活，橫向的人際關係也很重要，因此在各地出現各式各樣的結社活動。在台灣有以相互扶持為目的的天地會，在四川也有懷抱同樣宗旨名為嘓嚕的會黨（祕密結社）勢力逐漸壯大，其他地方例如白蓮教此種佛教體系結社亦得到多數信徒的支持。

許多省、縣的邊境公權力較弱，事實上由結社統治的地方佔了大多數。長江上游的山岳地帶，即湖北、陝西、四川這三省的交接地帶便是其中之一，乾隆帝退位，1796年2月其子嘉慶即位，叛亂的大火開始燃燒，也就是所謂嘉慶白蓮教之亂的開端。

叛亂的大火曾一度蔓延至四川、陝西、湖北、河南、甘肅五省，但是清朝用盡方法，

知識小百科　移居至台灣的漢人大多為出生於福建南部的人，現在也佔了台灣總人口數的七成以上。

於1805年終於成功撲滅大火。

不過，此時的清朝已是遍體鱗傷的狀態。官兵的死傷人數龐大，戰費也花了1億兩以上。原本有8000萬兩的戶部（財務省）銀庫庫存也掉了1000萬至2000萬兩，清朝陷入財政困難的狀況。

■英國向沒落的清朝露出爪牙

列強打算正式侵略東亞之際，清朝在社會和經濟上都逐漸衰微。那時發生了銀漏問題和鴉片大量進口的事態，因為對於財政和風紀的妨害甚大，清朝對於鴉片的非法貿易採取嚴厲的態度，此舉招來英國商人強烈的不滿，就這樣1840年5月爆發了鴉片戰爭。

在那之前清朝的對外窗口僅限廣東（現・廣州市）一處，英國當初也打算進攻該地。但是，因為湖廣總督兼欽差大臣（授與全權）的林則徐防守堅固，於是將矛頭轉向，北上襲擊位於浙江省

鴉片戰爭之際，發生激戰的焦山砲台遺址（江蘇省鎮江市）。

延伸閱讀
陳舜臣《鴉片戰爭實錄》中公文庫

東邊的舟山群島。又繼續北上，現身於天津沿岸。

為此動搖的朝廷罷斥林則徐，舒緩廣東的防守，英國伺機而行般地大舉攻擊廣東，獲得壓倒性的勝利。結果於1842年8月簽訂南京條約，內容包括清朝開放廣東、廈門、福州、寧波、上海五處為通商口岸，承認領事裁判權，割讓香港，並且賠償英國1200萬兩的戰費等等。

但是，之後的貿易方式並無法讓英國滿足。因此，英國以1856年10月的亞羅號事件*為導火線，與法國共同出兵開啟第二次鴉片戰爭（亞羅號戰爭）。在戰爭結束後的1860年簽訂北京條約，當中清朝開放天津等11處的通商口岸，割讓九龍，承認英國人的內地旅行權，鴉片貿易的合法化等，英國硬是要清朝接受這些不平等的條例。

在康熙帝的時代，清軍擁有打敗俄軍的經驗。考慮到這一點，可以了解清朝軍事力量的低落已是無法否認的事實，其根本原因在於正規軍隊的墮落和社會整體的疲弊。因為新農作物的普及使得人口急速增加之際，清朝並無採取相對應的措施，所以才會衍生出許多問題。

重點整理

新農作物的普及促使人口爆炸，各地叛亂的情形激增。清朝衰微，失去抵抗英國的力量。

***亞羅號事件**　1856年，清朝與英法聯軍之間引發的戰爭。又稱為第二次鴉片戰爭，聯軍蹂躪北京。

Return 18

法國大革命的原因為火山爆發

■拉基火山的爆發導致天候異常

法國大革命的原因為日本淺間山的爆發，雖然常聽人這麼說，不過就爆發的規模和二者的位置關係而言可能性極低，影響法國大革命的應該是同年1783年爆發的冰島拉基火山。

自從拉基火山爆發，法國出現連年的氣候異常現象。因為日照不足使得農作物歉收，人民因為食糧不足逐漸感到不安。實際上，在1785年以巴黎為首，各地都市陸續發生民眾攻擊穀粉店、麵包店的事件。只是，被稱為小麥粉戰爭的這個事件，與其說是因為食糧不足，民眾表達對穀粉店和麵包店非法行為的憤怒似乎才是最直接的原因。人們並無搶奪，而是自行決定價格，付完錢後拿東西走人。

作物歉收持續至1787年和1788年，法國社會迎向自小麥粉戰爭以來的不穩定狀況。但是，這尚不足以構成革命的要因。還有另一個更主要的原因。，支援美國獨立戰爭（1775~1783年），結果帶來鉅額的赤字。

美國獨立戰爭之際，法國的任務在於消滅英國的國力，採取全面支援殖民地的大陸軍隊政策。時任財政總監的內克爾向國庫調度這筆資金，但是這份請款單過於龐大，1788年光是負債利息總額就高達3億1800萬里弗，相當於國家年支出的50%。靠舊有的稅制已無法彌補國庫的赤字，利息像堆雪球那般越滾越大，無法停下來。

向貴族課稅引起的大騷動

該如何解決財政困難的處境？向平民課稅已達到極限，財政總監卡隆只好思考向至今為止享有免稅特權的人徵新稅的方法。於是召開了由國王指名的各界名人參與諮詢的「顯貴會議」，結果大家只是一味拒絕課徵新稅沒有給予任何建設性的意見。

貴族與教士愈發反抗時，國王路易十六便換一個財政總監。可是，新上任的財政總監布里安沒有任何妙計，他解散顯貴會議反而讓這些人的態度更加強硬。如火上加油，布里安被迫辭去職務。終究國王也不得不將態度放軟，決定舉辦自1614年起就不曾再召集過的三級會議。

在此提到的三級會議是在中世後期創設的身分制議會，由第一等級（教士）、第二等級（貴族）和第三等級（平民）的各代表組成，審議由各代表組成的單位個別進行。附帶一提，法國大革命前夕，法國總人口2600萬人中，教士約有12萬，貴族不超過35萬，

知識小百科　皇后瑪麗・安托瓦內特是奧地利哈布斯堡家族出身，她是女中豪傑瑪麗亞・特蕾莎的愛女。

■舊制度

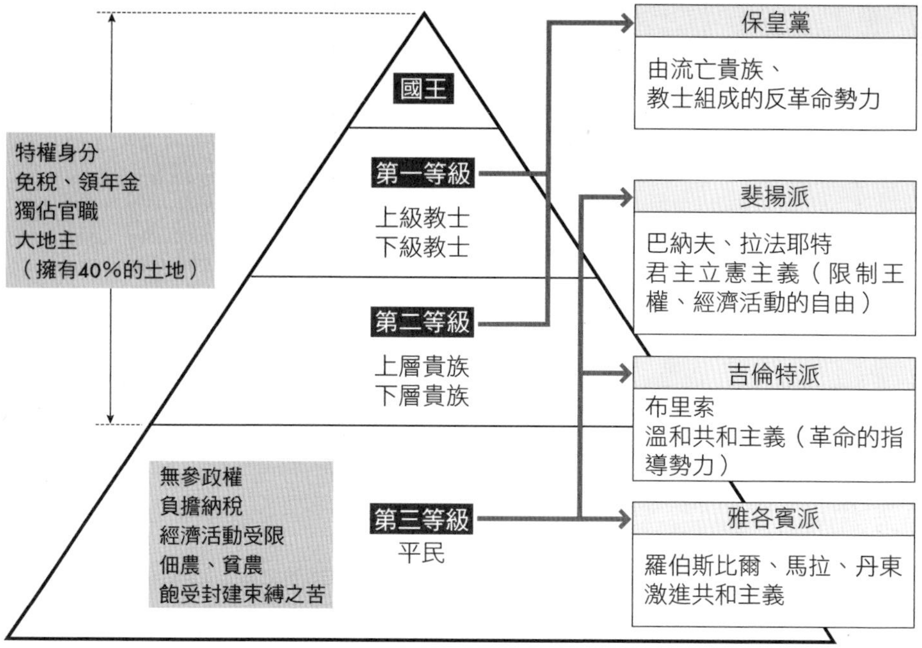

剩下的都是平民。

■平民和貴族之間無法化解的對立

1789年5月5日，距離上次召開三級會議約175年。但是，實情正好與同舟共濟這個成語完全相反，除了反對絕對王政的國王政府一意孤行地實施政策這一點，對於彼此之間的利害絲毫沒有共識。至於議員人數，相較第一等級和第二等級各有300名，第三等級自300名倍增至600名，從這一點看來可以知道議會尋求平民妥協的企圖。不過，投票方式要用身分表決或是個人表決這一件事尚未有定論。

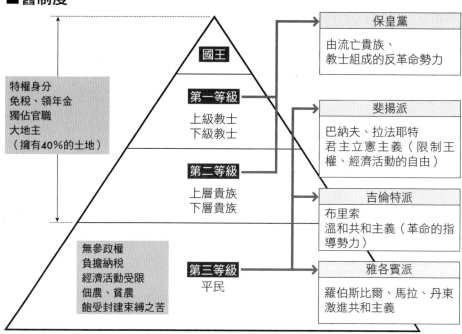

在這樣的情況下，第三等級的人態度越來越強硬，第三等級於是與多數第二等級的人及部分第一等級的人組成國民會議，於6月20日，宣誓直到憲法制定為止都不解散的宣言（網球場宣言）。看到他們心意如此堅定，國王下令教士和貴族也參與國民會議。為此，國民會議更名為制憲會議。但是，平民和貴族之間的對立並無法消除，7月14日發生了攻陷巴士底監獄的事件，因此揭開法國大革命的序幕。

之後路易十六從凡爾賽被挾至巴黎，與皇后瑪麗．安托瓦內特試圖逃亡，但是因為她的任性使得計畫失敗。於是，民眾對王室的情感急速惡化，結果會議遵照決議，將路易十六送上斷頭台。

乍看之下，或許會覺得路易十六如同一個昏君，但他絕對不是無能，政治感覺亦不遲鈍。只是無法否認地，他的個性非常優柔寡斷。雖然受到啟蒙運動影響但仍憧憬君主專制，可惜不是位能夠發揮強力領導力的人物。嗜好是狩獵、閱讀和製鎖，個性善良仁慈，其充滿悲劇性的死亡只能感嘆生不逢時。如果拉基火山沒有爆發，歷史會怎樣改變？如果對於王室懷抱的情感不要變壞，是不是就能避免革命的爆發？

重點整理

因為拉基火山爆發導致農作物歉收，陷入食糧危機的法國，人民飽受生活困頓之苦，終於爆發對國家不滿的情愫。

延伸閱讀

五十嵐武士、福井憲彥《美國和法國的革命 世界的歷史21》中公文庫

19

反對奴隸制並非林肯提出的想法

提到解放黑奴，最有名的人就是林肯，但其實這並不是他提出的計畫，此舉也不基於他的信念。那麼究竟從何而來？來看看發表宣言的過程。

黑人奴隸被當作物品

美利堅合眾國（美國）的總人口於1790年達到393萬人，其中有19.3％，相當於76萬人是非裔美國人（黑人）。黑人當中擁有自由身分的僅有6萬人，剩下的70萬人全部都是奴隸，所謂的自由黑人是因為主人的遺言或某些功績而被解放的黑人或其後裔。

美洲大陸的奴隸貿易與大航海時代幾乎在同一時期開始，從非洲西海岸被帶往美洲大陸和加勒比海島嶼的黑人總數，估計有1500萬至2000萬人。

西歐各國不斷提倡廢除奴隸貿易和解放奴隸，加上國際輿論的影響，美國也在1808年禁止奴隸貿易。但是，之後非法貿易仍層出不窮，加上自然增加亦是一大要因，黑人的人數日益增多。黑人的分布原本就南北有異，商業資本社會成熟的北部黑人人口稀少，南部種植園經營的農場較多，有些地方光是黑人奴隸就佔了州人口的40％。

北部廢除奴隸制的聲浪逐漸高漲

自殖民時代便一直有人要求廢除奴隸制，這是基於基督教的人道主義和啟蒙思想的溫和行動，在不太需要仰賴黑人奴隸勞動的北部各州，獨立後不久就廢除了奴隸制。

話雖如此，北部的白人一致支持奴隸制廢除論，反之南部卻沒有一致擁護奴隸制度。在意見分歧的狀況下，我們只能說北部主張廢除論，南部主張擁護論的色彩較強烈。支持廢除論的人當中，主張即刻且無條件的人屬少數派，多數派認為與其廢除奴隸制不如將重點擺在打造促進奴隸解放的環境一事上，站在花時間慢慢解放奴隸的漸進主義立場。此外，他們對於白人和黑人的平等共存抱持悲觀想法，支持解放後的黑人必須移居至國外較恰當的殖民主義，亦贊成補償因為解放而失去財產的所有者損失。

但是，1830年代以後，北部的輿論急速改變。原因尚未有定論，但要求即刻且無條件廢除奴隸制的聲浪逐漸高漲。

北部和南部在價值觀和生活方式上本就相異，在此關於政治、經濟的主張亦出現極大的差別。相較於北部希望關稅保護，南部則支持自由貿易。北部的目標為中央集權國家，南部的理想則是強化各州的自治權。在銀行制度方面，北部提倡成立國立銀行，南部則提倡州立銀行，在各方面都站在對立的面向。

北部和南部，意即自由州和蓄奴州的數目相互較量，情勢雖然緊張卻尚能保持平

＊**種植園經營** 所謂的種植園經營是指大規模農園，在熱帶或亞熱帶的殖民地，主要勞動力仰賴奴隸。

■南北戰爭時的美國

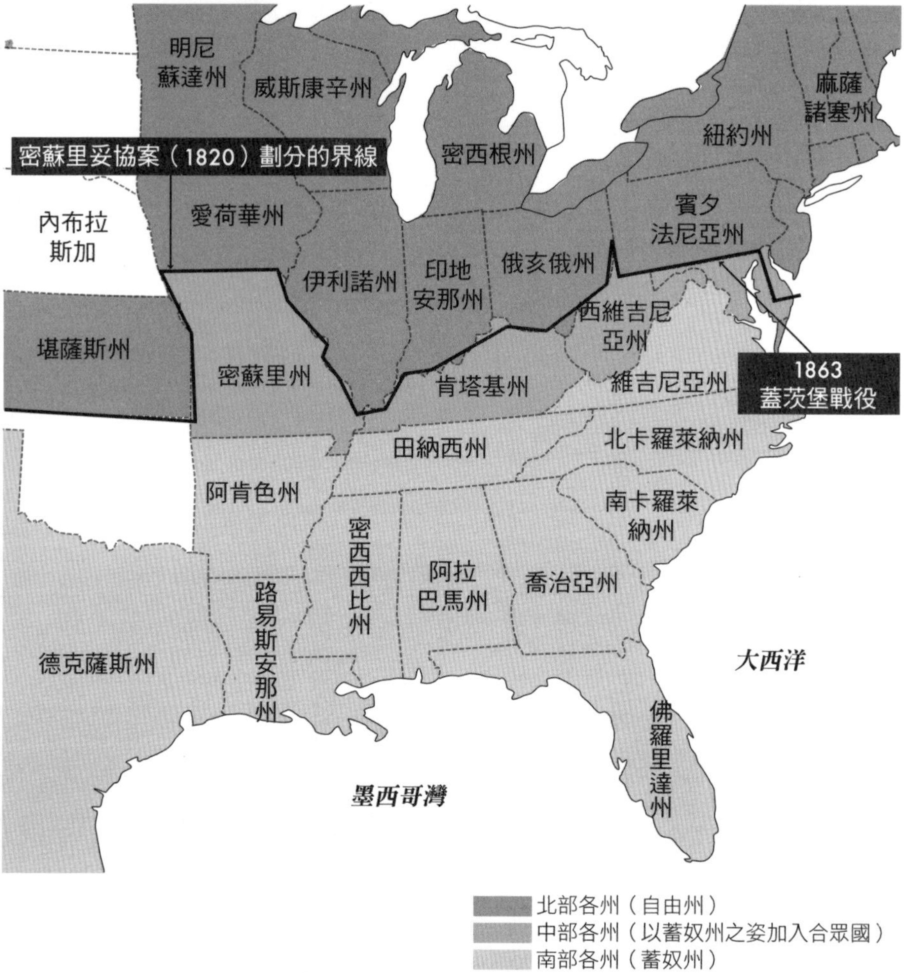

■南北的對立點

地區	產業	貿易政策	奴隸制度	政體、政黨	州數、人口
北部	資本主義的工商業	關稅保護政策	反對	聯邦主義（共和黨）	18（自由州）約1870萬人
南部	大規模農園（棉花）	自由貿易	贊成	州權主義（民主黨）	15（蓄奴州）約1150萬人（奴隸約400萬人）

＊**密蘇里妥協案** 決定自由州和蓄奴州界線的協定，直至1854年通過內布拉斯加法案為止都有效。

衡。但是1840年代後期，這個平衡開始瓦解，導火線為美墨戰爭（1846～1848年）。

解放奴隸是順水推舟的處置

與墨西哥的戰爭得到勝利後，美國大舉拓寬西部的領土。成為橫跨大西洋和太平洋的大陸國家，1848年在加州發現金礦，隔年引發淘金潮。為此西部人口急增，陸續設立新州。但是，關於要不要在這些州導入奴隸制，意即要成為自由州還是蓄奴州，這個問題使得南北間的對立更加尖銳。

在這樣的情勢下，1860年11月舉行總統大選，由支持不擴大奴隸制的共和黨候選人林肯當選。但是，林肯並未將解放奴隸列入選舉公約裡。雖然表明反對奴隸制度，卻也反對黑人與白人混血、提倡人種分離、黑奴殖民等政策，甚至主張不介入蓄奴州的奴隸制度，他的目的只在於維持聯邦的運作。

可是，南部對於誕生一位共和黨的總統反應有點過度，在1961年4月爆發了南北戰爭（1861～1865年）。

北部和南部的人口比例為2.5：1，工業生產額為10：1，農場面積為3：1，差距相當大，對於北部的大部分白人而言，為了解放黑奴而流血是想都沒想過的事。加上北軍的

知識小百科 雖然廢除奴隸制的聲浪高漲，但是反對種族歧視的主張尚未被重視，種族分離和歧視被視為理所當然的事。

士氣低落，保衛鄉土意識燃燒正旺的南軍很明顯佔上風。

「這樣下去的話搞不好會輸」，內心這麼想的林肯，首先許可黑人加入北軍軍隊。但是，明確區分白人部隊和黑人部隊。當戰況仍不見好轉，林肯又被迫做出決定。已經不是講什麼漸進式有償解放、黑人海外殖民等事的場合，而且不知道英國和法國何時會跑來干涉。為了避免那種狀況發生，必須儘早結束戰爭，於是在1862年9月起草解放黑人奴隸宣言的草案，並於1863年1月正式公布奴隸解放宣言。

重點整理

在與南部對立逐漸加深的過程當中，北部的奴隸廢除論也愈加強烈。林肯為了戰爭的勝利，實行解放奴隸的政策。

延伸閱讀

猿谷要《講述美國的歷史 超大國的去向》中公新書

20 讓普魯士抬頭的功臣是馬鈴薯

一開始遭到排斥的珍奇植物

1786年，有大帝美稱的腓特烈二世逝世。這時的普魯士正在急速成長，但最大的功臣不是他，而是外來的農作物馬鈴薯。

馬鈴薯原產於秘魯的安地斯山脈，最早在1570年前後由西班牙人將馬鈴薯帶回本國。因為氣候風土不合，在西班牙無法普及，但傳到歐洲其他國家後，大大改變了居民的飲食生活。

馬鈴薯於16世紀末傳到德國，有人說是直接從西班牙傳入，也有另一個說法是經由義大利。一開始並非做為食物，而是以珍奇植物之姿栽培於藥草園等地方，後來開始被使用於家畜飼料上。不久之後，在山多土壤貧瘠的地區生根。相較於至今為止平地大多種植小麥或裸麥（黑麥），山間狹小的農地只能種植蕎麥或雜糧，農民過著貧困的生活。或許是因為身處於那樣的環境，所以他們較不排斥，欣然接受這個新奇的農作物。

在那之前德國人的主食是黑麥麵包、蕎麥或者是用雜糧煮成的粥，不曾見過地瓜類

■普魯士的變遷

年	事件
1199	獲得教宗的許可，成立騎士修道會（條頓騎士團）
1230	成立德屬騎士團領
1525	建立普魯士公國
1618	建立布蘭登堡普魯士公國 三十年戰爭（～1648）
1648	西發里亞合約→神聖羅馬帝國滅亡
1701	西班牙王位繼承戰爭→得到奧地利的支持，獲得王號 建立普魯士王國（～1918）
1740	腓特烈二世即位（～1786）
1756	推行馬鈴薯農業改革

的植物。為此，多數人對於馬鈴薯充滿排斥感，懷抱著有毒性、會催情或者吃了會染上流行病等強烈偏見。因此，長期以來馬鈴薯只是家畜的飼料，好一點的話則被用來當作貧民的救荒作物。

■普魯士源自於騎士團

17世紀，德意志國王由歷代哈布斯堡家族的當家擔任，支配範圍僅限於奧地利等一部分地區，其他地區分成無數個大大小小的國家和都市。

普魯士起源於專門醫治參加十字軍士兵的醫院，1199年得到教宗許可，成為騎士修道會（條頓騎士團），接受來自教宗或耶路撒冷國王捐贈的土地，擴大組織。在巴勒斯坦進行軍事行動的可能性消失後，根據第四任團長赫爾曼·馮·薩爾查的指揮和匈牙利國王的邀請，將特蘭西瓦尼亞作為封地。但和國王感情交惡後，很難再繼續待下去。此時正好接到波蘭王的邀請，於是轉赴位於現在的德國和波蘭國境上的地區。

終於成為一世豪傑的騎士團，於1522年改信路德派新教。與此同時，波蘭王承認條頓騎士團成為世俗化的王國，團長遂為普魯士公國的國王。

之後，雖然有一段時期介於波蘭和布蘭登堡選帝侯之間的微妙位置，直到1660年，霍亨索倫家族與布蘭登堡選帝侯合併，而且當時的大國瑞典和波蘭也正式承認其主權。西班牙王位繼承戰爭（1701～1714）開始之際，以支持奧地利為條件換來神聖羅馬帝國皇帝許可其升格為王國。就這樣，在1701年建立普魯士王國。此時，雖然可以選擇將國名定為布蘭登堡王國，但這樣的話在形式上等於皇帝的封臣，因此避開這個名字。

晉身強國之列

普魯士賢君輩出，被認為前途無量。但是，那樣的普魯士也有巨大的煩惱。在土地生產性低的情況下，加上戰爭和饑荒使得食糧無法安穩供給，其中又屬三十年戰爭

知識小百科　愛爾蘭因為過於依賴馬鈴薯，當馬鈴薯染病歉收之際，人口急速減少。

（1618～1648）造成的傷害最大。

不只是普魯士，德國全土皆荒廢。被逼得走投無路的農民，已經管不著什麼迷信了，於17世紀中葉，德國西部一帶開始廣泛栽種馬鈴薯。試著種植後，發現馬鈴薯比小麥等其他農作物都容易收成，且抗寒性佳。饑荒的問題亦較少，即使農田被士兵踐踏一些也無大礙。可以將農田當作貯藏庫，需要時再採收，而且營養價值高，馬鈴薯立刻成了飲食生活當中不可欠缺的農作物。在那樣的風氣下，唯獨德國東部尚屬馬鈴薯的空白地帶，克服此一現象的人正是腓特烈二世。1756年，腓特烈二世發布了所謂的農業改革，鼓勵普魯士全國栽種馬鈴薯，不過與其說是鼓勵，其實比較接近強迫。從栽種方法到全程監視種植過程，改革的詔書內容規定得極為繁雜瑣碎。

人民只能服從命令，認同馬鈴薯的生產性、味道和營養價值等優點後，終於接納這項農作物。僅僅數年的時間，普魯士便與饑荒無緣，國力急速增高。腓特烈二世在位的46年間，領土從11萬9000平方公里擴大至19萬5000平方公里，人口從224萬人增加為543萬人，普魯士朝強國之路向前邁進一大步。

重點整理

拯救因戰爭使土地荒廢的德國的，並非軍事也不是經濟，而是馬鈴薯，僅在數年間就提高國力。

延伸閱讀
山本紀夫《馬鈴薯之路 文明・饑荒・戰爭》岩波新書

1775年→1763年

21 美國獨立戰爭的原因為大英帝國的光榮

■擴大殖民地使得財政困難

美國獨立戰爭的導火線為波士頓傾茶事件（1773年），為什麼會發生這個事件呢？其實原因出於大英帝國的光榮。

英法百年戰爭從14至15世紀，打了長達一百多年的時間，但其實還有後續。在歐洲爆發大同盟戰爭（九年戰爭）、西班牙王位繼承戰爭、奧地利王位繼承戰爭、七年戰爭之際，英法二國通常為敵，連遠在另一邊的北美大陸上也經常戰火交加。

自1689年爆發的威廉王之戰開始，經過安妮女王之戰、喬治王戰爭，直到結束於1763年的法國・印第安人戰爭（七年戰爭），這些戰爭被統稱為第二次英法戰爭。戰爭的結果為英國勝利，除了加拿大的魁北克，法國勢力被一掃而空。

結束一連串的戰爭後，英國築起「日不落帝國」，但是代價相對很大。光是法國・印第安人戰爭的戰費就使負債總額高達1億3400萬英鎊，僅是讓軍隊駐留在北美的相關費用一年大概就需要25萬英鎊。一年總稅收800萬英鎊當中，有500萬英鎊用來支付國

債利息，英國政府的財庫就快要被燒個精光。

要如何解決這個問題？只好從可以揩油的地方下手。英國政府改變至今為止對於北美殖民地採取的「有益的怠慢」政策，強化統治。

就這樣在1764年通過蔗糖法案，隔年通過印花稅條例，又在二年後制定了唐森德稅法，強化課稅項目，同時為了根絕走私貿易，也加強了關稅組織和海軍的能力。

■對茶葉貿易的課稅有如火上加油

殖民地對於英國政府的政策，猛烈抗議。因為過於強烈，英國政府廢除印花稅條例，也決定廢除茶葉以外的唐森德稅法。對殖民地的人民而言，茶葉成了重商主義壓迫政治的象徵。

殖民地人民對於茶葉的憎惡，因為英國政府給予東印度公司獨佔權而燃燒得更加旺盛。結果在1773年12月16日，爆發了假扮成原住民的激進派份子潛入三艘停靠在波士頓港口的商船，將342箱茶葉扔入海中的事件（波士頓傾茶事件）。

英國政府於是向馬薩諸塞議會要求賠償，同時還制定關閉波士頓港、削減馬薩諸塞下議院的權限、賦予總督承認軍隊駐營的權限等強制法令對抗殖民地。

另一方面，殖民地運送食糧和物資救援波士頓的的同時，亦呼籲北美13州的殖民地代表召開大陸會議。於是1774年9月在費城召開第一屆大陸會議，通過抗議英國政府的決議以及支持以抵制英貨為主的運動。

之後，雙方雖然曾試圖和解，但是態度皆逐漸強硬，1775年4月波士頓近郊的列克星敦和康科德，馬薩諸塞的民兵與英國正規軍隊爆發衝突，就此揭開美國獨立戰爭的序幕。

■為什麼被稱為「獨立革命」？

北美13州殖民地並非一開始皆支持反英運動，也有不少人對英國懷抱留戀之情，捨不掉對國王的忠誠，改變這些人意識的是湯瑪斯．潘恩名為《常識》的小冊子。

小冊子上直截了當地寫出否定世襲君主制和脫離英國獨立乃常識的文章，並交雜引用《舊約聖經》，讀來鏗鏘有力。在總人口230萬人的北美殖民地內，成了僅僅三個月就賣出12萬本，一年賣出50萬本的超人氣暢銷書。

為什麼美國獨立戰爭又被稱為「獨立革命」？為什麼是革命？答案就在1776年7月4日公布的獨立宣言裡。

獨立宣言的內容分成前言、本文、結語三部分，前言主要表達的是人類生而平等，擁

知識小百科 至今為止將茶當作日常生活飲料的殖民地居民，以美國獨立戰爭為契機，改喝咖啡。

■美國獨立的經緯

1620	清教徒搭乘五月花號登上普利茅斯
1651	航海條例
1664	英荷戰爭（1652～1674）中，英國佔領新阿姆斯特丹，並將其改名為紐約
1689～1697	大同盟戰爭（九年戰爭的一環）
1699	羊毛法案
1702～1713	安妮女王之戰（西班牙王位繼承戰爭的一環）
1713	烏得勒支和約
1732	制帽條例 建立喬治亞殖民地 → 13州殖民地成立
1733	糖蜜法案
1744～1748	喬治王戰爭（奧地利王位繼承戰爭的一環）
1750	治鐵法
1755～1763	法國．印第安人戰爭（七年戰爭的一環）
1763	巴黎和約 英國獲得密西西比河以東的路易斯安那 ↓ ●除了加拿大的魁北克，將法國勢力一掃而空 ●英國因為財政困難加強對美國的課稅

↓

殖民地與本國的對立激烈化

1765	「無代表，不納稅」的決議	←	1765	印花稅條例
1767	抵制英貨運動	←	1767	唐森德稅法
1773	波士頓傾茶事件	←	1773	茶葉條例
1774	召開第一屆大陸會議（費城）	←	1774	強制法令（例：關閉波士頓港）

1775	派屈克．亨利的演講「不自由，毋寧死」
1775～1783	美國獨立戰爭
1775	列克星敦之戰（美國獨立戰爭的開始）
1776 1月	湯瑪斯．潘恩發行《常識》
1776 7月4日	獨立宣言（由湯瑪斯．傑佛遜等人起草）
1777 10月	薩拉托加戰役（殖民地勝利）
1778	法國加入殖民地陣營
1779	西班牙加入殖民地陣營
1780	荷蘭加入殖民地陣營 成立武裝中立聯盟（由俄羅斯的葉卡捷琳娜二世提倡）
1781	約克鎮戰役（殖民地勝利，獨立戰爭實質上結束） 批准邦聯條例（1777年擬定）→邦聯議會開始運作
1783	巴黎和約（承認美國獨立）

有追求生命、自由、幸福的權利，並且提倡人民的革命權。

本文部分列舉出國王犯下的種種惡政，並在結語當中提到，我們控訴這樣的暴政，但是國王和本國的同胞卻置若罔聞，不得已只好選擇獨立這條路，因此我們發誓要賭上生命、財產、神聖的名譽奮戰。

宣布之際，本文被認為是最重要且最能打動人心的部分。但是，隨著時間過去，敘述人類基本人權的前言，謳歌建國理想的段落逐漸受到重視，新的神話就此誕生。

重點整理

英國雖然建立起光榮孤立的帝國，但是代價非常大。為了填補空虧的財庫漏洞，向殖民地課稅，結果讓美國獨立的風氣高昂。

延伸閱讀

今津晃《美洲大陸的明暗 世界的歷史17》河出文庫

Return

第3章

地理大發現改變歐洲的歷史

【從18世紀前半到15世紀】

～為什麼會有宗教改革和地理大發現？

1 歐洲和亞洲的改變
2 歐洲的新風氣
3 舊秩序崩毀的亞洲

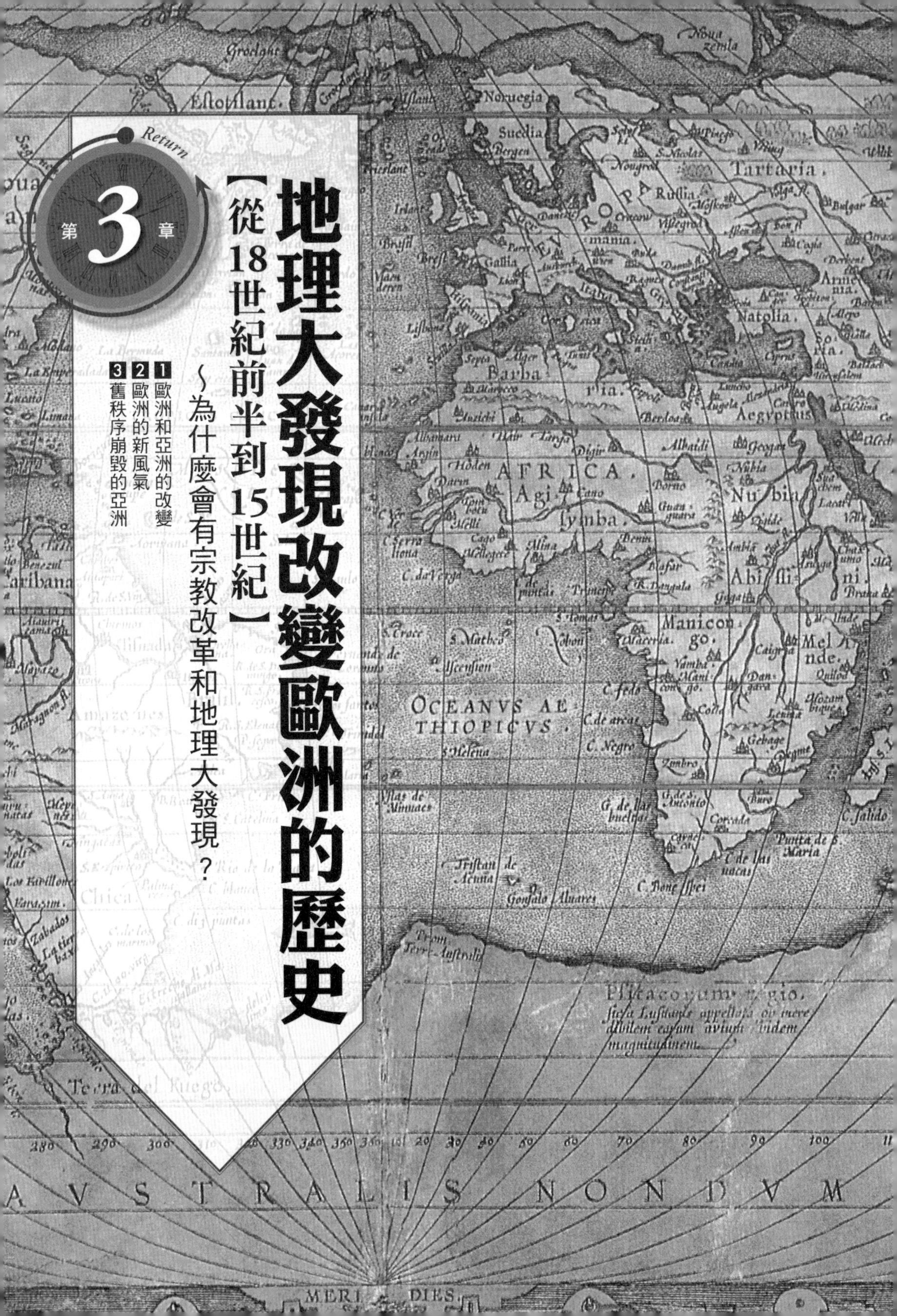

1700　1600

1740 奧地利王位繼承戰爭（～1748）

1735 清朝乾隆帝即位，清朝迎向大清盛世

1700 波旁王朝開始

1699 卡爾洛夫奇條約，奧斯曼帝國失去在巴爾幹半島的勢力

1689 威廉王戰爭（～1697），英法的北美殖民地爭奪戰

1688 英國光榮革命

1683 維也納之戰

1660 英國恢復帝制

1644 明朝滅亡

1620 清教徒登陸馬薩諸塞州

1618 德國三十年戰爭（～1648）

1616 努爾哈赤建立後金

1609 伊比利半島的所有異教徒被驅逐出境

1603 英國建立斯圖亞特王朝

1588 英國打敗西班牙的無敵艦隊

1562 法國爆發胡格諾戰爭（～1598）

1534 巴黎創設了耶穌會

英國亨利八世脫離天主教獨立

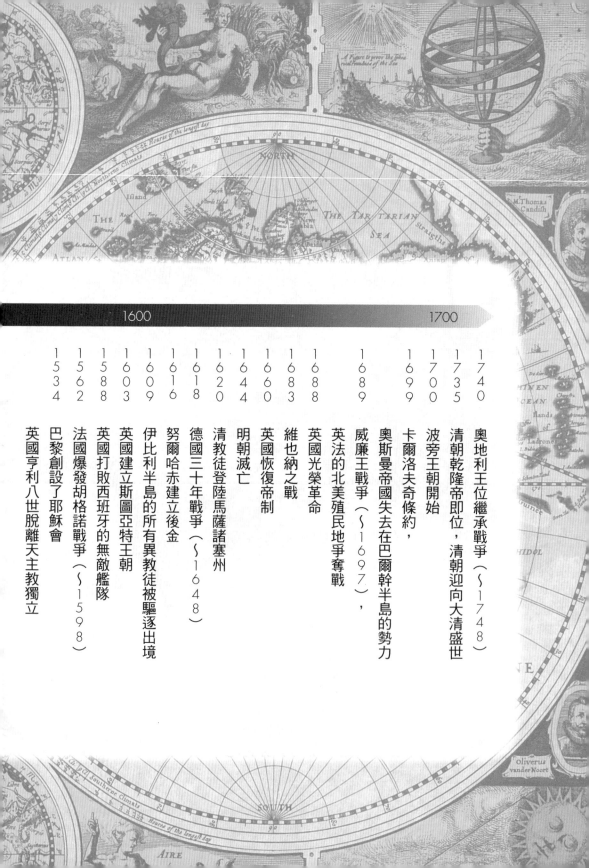

1400 1500

1533 西班牙的皮薩羅滅掉南美洲的印加帝國

1526 蒙兀兒王朝的巴卑爾入侵印度

1521 西班牙的科提斯滅掉中美洲的阿茲提克帝國

1520 葡萄牙人麥哲倫發現「麥哲倫海峽」

1517 馬丁路德張貼「九十五條論綱」

1516 哈布斯堡家族的卡洛斯即位西班牙國王

1498 葡萄牙的達伽瑪抵達印度

1492 格拉那達淪陷，哥倫布抵達聖薩爾瓦多島

1479 西班牙王國建立

1455 英國爆發玫瑰戰爭（～1485）

1453 奧斯曼帝國佔領君士坦丁堡

1447左右 德國的古騰堡發明活版印刷

1431 聖女貞德被處死

1405 帖木兒逝世，明朝鄭和下西洋

1402 安卡拉戰役，帖木兒大敗奧斯曼帝國

1392 朝鮮建立李朝

1370 帖木兒統一土耳其斯坦

1368 中國朱元璋即位（洪武帝），明朝建立

22 「國王當政但不統治」的傳統始於無能的喬治一世

反抗天主教的輿論

1901年，維多利亞女王逝世。在位64年的期間被譽為英國的黃金期，在她即位以前，「國王當政但不統治」已是一項傳統。這項傳統經常被誤以為起源於光榮革命*1（1688年），其實最早的由來是1714年喬治一世的即位。

17世紀的英格蘭面臨巨大的變動，清教徒革命*2後，又歷經克倫威爾的護國公政權，接著是恢復帝制。在查理二世這一代，因為是否將信奉天主教的約克公爵排除在王位繼承人名單之外的法案，輿論分成兩派。推廣通過王位繼承排斥法案的請願運動為地方派，反對的人稱為王室派。地方派最後被稱為輝格黨，以限制王權和擁護議會主權為原則，主張寬容的宗教政策，得到清教徒和非英國國教徒的支持。另一方面，王室派最後被稱為托利黨，以服從國王和堅持國教會體制為原則。

查理二世在位時鎮壓輝格黨，輝格黨的中心人物為此不得不逃亡，1685年2月，查理二世駕崩後，由約克公爵詹姆士二世登基。詹姆士毫不留情地肅清反對自己做法的王

*1光榮革命　1688年至隔年發生的宮廷政變總稱，因為戰鬥規模小未有流血，故史稱光榮革命。

■英國王室的家譜

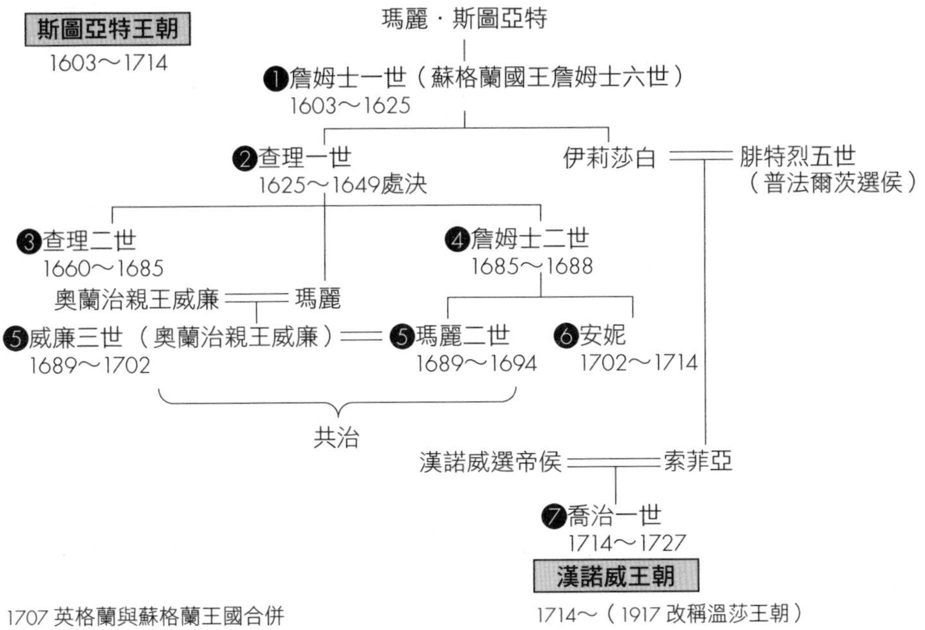

室和教士，看見此現象，就連原本表示不抵抗王權的托利派國教會教士都開始背棄國王。王子出生後，這個傾向更加明顯。

天主教國王的位子無法永遠霸佔著不走，事情演變至此，輝格黨和托利黨的利害一致，兩黨共同向荷蘭總督威廉寄送邀請函。詹姆士逃往法國得到法王路易十四的庇護，之後以支持者之姿受到照顧，但是威廉與法國乃敵對關係。加上他與詹姆士的長女瑪麗結婚，在血統和信仰上都是擁立為國王的不二人選。

■光榮革命確立君主立憲制

1688年11月，在貴族和地主

＊**2清教徒革命** 1641年至1649年在英國發生的內戰和革命總稱，清教徒是基督教的一派。

的熱烈歡迎下，荷蘭軍隊登陸，詹姆士二世看情勢不對，連一場戰都沒打就逃往法國。

隔年1月召開的臨時議會當中，彈劾了詹姆士二世無視王法和放棄職務一事，並宣告王位空缺，還通過了明記英國法律和保障自由的權利宣言。2月，威廉和瑪麗簽署這份法案，以威廉三世和瑪麗二世之姿共同即位。

臨時議會正式成立後，5月制定了寬容法案，12月通過權利法案。寬容法案除了制定對於非國教徒（天主教和無神論者除外）所採取的寬容政策，也是確立了國教徒優位的體制。

另一方面，權利法案乃以權利宣言為基礎，足以與憲法匹敵的重要法律，明確規定信仰天主教的君主或以天主教徒為配偶的人須排除在王位繼承人的名單之外。此外，法案亦指出國王的專制政權和沒有經過議會同意的徵稅皆違法，並且敘述了根據議會制定法所規範的限制王權之議會主權論等內容。意即，雖然確立了君主立憲制的原則，但是尚未達到「國王當政但不統治」的領域，要達到那樣的程度還有一大座山必須翻越。

■不諳英文的國王即位

接在瑪麗之後威廉也逝世，因為二人並無子嗣，議會決定由瑪麗的妹妹安妮即位。但是，這個安妮女王也在1714年逝世。因為她生的所有小孩全部夭折，斯圖亞特王朝因

知識小百科
逃亡後，詹姆士二世求助於天主教的愛爾蘭企圖再起，但是於博因河戰役中敗退。

而絕後。

事態演變成必須建立新的王朝，威廉死前制訂的王位繼承法規定「今後王位繼承人必須是具有斯圖亞特家族血統的基督教徒」。但是，男系已經斷絕。只好從女系選出後補，議會相中的是斯圖亞特王朝的始祖詹姆士一世的曾孫，漢諾威選帝侯的喬治。

此時的喬治54歲，英文只懂一點點。而且還有謠言說他曾經企圖暗殺支持詹姆士二世直系子孫的雅各比派，也有不少人對於從德國迎接國王一事感到不滿。為此，喬治對於擔任大位的態度相當消極，英國政府向喬治誓示國會議員的忠誠，再加上願意拿出一年70萬英鎊做為宮廷支出的大筆金額為條件，喬治終於同意。

就這樣，喬治一世誕生了，但是他本來就不擅長與人交際，飲酒唱歌是他唯一的興趣，因此所有政務都交給內閣處置，從此開啟了「國王當政但不統治」的傳統。

重點整理

國王不干政的英國傳統，始於喬治一世的不諳英文和不擅交際。

延伸閱讀

小林章夫《英國王室物語》講談社現代新書

1644年↓1592年

23

豐臣秀吉出兵朝鮮導致明朝滅亡

派援軍前往瀕臨危機的朝鮮

1644年，明朝因為李自成之亂而滅亡。王朝衰退的原因被認為是宦官專橫，但是這個講法未免過於偏頗。其實最主要的原因為財政困難，此乃豐臣秀吉出兵朝鮮導致的結果。

明朝的勢力只維持到第三代的明成祖，之後飽受南倭北虜之苦，當時北虜指的是蒙古，南倭指的是倭寇。倭寇分為前期和後期，前期由日本人主導，後期由中國人主導。後期倭寇的實體為非法貿易商，平常經營走私貿易，必要時搖身一變成海盜。

時間過去，建國200年後，威脅的對象改變，北方有通古斯民族的女真（女直）族抬頭，東方則有日本的豐臣秀吉露出尖牙。

日本長久以來處於戰國時代，隨著織田信長的登場拉上終幕，接著由豐臣秀吉收尾。本來應該讓士兵和人民休養，但是因為賞賜給有功武士的土地不足，秀吉認為有戰爭的必要，因此實行了信長構思的征明計劃。

秀吉透過對馬的宗氏表達想要朝鮮王朝帶路明朝，但是朝鮮拒絕，因此秀吉決定先征服朝鮮。就這樣於1592年4月開始在日本史上稱為文祿之役，朝鮮稱為壬辰倭亂的戰役。

準備怠惰的朝鮮沒想到會開戰，屢吃敗仗，一下子就被逼到與明朝相鄰的國境附近。明朝派遣原本為了對抗女真而駐兵遼陽的祖承訓軍隊應急，但是這支明朝軍隊也敗在日本武將小西行長手下。

明朝驚訝不已，利用和平談判爭取時間之際，向同樣來自東北的勇將李如松討救兵。李如松率四萬大軍南下，不負眾望驍勇奮戰，奪回平壤後繼續朝漢陽（現・首爾）前進。在碧蹄館之戰中雖然敗給了小西行長，但是因為其迅速重整軍勢之故，戰線陷入膠著狀態。

明朝財庫有如火燒車

明朝和日本進入正式的和平談判，因為雙方的基本概念相差懸殊談不攏，1597年1月再度開戰。日本史上稱為慶長之役，朝鮮稱為丁酉再亂。

這次朝鮮做足準備，日本軍隊無法像上次一樣快速進攻，好不容易抵達漢江戰線時，遇上嚴酷的寒流。為此，只好整兵退至較不寒冷的慶尚道、全羅道二地。

明朝在過完年後立刻發動15萬大軍，準備奪回佔領地。最初雖然順利，隨著戰線往南，日本軍的抵抗愈發頑強，在泗川之戰敗給了島津軍。為此明軍士氣大為低落，剛好此時也傳來秀吉逝世的訃聞，雙方軍隊皆失去鬥志，這次順利達成和平協議，雙方軍隊迅速撤離。

就這樣，日本的威脅不再，朝鮮得已東山再起，可是這次的戰爭朝鮮和明朝的損失都相當大。而且明朝歷經前後三次的反叛，加上這次的戰役，歷史上統稱為萬曆三大征。

女真勢力在人手不足的東北抬頭

僅僅十年間就發生三場戰亂的緣故，明朝消耗了莫大的軍餉。加上明神宗的揮霍浪費，使得財政極度惡化。又因為將駐兵東北的軍隊派去朝鮮半島，對於女真族的防備變得薄弱，結果造成女真勢力壯大。

在12世紀建立金朝的女真族自從被蒙古滅了以後不再統一，明朝的時候由南至北被分割成建州、海西、野人三個統治區域。其中建州女真又分成蘇克素護河部、渾河部等5部，最後在這當中出現名為努爾哈赤的豪傑，首先統一建州女真，將之稱為滿州國。

緊接著努爾哈赤又平定了海西、野人各部，達成女真族的統一。肅清一族秩序、鞏固權力基礎後，1616年登基，群臣尊封為「英明汗」，歷史上視為後金的建立。

知識小百科　朝鮮派通信使探查豐臣秀吉生死的真相，正使和副使卻傳回相反的消息，使得朝鮮王朝遷就派閥的理論。

■明朝滅亡的過程

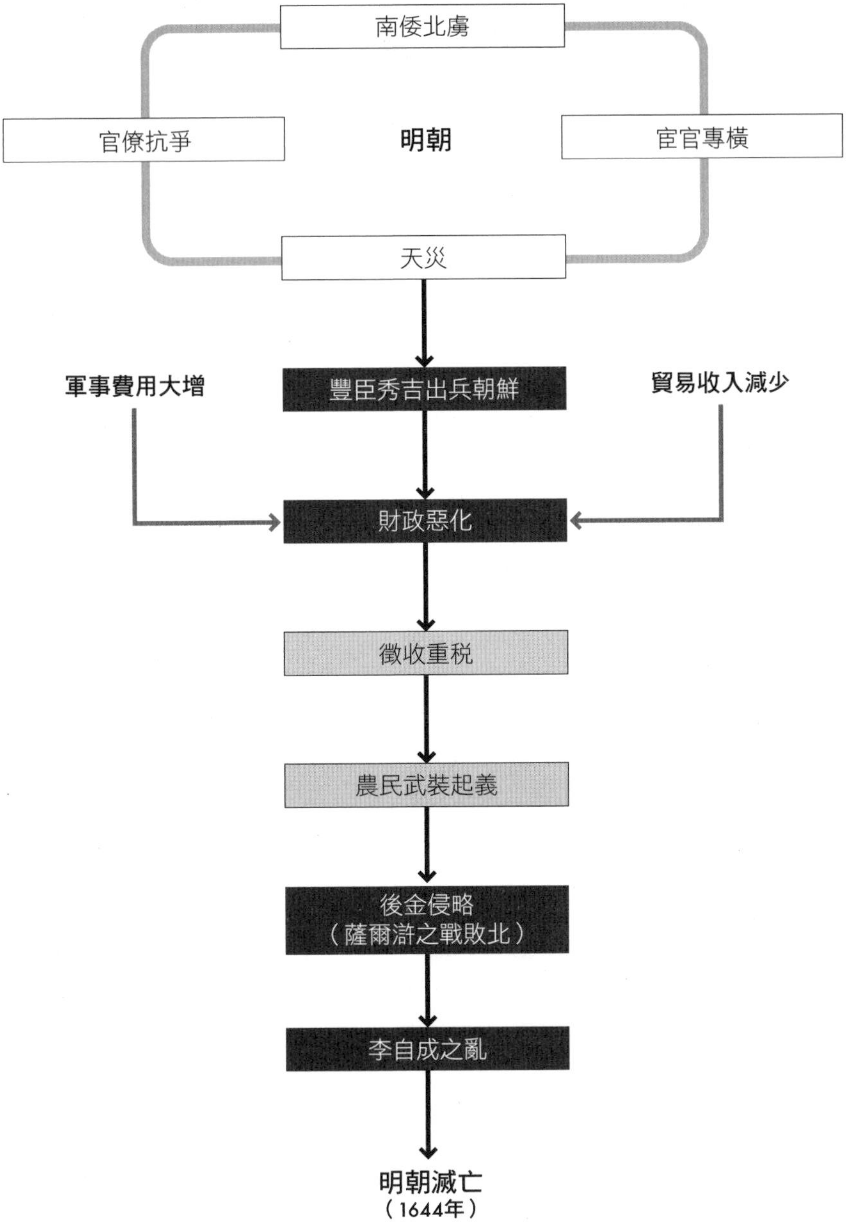
南倭北虜
官僚抗爭
明朝
宦官專橫
天災
軍事費用大增
豐臣秀吉出兵朝鮮
貿易收入減少
財政惡化
徵收重稅
農民武裝起義
後金侵略
（薩爾滸之戰敗北）
李自成之亂
明朝滅亡
（1644年）

1618年，努爾哈赤正式宣布與明朝斷交。雖然為時已晚，但是體悟到事態嚴重的明朝仍發動大軍討伐努爾哈赤，1619年努爾哈赤於薩爾滸之戰擊破明軍，將領地向南拓寬。努爾哈赤死後由皇太極繼承衣缽，1636年改國號為大清。

同一個時候，明朝亦受到李自成所率領的起義軍威脅。派出去討伐的軍隊一個接一個被擊潰，1644年4月25日起義軍進京。崇禎帝在紫禁城的後山自縊，明朝滅亡。

可是，天不從人願，敗給清軍的李自成進京40天後放棄北京。取而代之，清軍成了北京的主人。

重點整理

飽受南倭北虜之苦的明朝，因為豐臣秀吉出兵朝鮮使得軍事費用大增，讓財政更加困頓，走上滅亡之路。

延伸閱讀

愛宕松男、寺田隆信《蒙古和大明帝國》講談社學術文庫

Return 24

西班牙財政困頓的原因為收復失地運動

異教徒被迫改信或是移居國外

西班牙自應當尚處於黃金盛世的1559年開始，數度宣告破產。為什麼財政會惡化到那樣的地步？原因似乎出於收復失地運動。

8世紀起，彷彿佔據整座伊比利半島般展現驚人攻勢的伊斯蘭勢力，也隨著1031年後伍麥亞王朝*的崩毀開始衰微，15世紀後半，奈斯爾王朝的格拉納達王國僅剩格拉納達與其周圍面積三萬平方公里的土地。

另一方面，發動收復失地戰爭的天主教卡斯提爾王國和亞拉岡王國，在1469年讓公主伊莎貝拉與王子斐迪南結婚。二人克服內戰後即任王位，終於在1492年1月2日完成統一西班牙的願望。又於1512年合併北方的納瓦爾王國，共同統治除了葡萄牙以外的伊比利半島，面積幾乎相當於現在的西班牙國土。

伊莎貝拉和斐迪南在統一西班牙的過程當中，給予穆斯林寬大的條件。保障其信仰自由和維持獨特的習慣，對猶太人卻十分嚴厲，1492年3月31日給予四個月的期限，命

＊**後伍麥亞王朝**　西元756年至1031年統治伊比利半島的伊斯蘭王朝，與巴格達的阿拔斯王朝對立。

令猶太人改信基督教或者移居國外。

但是，二王原本就以重視宗教的整體性為統一語言、風俗、制度相異地區的手段，為此不得不讓西班牙全面天主教化。因此寬容政策也只是在早期實施，1502年在卡斯提爾，1526年在亞拉岡頒布對穆斯林的改信法令。

在黃金時代四度宣告破產！

穆斯林和猶太人有人偷偷維持信仰繼續待在西班牙，選擇出國的人也很多。人數估計為數十萬至100萬人，失去經濟長才對國家而言不啻為一大損失。但是，國王和人民尚無自覺。因為得到巴西之外的中南美殖民地給西班牙帶來莫大的財富，讓人有種國事正處於未曾有過的盛況之錯覺。

可是，盛極必衰。西班牙的全盛期，在1556年即位的腓力二世治理下達成，不過上一代留下來的借款和接連的對外戰爭使得財政窘迫，自腓力二世即位的隔一年起，任期內四度宣告破產。

讓軍事費用支出急速膨脹的是1568年開始的荷蘭獨立戰爭，尼德蘭自卡洛斯一世*的晚年，由西班牙哈布斯堡家族所領，北部有來自德國的路德派以及法國的喀爾文派滲透。卡洛斯雖然鎮壓清教徒並且施予極重的經濟負擔，但是因為其法蘭德斯的出身，讓貴

* **卡洛斯一世**　哈布斯堡家族出身的西班牙國王，將歐洲約三分之一的國土納入統治之下，築起法國的包圍網。

族和民眾仍對他保持敬意。不過，西班牙出生的腓力不一樣。即位的同時，強行實施中央集權和加強異端審問一事，令尼德蘭全民怒氣騰騰。一開始只是為了要求恢復特權而進行的武力抗爭，最後佔有多數清教徒的北部7省締結烏特勒支聯盟，發展為獨立戰爭。

■收復失地運動（西元1300年左右）

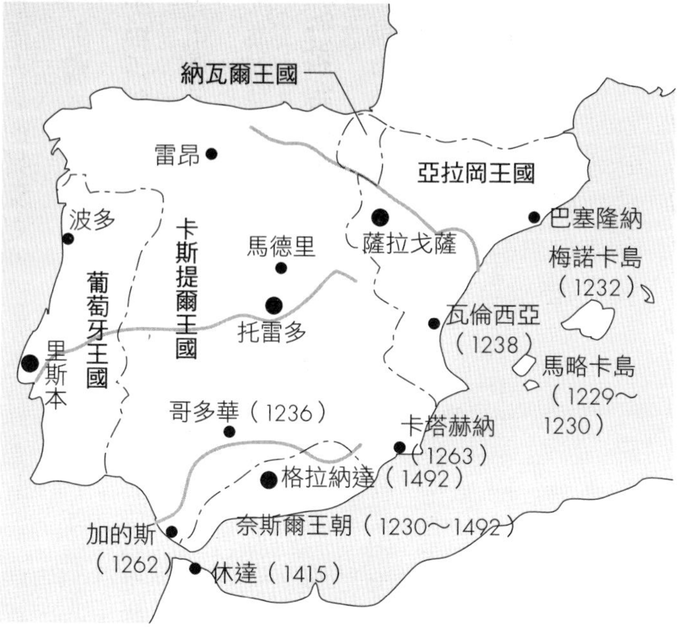

讓社會失去活力的異端審問

腓力為了鎮壓荷蘭認為必須攻打支持荷蘭的英格蘭，因此決定派遣遠征軍隊至英格蘭本土。

於是精選國內的戰艦，迅速組成所謂的無敵艦隊。可是，無敵艦隊空有其名，指揮官無能加上遭逢數度不幸，在多佛爾海峽的海戰中敗北。生還者僅半數，之後無敵艦隊再度整備，但不過是充人頭罷了，尚無法彌補失去技巧純熟的船員帶來的全部損失。況且，比起實際的戰力，國家威

知識小百科　猶太教和伊斯蘭禁食豬肉，因此要找出隱藏信仰的人並不困難。

嚴損傷一事的打擊更加重大。

先前提到異端審問，最早的起源可追溯至收復失地運動結束之前，1478年得到教宗的創設許可後，1480年以塞維利亞為首在各地設置宗教裁判所。不久亞拉岡國王也仿效這個做法，與他國的例子相異，特徵為審問權不在於教會而是交付王權這一點。

異教徒原本不屬於異端審問的對象，因為頒布驅逐令，過了考慮期限後，應當就沒有異教徒的存在。意即，偷偷信仰伊斯蘭教、猶太教或者清教的人都被視為異端，事實上，因為異端罪名被處以火刑的人多為猶太教徒。

這樣子的鎮壓政策對於國家的天主教化確實有效，相反的，因為恐怖政治形成的宗教純化也招致讓社會失去活力的代價。

重點整理

收復失地運動和驅逐異教徒使得優秀人才流失，造成國家難以計數的損失。

延伸閱讀

岩根圀和《講述西班牙的歷史 海洋帝國的黃金時代》中公新書

25 若無宗教改革，聖方濟·沙勿略也不會來到日本

■為何宗教改革始於德國？

1549年，耶穌會的傳教士聖方濟·沙勿略來到日本。此乃日本史上的一件大事，而促成這個事件的是始於1517年的宗教改革。

16世紀開始，西歐天主教世界因為各式各樣的因素，對教廷感到不滿的情緒日益高漲。助長這個情勢的是梅迪奇家族出身的教宗利奧十世，利奧以修繕羅馬聖彼得大教堂需要調度資金為由，允許德國販售贖罪券。贖罪券又被稱為赦罪符，是承認赦免罪過的證明書。也就是說，可以赦免因為一些不得已的事情或自身的怠慢導致信仰上的罪罰或過錯，由教會發行的證明書，只要買了這份證明書就可以抵罪，免於死後在煉獄（天國和地獄之間供人悔過的地方）嚐盡苦難。此外，不僅是針對購買的人，也可以買給其他人，對於已經死亡，正在煉獄受苦的人也能發揮功效。

但是，對此感到疑惑和排斥的人並不少，首先公然提倡異議的人就是德國傳教士，威登堡大學的神學院教授馬丁·路德。

1517年，路德在大學附屬的教會門上張貼「九十五條論綱」。這是學者在討論神學問題時經常利用的方式，但是因為內容包含了對於贖罪券的疑義，受到教廷猛烈反彈，演變成路德完全沒有預料到的大問題。

其實路德並無否定教宗或天主教的意思，但是在與教廷反覆接觸的過程當中逐漸改變想法，最後全盤否定教宗的權威和天主教的現狀。

只是，他的想法無法如實傳達給一般信徒，讓他們了解。因此，他對信徒做了具體的行動規範。指示他們移除教會內的聖畫像、傳教士可以還俗、教士也能結婚、進行聖餐儀式的時候不要只給麵包也給一般信徒葡萄酒、彌撒時盡可能不要只用拉丁語，也要說德文等等。

一切只為上帝的榮耀

德國竄起的火苗不久也延燒到瑞士，蘇黎世有慈運理，日內瓦有加爾文，在這二人的指導下，開始宗教改革。二人當中，給予世人較大影響的是加爾文，他的主張被稱為預定論。意即，一個人會上天堂或下地獄，與那個人的意識或行動無關，全部由全知全能的上帝決定。

知識小百科

沙勿略出生於西班牙的納瓦爾，留學巴黎的時候，認識了之後成為耶穌會首任總會長的羅耀拉。

理所當然地，會湧出現世為何而來，人為何努力的疑惑。針對這個問題，加爾文答道「一切只為上帝的榮耀」。人活著的目的在於參與上帝神聖的事業，為了不讓神預定好的秩序變得紊亂，每個人必須各司其職，過著禁慾的生活，這是可以得到救贖的人的生存之道。天主教原本就有鄙視商業和金融業的風氣，也禁止金錢上的借貸。為此，猶太人幾乎獨佔這些業界的龍頭，宗教改革打破了這項長年的慣例。

為了對抗宗教改革而誕生的耶穌會

始於德國和瑞士的宗教改革，隨著宗教戰爭傳播至法國、荷蘭、北歐各國以及蘇格蘭。在英格蘭另一支派系也發起了改革運動，此時清教的三大教派集結在一起。

另一方面，教廷無法漠視不管。除了與世俗君主聯手以武力對抗，也進行了天主教自己的內部改革。也就是所謂的逆轉情勢展開反擊，這一連串的行動稱之為反宗教

馬丁・路德（1483-1546）。屬於奧古斯丁修道會的德國神學教授，宗教改革的發起人。

改革，在日本歷史上留下足跡的耶穌會也是此一反宗教改革的產物。

耶穌會是1534年在巴黎成立的修道會，1540年得到教宗的認可。該會有幾項與其他修道會相異的特色，一個是對修道會和教宗的命令絕對服從，另一個是具備軍隊的性格，為了培養符合這些特質的人，有意入會者必須通過嚴格的選拔並接受訓練。此外，為了達到修道會的目的不擇手段的精神也是不可欠缺的。

耶穌會的特色還有一個，那就是重視國外的傳教活動和實踐。他們認為，世上不該有基督教無法到達的區域，為了救贖那些地區的居民，必須擁有捨命的覺悟飛身至國外。該會雖然重視科學教育，不過目的在於讓傳教活動更有效率。

1549年，在日本登陸的聖方濟．沙勿略確實貫徹耶穌會的理念，可說是一位再適合不過初闖基督教處女地的人物。

重點整理

為了對抗宗教改革的風潮，教廷著眼於國外，結果促成沙勿略去日本。

延伸閱讀

高橋裕史《耶穌會的世界策略》講談社選書達人

Return 26

亨利八世為了嫡男成立英國國教會

■在教宗的特別顧慮下娶兄嫂為妻

清教三大教派之一的英國國教會成立於1534年，當時的國王亨利八世對天主教的教義沒有絲毫不滿或疑惑，會發動宗教改革是出於渴望嫡男誕生的心願。

英格蘭經過百年戰爭和玫瑰戰爭*後，在1485年透過母親的家族與蘭開斯特家族共同建立都鐸王朝，首任國王為亨利七世。

亨利因為血統問題較居弱勢，於是利用各式各樣的手段想要彌補。例如，藉由與約克王朝愛德華四世之女伊麗莎白結婚，強調蘭開斯特家族（紅玫瑰）與約克家族（白玫瑰）合併，將族徽的圖樣改成紅白相間的玫瑰。又因為古代不列顛人的英雄亞瑟王傳說，讓王妃在與亞瑟王相關的地方生產，將王子命名為亞瑟。

亨利為了增強王朝實力，在外交方面也絞盡腦汁。當時的西歐強國乃法國和西班牙，亨利挑中哈布斯堡家族的西班牙，讓王子亞瑟與西班牙公主凱瑟琳聯姻。

但是，亞瑟自小體弱多病，雖然舉行了結婚典禮，可是一次都沒有洞房過，五個月後

***玫瑰戰爭**　自1455年起持續約30年的英國內亂，承襲前一個王朝血統的蘭開斯特家族和約克家族之間的鬥爭。

病逝。亨利雖然想要將凱瑟琳迎娶為下一任妻子，但是因為西班牙國王的極力反對不得已只好放棄，取而代之地，推舉次男（日後的亨利八世）做為人選。

原則上天主教禁止離婚和近親通婚，但是在西班牙國王和英格蘭國王二人的懇求下，不答應也不行。教宗儒略二世發出特赦狀，使亞瑟和凱瑟琳的結婚無效，讓次子亨利八世娶兄嫂為妻。

此外，亨利七世另有一位名為瑪格麗特的女兒，他讓女兒嫁給蘇格蘭國王詹姆斯四世，鞏固與蘇格蘭之間的同盟關係。

■離婚問題是與天主教決裂的原因

1509年，亨利八世即位，與凱瑟琳正式結婚。之後，凱瑟琳數次懷孕，可惜不是流產就是死胎，平安長大的只有瑪麗（日後的瑪麗一世）一女，亨利對此現實極度不滿。

英格蘭的法律雖然也認同女子繼承王位，但是考慮到約克家族和蘭開斯特家族具備王室血統的人都還活著這件事，光有女兒難以心安，有兒子的話是再好不過的事了。倘若無法期待已經年過40的妻子，只好離婚另娶年輕太太。內心如是想的亨利試探了一下教宗克力門七世，當時教宗處於無法違逆西班牙國王的狀態。

■都鐸王朝家譜

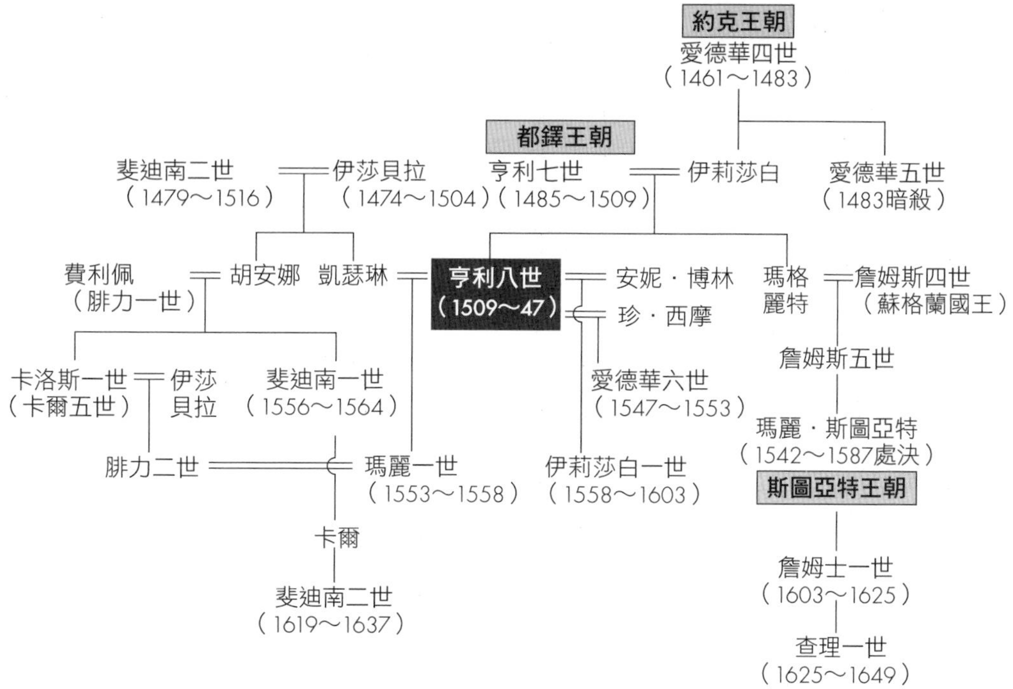

不久前，教宗惹毛西班牙國王卡洛斯一世（神聖羅馬帝國皇帝查理五世），招來侵略羅馬的悲慘事件，自那次起便受到西班牙國王的統治。對卡洛斯而言，凱瑟琳是他的阿姨，無論如何都不會同意離婚或承認結婚無效，因此克力門無法給亨利八世一個滿意的答覆。

亨利八世過去曾寫過批判路德的文章，獲得教宗稱許為「信仰的擁護者」。

但是，那種名譽現在一點也不值得驕傲。迫切想生出兒子，已經讓凱瑟琳侍女安妮．博林懷孕的他，不惜與天主教決裂。

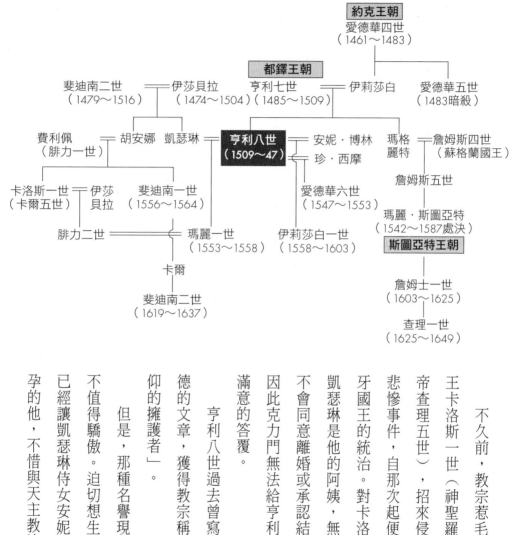

1533年亨利在議會當中通過上訴限制條例，主張英格蘭為從其他勢力完全獨立的國家，關於教會問題國王握有最終決定權等事。接著在隔年通過至尊法案，規定國王乃英格蘭教會唯一的最高君主。在此完全否定教宗的權威，成立英國國教會。

得來不易的兒子卻體質孱弱

安妮·博林生下的是女兒（日後的伊莉莎白一世），亨利好像認為她已無用武之地似地，令其背負通姦的罪名將她斬首後，與她的侍女珍·西摩再婚。

珍·西摩沒有讓亨利失望，生下兒子（日後的愛德華六世），卻因為那時的產褥熱死亡。因為愛德華體質孱弱，亨利更加渴望再添男丁，之後又迎娶了三位妻子，可惜一次也沒有懷孕。

亨利八世（1491～1547），亨利七世的次男。都鐸王朝的英格蘭國王，創設英國國教會。

亨利死後，王位由愛德華、瑪麗、伊莉莎白的順序繼承。相較於在愛德華這一代推行清教化，瑪麗登基後，試圖復興天主教，迫害清教徒，引發流血事件。

知識小百科　亨利八世生不出身體強健的兒子，傳言原因出在他身上，他患有梅毒。

下一任的伊莉莎白雖為清教徒，但是對天主教採取溫和的中庸政策。在此，英國國教會的教義開始漸漸定型為今日的模樣。

而且因為亨利八世的王子和公主沒有人生下任何子嗣，伊莉莎白死後，根據她的遺言，王位由詹姆斯四世和瑪格麗特的曾孫繼承。

重點整理

為了守住歷經百年戰爭和玫瑰戰爭終於建立的都鐸王朝，無論如何都要生出兒子的亨利八世，不惜與天主教決裂。

延伸閱讀

中野京子《殘忍的國王和悲情的王妃》集英社

27

1519年→1477年

哈布斯堡家族繁盛的原因純屬偶然

從小領主搖身一變為一國之君

哈布斯堡家族的卡爾五世於1519年成為神聖羅馬帝國的皇帝，哈布斯堡家族遂為歐洲最大的望族、最大的領主。而且不是戰爭，全靠聯姻，來看看其過程。

哈布斯堡家族原本不過是從現在的瑞士東北部到德國、法國國境的阿爾薩斯一帶的小領主，但是1273年，當家的魯道夫一世被選為德國國王後，倏地站在歷史的舞台。

當時，德國國王的位子並非世襲，而是由七位選帝侯票選。七人之中，有四名行宮伯爵和世俗君主，分別是波西米亞國王、布蘭登堡侯爵、薩克森公爵、萊茵伯爵，另外三人則是教士，分別為緬因茲、科隆、特里爾的大主教。當選德國國王後，只要經過羅馬教宗的加冕，就可以成為神聖羅馬帝國的皇帝。

神聖羅馬帝國除了現在的德國還統治包含荷蘭、比利時、法國東部、瑞士、義大利北部、奧地利、捷克的廣大領域，雖然其中多半是有名無實。不過卻是一個相當光榮的職位，而且多少可以撈到一些好處，德國的各個諸侯都肖想坐上這個位置。當然，七名選帝侯也有資格。但是他們勢均力敵，沒有人脫穎而出。只好從七人以外的人選出，被大家相中的便是魯道夫，理由應該是因為他比較好使喚吧。

隔了130年重返王位

魯道夫智勇雙全，可說充分俱備名君的資質。他譴責不出席臣服典禮的波希米亞國王奧托卡二世，在二次的勸告後，下令將他逐出帝國。利用帝國軍隊以武力解決，將從奧托卡那兒奪來的一部分土地納入哈布斯堡家族的管轄內。見此情形，選帝侯們都抱持警戒心，等到1291年魯道夫逝世，他們不再從哈布斯堡家族當中選出國王。1298年阿爾布雷希特一世即位後，相同的機會降臨到哈布斯堡家族，一共花了130年的時間。

從魯道夫算起，到了第四代的時候，1438年重返王位，1440年第五代的腓特烈三世以25歲之齡登基。1452年，腓特烈前往羅馬，一方面是為了參加神聖羅馬帝國皇帝的加冕典禮，另一方面是為了與葡萄牙女王埃莉諾的結婚典禮，期待貿易大國的女王一定會帶著莫大財富的嫁妝。

腓特烈和埃莉諾之間生下一個男孩，也就是日後的馬克西米利安一世。腓特烈雖然優柔寡斷缺乏君王的資質，唯獨對馬克西米利安的婚事非常積極。他著眼於當時歐洲文化最發達的勃艮第家族，促成馬克西米利安和當時當家的勃艮第公爵勇士查理的獨生女瑪麗

■哈布斯堡家族譜

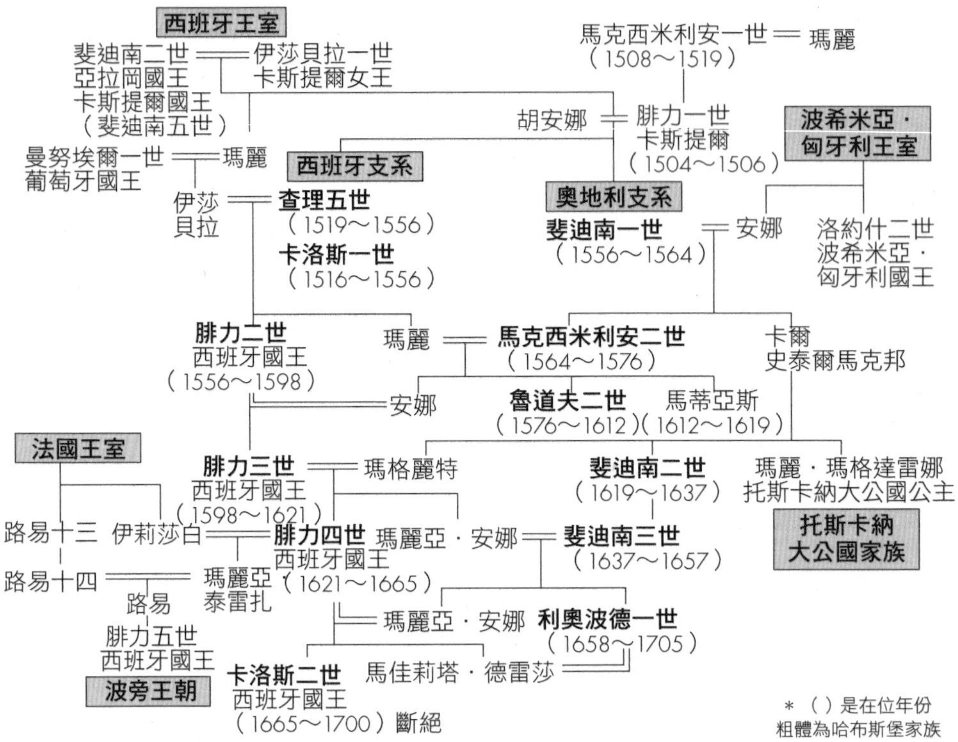

＊（ ）是在位年份
粗體為哈布斯堡家族

的婚姻。因為雙方利害一致，二人順理成章結為連理。

接連成功的大賭注

勇士查理膝下無子，因此如果瑪麗生了孩子（男嬰的話）就能成為繼承人，直到小孩成人為止都由丈夫馬克西米利安代理。可是，勇士查理在這之前生出兒子的話，就沒戲唱了。言下之意，對腓特烈而言，可謂一個大賭注。而最近腓特烈贏了，1477年勇士查理戰死。

知識小百科 不確定是從何時開始，胡安娜因為精神異常，又有「瘋女」之稱。

當時勃艮第公爵的領土相當於從現在的法國勃艮第一帶到荷比盧三國，這些土地就這樣進了哈布斯堡家族的口袋。

幸運之門就此打開，之後哈布斯堡家族的婚姻政策接連成功。馬克西米利安和瑪麗生下一男一女，繼承腓特烈位置的馬克西米利安讓這二人與卡斯提爾．亞拉岡（西班牙）的公主胡安娜、王子胡安二重聯姻。然後，因為帶有西班牙王國血緣的人除了胡安娜之外都辭世的緣故，哈布斯堡家族繼承西班牙王國，除了西班牙本國以外，領有拿坡里王國、西西里島、薩丁尼亞島等地。馬克西米利安又利用兒子與胡安娜之間生的二男四女，與匈牙利的雅蓋隆王朝進行二重聯姻。因為匈牙利國王才20歲，以為這次賭注輸掉的機率可能比較大，沒想到幸運女神再次對哈布斯堡家族展露微笑。因為他在戰爭中身亡，匈牙利的王冠改由哈布斯堡家族來戴。

就這樣到了16世紀末，築起「日不落帝國」的哈布斯堡家族，或許是因為多重近親婚姻之故有許多支系斷絕後代，西班牙支系在1700年斷絕，神聖羅馬帝國也在1806年劃上休止符，本家的奧地利帝國也在1918年閉幕。

重點整理

哈布斯堡家族原本不過是一個地方的小領主，利用巧妙的婚姻政策和戰爭，在不知不覺間擴大領土。

延伸閱讀
江村洋《哈布斯堡家族》講談社現代新書

28 地理大發現的起因為奧斯曼帝國的成長

■塞爾柱王朝建立歐洲

地理大發現由1492年哥倫布抵達巴哈馬群島一事揭開序幕，為什麼歐洲各國要爭相冒險呢？最大的原因為東方奧斯曼帝國抬頭的威脅。

讓歐洲歷史產生巨大變動的土耳其王朝有二個，一個是塞爾柱王朝，另一個是奧斯曼王朝（帝國）。塞爾柱王朝和統治安那托利亞中央一帶的分支羅姆蘇丹國，經常威脅拜占庭帝國的首都君士坦丁堡（康斯坦丁堡，現‧伊斯坦堡）。

為此，判斷本國無法靠一己之力反擊的拜占庭帝國皇帝向羅馬教宗請求援助，十字軍東征因此展開。

話說回來，塞爾柱王朝由何人建立，又是從哪裡來的呢？被認為是塞爾柱王朝祖先的塞爾柱，10世紀後半，在鹹海東方過著遊牧民族的生活。到了他小孩那一代，勢力範圍直抵阿姆河，到了孫子圖格里勒‧貝格這一代，渡過阿姆河進入呼羅珊（伊朗東北部），打敗伽色尼王國，握有呼羅珊的統治權。1038年，圖格里勒‧貝格自巴格達的哈里發那

■10～11世紀的世界

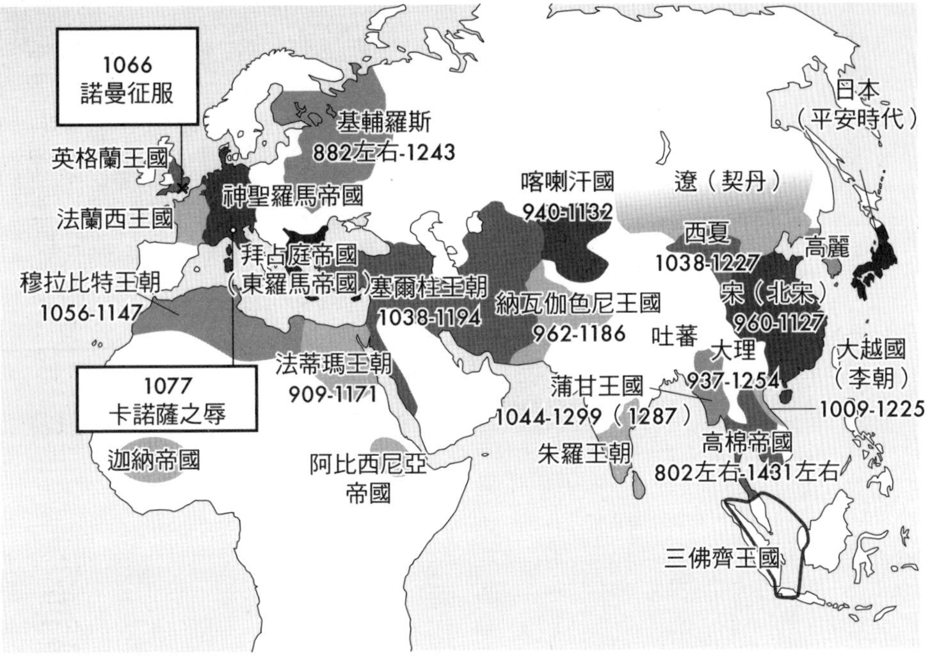

兒獲封蘇丹的稱號，從此蘇丹以伊斯蘭遜尼派王朝的國王稱號繼承王位。

圖格里勒．貝格又往西前進，1055年，在哈里發的邀請下進入巴格達城。第二代蘇丹阿爾普．阿爾斯蘭同樣朝西擴展勢力，於1071年的曼齊克特戰役中擊敗拜占庭帝國的軍隊，接著在馬立克．沙這一代將版圖擴大至東邊的中亞到南邊的敘利亞。

因為這樣的情形，所以有了十字軍東征，這對於西歐的天主教世界而言實為一個劃時代的經驗。東正教和伊斯蘭這二個異文化的接觸，讓天主教徒體認到同時身為歐洲人的一體感。

將安那托利亞西北部納入統治範圍內的奧斯曼帝國第二代君王奧爾汗的陵墓（土耳其・布爾薩）

從諸侯國成長為橫跨三洲的大帝國

羅姆蘇丹國走向衰微後，安那托利亞面臨被拜占庭帝國和被稱為貝立克（諸侯國）的土耳其支系小國割據。13世紀末，在這當中的奧斯曼家族抬頭。自第一代闖出名號的奧斯曼開始，他和第二代的奧爾汗將安那托利亞的西北部納入統治範圍內。

當上第三代君王的是穆拉德一世，他開始入侵巴爾幹半島。巴爾幹半島諸國組成聯軍與之對抗，但穆拉德在1389年的科索沃戰役中擊敗這些軍隊。接著，巴耶濟德一世也持續征服戰爭，1396年，在接近多瑙河的尼科堡，將以匈牙利國王西吉斯蒙德為中心組成的抗奧斯曼十字軍打得潰不成軍。因為這場戰爭的勝利，開羅的哈里發賜封巴耶濟德蘇丹的稱號。在這個時間點，奧斯曼家族成了被稱為帝國也不足以為奇的存在。

但是，奧斯曼帝國的路走得並不平坦。1402年與帖木兒的安卡拉戰役敗北，喪失

知識小百科 巴格達的哈里發在圖格里勒・貝格來到以前，飽受信奉什葉派的白益王朝統治之苦。

■15世紀的世界

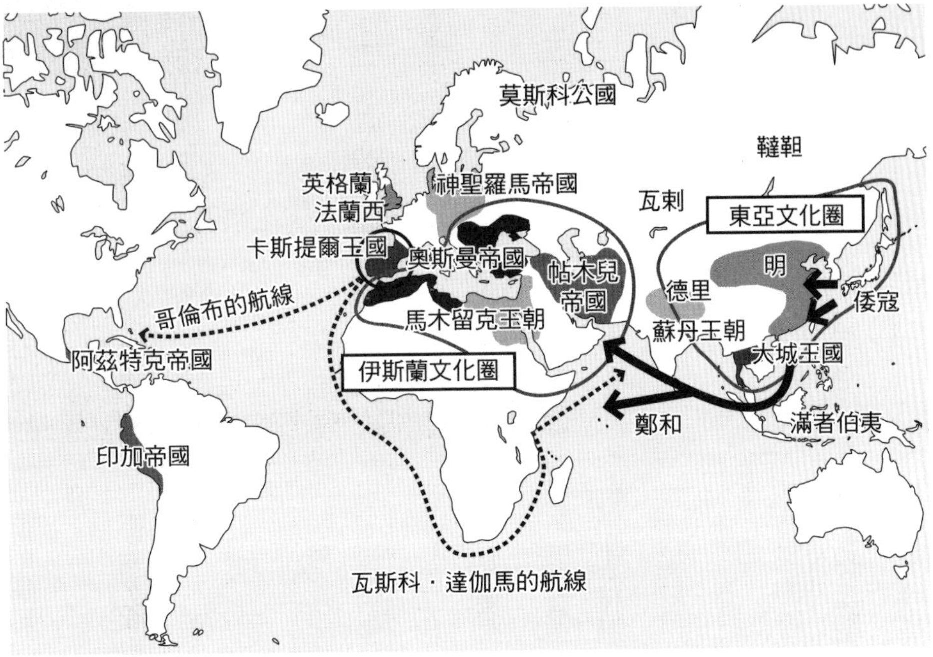

一大半的領土。直至接下來的二個世代才再度收復失土，穆罕默德二世登場。穆罕默德征服君士坦丁堡，於1453年滅了拜占庭帝國，並且再度將巴爾幹半島的塞爾維亞、波士尼亞、希臘、阿爾巴尼亞納入版圖，令瓦拉幾亞和摩爾達維亞做為其從屬國。

此外，也征服了在安那托利亞的長年競爭對手卡拉曼諸侯國，並且完全平定有拜占庭血統的特拉比松帝國。

■奧斯曼帝國揭開地理大發現的序幕

之後，奧斯曼帝國將敘利亞至

埃及的領土納入版圖內，握有地中海東部的霸權，歐洲處於被半包圍的情形。

當然，歐洲人抱有強烈的危機意識。有三個原因加深歐洲人不得不對抗奧斯曼帝國的心理，一是單純的軍事、政治動機，二是宗教的動機。後者指的是，人民認為應該與位於奧斯曼帝國東邊，由基督教君王統治的國家，傳說中的祭司王約翰王國合作的聲浪高漲之故。

第三個為經濟上的動機，在歐洲人的飲食生活中，不可欠缺產於東南亞的辛香料，這些原料必須靠東西貿易取得。至今為止只能仰賴奧斯曼帝國以及交情友好的熱那亞商人，理所當然地末端價格高昂，而且經常缺貨。

為了降低辛香料的價格並且穩定供貨，只好開拓不用透過奧斯曼帝國的新貿易路線。

在這樣的經濟動機和宗教動機之下，以葡萄牙和西班牙為先驅，開始獎勵人民開拓至亞洲的新航海路線。地理大發現的序幕揭開了，如果沒有奧斯曼帝國的威脅，歐洲人也不會有這些創舉。

重點整理

因為奧斯曼帝國阻擋了往東邊的陸地貿易路線，歐洲各國於是迎向航海貿易的大航海時代。

延伸閱讀

新井政美《奧斯曼 VS. 歐洲 何謂〈土耳其的威脅〉？》講談社選書達人

文藝復興始於12世紀的翻譯活動

12世紀的文藝復興打下西歐抬頭的基礎

一般認為文藝復興始於1302年逝世的契馬布埃或者是1337年逝世的喬托，其實為這些人鋪路的是卒於1152年左右的學者阿德拉特等人。

西歐天主教世界的居民因為十字軍東征而開始接觸異文化，反應因人而異，有人拒絕，也有人在其中找出比我方更優秀的要素，積極接受異文化。後者當中出現了投入將希臘語、阿拉伯語文獻翻譯為正式拉丁文作業的人。這一連串的動向，美國歷史學家查爾斯．哈斯金斯在1927年發行的著作裡，稱之為12世紀的文藝復興。

為什麼要將希臘語、阿拉伯語文獻翻譯成拉丁文呢？這是因為古希臘的智慧沒有傳到西歐，只在拜占庭帝國和伊斯蘭世界流傳而已。其中伊斯蘭世界又獨自發展研究，在哲學、科學、醫學等各式各樣的領域內展現輝煌的成果。因此對慧眼獨具的人而言，這些是非學不可的知識。

12世紀的文藝復興主要舞台在西班牙中部的托雷多和西西里島，以及以威尼斯和比薩為中心的義大利北部。在托雷多最活躍的就是出生於英格蘭南部巴斯的阿德拉特，在數本譯作當中，被認為最重要的便是歐幾里得的《幾何原本》。因為阿德拉特的翻譯，西歐才得以了解可謂希臘數學代表的歐幾里得其嚴謹精細的學問體系全貌。

此外，在西西里島則進行了柏拉圖的哲學書、亞理斯多德的《氣象學》和托勒密的《光學》等書的翻譯，在義大利北部則有阿基米德與亞理斯多德的全著作翻譯活動。在這三個地區也翻譯了阿拉伯學者的著作，如伊本·西那（阿維森納）的《醫典》以及伊本·魯世德（阿威羅伊）所寫，與亞理斯多德有關的注釋書，不少著作都為日後西歐的科學思想帶來巨大的影響。

■拜占庭帝國的人才外流至義大利北部

拜占庭帝國指的是羅馬帝國分裂東西後，將首都定於君士坦丁堡的東方帝國學術用語。1025年的時候，統治範圍為東邊直達亞美尼亞、敘利亞，西邊直抵義大利南部，北邊達多瑙河，南邊到地中海群島，但是之後領土漸漸減少，1204年甚至遭第四次十字軍東征佔領首都的經驗。1261年雖然奪回首都，可是已無力阻止帝國的衰微，居民不斷外流。大多數的人選擇移民至義大利北部，拜占庭帝國雖然是古希臘文化的繼承人，但是只著重保存，不重視獨自的發展。即便如此，這些學問對於西歐慧眼獨具的人仍富有

知識小百科　中世的西西里王國是個拉丁、希臘、伊斯蘭三個異文化共存，充滿國際色彩的島國。

■文藝復興時期活躍於歐洲各國的人

義大利
- 思想：馬基維利《君主論》、康帕內拉《太陽城》
- 文字：但丁《神曲》、彼得拉克《十四行詩》、薄伽丘《十日談》
- 美術：喬托▶文藝復興繪畫之父、吉貝爾帝、多納泰羅▶文藝復興雕塑、波提且利《維納斯的誕生》、《春》、提齊安諾、李奧納多・達文西《最後的晚餐》、《蒙娜麗莎》、米開朗基羅《大衛像》、《最後的審判》、拉斐爾《聖母像》、伯拉孟特▶聖伯多祿大殿的設計

德國
- 美術：杜勒、霍爾拜因
- 思想：羅伊希林、梅蘭希通

法國
- 文學：拉伯雷《巨人傳》
- 思想：蒙田《隨筆集》

西班牙
- 文學：賽凡提斯《唐吉訶德》
- 美術：爾・葛雷柯、艾維拉斯奎茲

尼德蘭
- 美術：范・艾克兄弟
- 思想：伊拉斯謨《愚人頌》

英國
- 文學：喬叟《坎特伯雷故事集》、莎士比亞《威尼斯商人》、《哈姆雷特》
- 思想：湯瑪斯・摩爾《烏托邦》、法蘭西斯・培根

魅力，他們竭誠歡迎來自拜占庭帝國的難民，貪得無厭地吸收古希臘文化。

話說回來，為什麼是義大利北部？可以從地理、歷史、經濟三方面思考原因。拜占庭帝國鄰近義大利北部，歷史關係深遠。此外，義大利北部的海港都市從11世紀起便從事東方貿易，雙方築起密切的關係。因為這些理由，對於拜占庭帝國的居民而言，會選擇義大利北部是一件很自然的事。

■文藝復興重現古典的古代

在西歐，義大利特立獨行。沒有封建貴族割據的狀況，很早便形

成了都市社會。不只是海港都市的威尼斯和比薩，處於內陸都市的中繼站佛羅倫斯等地的經濟成長也很亮眼。在這樣的都市裡，掌握實權的是富商。例如佛羅倫斯，梅迪奇家族不只從事商業活動，也以學藝保護者之姿為人熟知。正因為擁有如此具備優渥經濟能力和理解能力的保護者，佛羅倫斯才得以在義大利的文藝復興，甚至是全歐洲的文藝復興運動當中扮演要角。

文藝復興的起源可追溯至梅迪奇家族抬頭以前，根據16世紀的美術史家瓦薩里指出，文藝復興的先驅為誕生於13世紀的哥德式風格畫家契馬布埃和喬托。他們的作品讓義大利繪畫擺脫了拜占庭美術的影響，奠定日後文藝復興繪畫的基本方向。

接著，15世紀前半在建築和雕刻的領域也出現革新的變化，文藝復興運動正式步上軌道。文藝復興乃19世紀的瑞士歷史學家布克哈特創造的詞彙，原本的意思為「再生」。表示文藝復興重現古代希臘、羅馬文化，亦即古典的古代文化一事，但是如同先前所述，若沒有拜占庭帝國和伊斯蘭世界，絕不可能有文藝復興的出現，換做是在東洋，可以用「溫故知新」這句話表現。

重點整理

事實上，文藝復興始於透過十字軍東征，吸收伊斯蘭異文化的12世紀。

延伸閱讀

伊東俊太郎《12世紀的文藝復興》講談社學術文庫

30 朝鮮王朝國力逐漸低落的原因為1453年的政變

派閥紛爭不斷

建國以來，朝鮮王朝維持一貫的鎖國體制，面臨列強艦砲外交的脅迫，終於在1876年開國。雖然屈服的原因在於國力虛弱，但是追根究柢，不得不屈服的理由之一為不重視實學，以及長年的派閥紛爭。

朝鮮王朝27代約500年的歷史，從單方面來看，黨爭（派閥紛爭）不斷。導火線為，圍繞在被尊為朝鮮王朝最偉大的聖君，同時也是韓文的發明者，第四代世宗的繼承人之爭。

世宗之後由長男文宗繼位，文宗僅執政二年便逝世，世子（皇太子）端宗繼承衣缽。要一個年紀才12歲的少年掌管政務是不太可能的事，因此遵照文宗的遺囑，以名為議政府的行政最高機關為政治中心，參與成員為曾是世宗所組織的智囊團「集賢殿」的官員或相關人士。

但是，有人對這個集團的指導體制相當不滿。那便是世宗的次男首陽大君（之後的世祖），他在1453年10月發動政變。除了殺害議政府的重臣，還留放與自己反目的弟弟安平大君，之後將他逼上絕路。接著讓自己兼任要職完全掌握權力，1455年從端宗手中篡奪王位。隔年，發現端宗的復位計畫，厲行流血肅清。儘管如此，事態仍未平息，陸續出現拒絕出仕世祖，有意辭官的人。這些人日後被稱為士林派，在第九代成宗的時代，重返中央政界。另一方面，迎合世祖的那些人，日後被史學家稱為勳舊派。

到了第14代的宣祖即位後，士林派握有政治實權。可是，幾乎在同一個時期內部發生嚴重的嫌隙，結果形成朋黨，招致黨爭。

事情的開端為1575年，為了爭奪握有人事權的官職而對立的金孝元和沈義謙。因為二人皆相當有人望，士林派一分為二，各自形成朋黨。因為金孝元的家位於國都東邊的洛山，沈義謙的家位於西邊的貞洞，人們稱前者為東人派，後者為西人派。

■輕視實學引發弊端

朝鮮王朝選用人才的手段繼承中國的科舉制度，高麗時代只有文科，朝鮮王朝的時候加了武科和雜科。文科招的是文官，武科招的是武官，雜科是為了選拔實學的專家而設的考試。

文科、武科和雜學的選拔並不平等，朝鮮王朝的階級制度由上而下可大分為兩班、常

■歷代大王與在位期間

朝鮮王朝第一代大王	太祖	1392年7月～1398年9月	6年2個月
第2代大王	定宗	1398年9月～1400年1月	1年4個月
第3代大王	太宗	1400年11月～1418年8月	17年9個月
第4代大王	世宗	1418年8月～1450年2月	31年6個月
第5代大王	文宗	1450年2月～1452年5月	2年3個月
第6代大王	端宗	1452年5月～1455年閏6月	3年2個月
第7代大王	世祖	1455年閏6月～1468年9月	13年3個月
第8代大王	睿宗	1468年9月～1469年11月	1年2個月
第9代大王	成宗	1469年11月～1494年12月	25年1個月
第10代大王	燕山君	1494年12月～1506年9月	11年9個月
第11代大王	中宗	1506年9月～1544年11月	38年2個月
第12代大王	仁宗	1544年11月～1545年7月	9個月（含閏月）
第13代大王	明宗	1545年7月～1567年6月	22年1個月
第14代大王	宣祖	1567年6月～1608年2月	40年6個月
第15代大王	光海君	1608年2月～1623年3月	15年1個月
第16代大王	仁祖	1623年3月～1649年5月	26年2個月
第17代大王	孝宗	1649年5月～1659年5月	10年
第18代大王	顯宗	1659年5月～1674年8月	15年3個月
第19代大王	肅宗	1674年8月～1720年6月	45年10個月
第20代大王	景宗	1720年6月～1724年8月	4年2個月
第21代大王	英祖	1724年8月～1776年3月	51年7個月
第22代大王	正祖	1776年3月～1800年6月	24年3個月
第23代大王	純祖	1800年7月～1834年11月	34年4個月
第24代大王	憲宗	1834年11月～1849年6月	14年7個月
第25代大王	哲宗	1849年6月～1863年12月	14年6個月
第26代大王	高宗	1863年12月～1907年7月	43年7個月
第27代大王	純宗	1907年7月～1910年8月	3年1個月

※在位期間最長的是第21代的英祖，為期51年7個月

民、賤民，相較於武科開放給所有身分的人參加，有資格應考文科的人僅限兩班，可應考雜科的人則限制在介於兩班和常民中間的中人。

雜科分成譯科、醫科、律科、陰陽科這四科，譯科是外文口譯，醫科是醫生，律科是司法官，陰陽科是天文、地理專家飛黃騰達的門徑。通過科舉考試的人會進入各科專門的培育機構，接受專業教育。附帶一提，在口譯的培育機關司譯院內只有教授漢學（中文）、蒙學（蒙古語）、女真學（滿州語）、倭學（日文）等東洋語學，尚不包含西洋語言。

雜科較文科來得不受重視，源自於認為實用的學問是雜學的低賤觀念。算學（數學）、畫學（繪畫技術）、道學（道教）等都被當作雜學，負責教授這些學問的只限中人。

如果實學被貶低的話，那什麼學問才是受人尊崇的呢？答案是儒學，其中又以中國南宋的朱熹築起的朱子學被視如國教，在這當中，性理學這一門一般庶民完全不懂的哲學，對兩班而言是即使獻上一生也要追求的學問。

但是，偏重性理學的教育並不能培育出優秀的人才。雜科出身的人升遷之路又遭到阻礙，能夠參與國政的人淨是些疏於實務的理論家。若無法徹底改變價值觀，國力每況愈下也是無可避免的一件事。

知識小百科 在正祖的下一代純祖治世期間，基督教首次受到迫害，起因也是黨爭。

延續350年的黨爭終於落幕

東人派和西人派的鬥爭不過是黨爭的序曲，每當分出勝負之際，勝利的一方又出現分歧，再次展開新的黨爭，就這樣不斷重複上演同樣的戲碼。

韓劇《李祘》當中的主角是第22代的正祖，被認為是朝鮮王朝史上最受人民愛戴的國王，連他也無法根絕黨爭的禍亂。正祖承襲祖父英祖的做法，將各黨派之間的關係從敵對導向聯結，展開以當時最大的派閥老論派、僻派為主軸，再讓少論派、時派和南人派等溫和派參與政治的政策，但是也未能展現太大的成果。

另一方面，正祖重視實學。在西洋文化的傳入之下，實用的學問終於見到陽光。不過，著重傳統的老論派和僻派竭力反對，在世祖死後實學再度被打入冷宮。

層出不窮的黨爭和輕視實學，替國家帶來難以言喻的負面影響，國力會虛弱到無法抵抗外敵侵略可以說是理所當然的結局。

重點整理

令朝鮮王朝動盪不安的繼承人之爭和派閥紛爭，一切始於世祖的政變。

延伸閱讀
水野俊平編修《朝鮮王朝的101個謎團 27代大王的光環和悲劇》PHP Editors Group

31

成吉思汗的子孫建立印度的蒙兀兒帝國

西方察合台家族步上獨立的道路

印度引以為傲的世界遺產裡，最有名的便是泰姬瑪哈陵，而其實建蓋這座陵墓的蒙兀兒帝國乃外來勢力，而且還是成吉思汗血脈的後代。

成吉思汗到第五代的忽必烈，蒙古帝國的版圖擴大到東及日本海沿岸，西邊直抵歐洲東部。

如同給了長男朮赤哈薩克草原和南亞草原，給了次男察哈台中亞，四男拖雷伊朗和伊拉克那樣，成吉思汗將西方的兀魯斯（領土）也分給子孫們。

這三個家族漸漸被生活習慣相近的土耳其系各族同化，也同時進行伊斯蘭化，明顯和以佛教文化為基盤的東亞世界走上不同的道路。

經過一大段迂迴曲折的過程，1306年，察合台汗國從主家大元汗國獨立。但是，國家的統一並不長久。因為欲更加有效吸取綠洲都市豐碩的經濟力，以及打算維持傳統的生活習慣和制定法律保護遊牧政權的保守勢力，彼此間的對立日漸加深。

■四大汗國和元朝

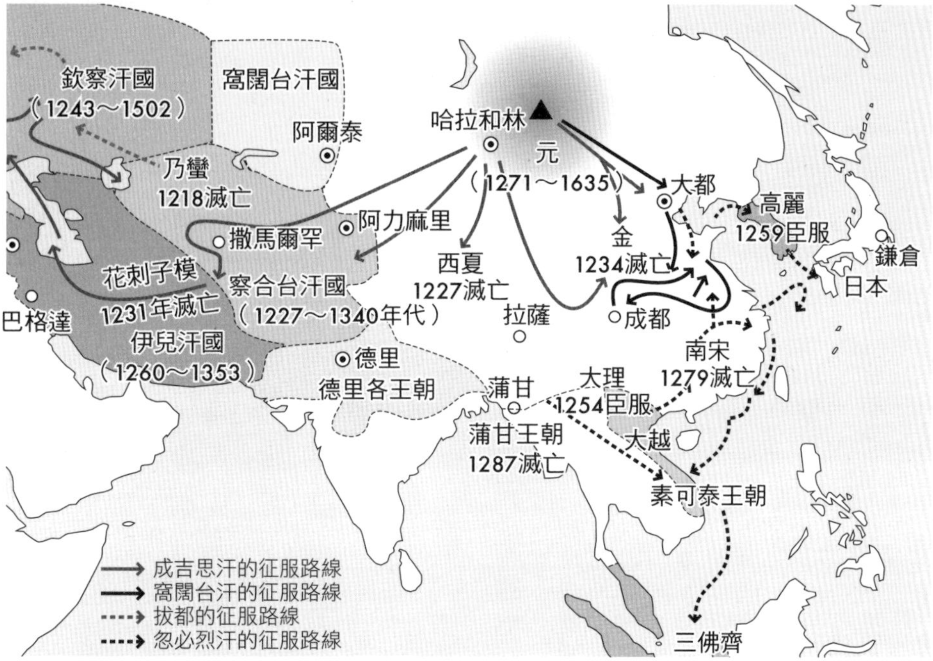

前者自稱「察合台」，稱後者為「盜賊」。因為後者把定居的人民當作掠奪財物的對象，相對地，後者自稱「蒙兀兒」，稱前者為「混血兒」，因為前者的土耳其化、伊斯蘭化較顯著。

1340年代，察合台汗國分裂東西，位於東部的察合台汗國稱為蒙兀兒（蒙兀兒斯坦），位於西部的察合台汗國被稱為西察合台或者簡稱察合台。

不久，蒙兀兒的有力領導者禿忽魯·帖木兒達成統一東西的事業，但是這也只是曇花一現，在他死後，再度分裂。

帖木兒成為歐亞大陸的霸主

次男察合台自成吉思汗手中受封領土之際，給了他屬於巴魯刺思、速勒都思、札刺亦兒等部族的4000騎兵馬，從這個流有巴魯刺思部族名門血脈的家族當中，1336年，帖木兒誕生。漢字史料記載為帖木兒，在歐洲是以帖木爾、鐵木爾之稱聞名的一世豪傑。

青年時代擔任盜賊團首領的帖木兒，軍事勢力漸漸茁壯。自禿忽魯．帖木兒那兒得到巴魯刺思部族的指揮權，以此為契機，展開政治性的行動。

滅掉曾為夥伴，日後成為勢均力敵的對手忽辛，於1370年將察合台汗國納入統治範圍，這時帖木兒在忽辛的妻子當中，娶了伊兒汗國（前身為旭烈兀領土）的第七代君主黑的兒火者的女兒，得到成吉思汗家族女婿的地位。成功得到以薩伊德．巴卡拉（薩伊德為先知穆罕默德的直系子孫）為首等多數宗教權威、成吉思汗的後代、地方領主、部族長老的支持。

直到1380年帖木兒握有全中亞的統治權，接著馬不停蹄地征戰四方。向北將欽察汗國收為保護國直抵莫斯科，向西合併前旭烈兀汗國，朝東越過印度河席捲德里。1402年，在安卡拉之戰當中擊敗奧斯曼帝國的軍隊。

帖木兒計畫遠征明朝，當時他保護從蒙古逃出的王子，以大義名分重建蒙古帝國，打

知識小百科

帖木兒為了裝飾首都撒馬爾罕，強行自伊朗各地帶回工匠和藝術家。

算自己當幕後的掌權者。但是，1405年2月，來到錫爾河畔的訛答剌富沁忽然病發猝死，就這樣成了不歸人。

現在仍保留帖木兒帝國文化，撒馬爾罕的烏魯格別克書院，建造於1417年。

放棄故國前往新天地印度

和蒙古帝國一樣，帖木兒帝國經過一代便成長為大帝國。但是，在稀世梟雄死後並沒有太大作為，第七代君王卜撒因逝世後，帝國分裂成各自以撒馬爾罕和赫拉特為首都的二個政權。遭到土耳其系烏茲別克族的攻擊，前者在1500年，後者於1507年滅亡。

話雖如此，帖木兒的血脈並未因此斷絕，第五代的子孫當中有一名叫做巴卑爾的男子。在敗給烏茲別克後，巴卑爾逃往阿富汗，佔領喀布爾。這時他不是以蘇丹，而是以皇帝自稱。應該是不想借用宗教的權威，旨在締造一個世俗國家吧。

延伸閱讀
佐藤正哲．中里成章．水島司《從蒙兀兒帝國到英屬印度 世界的歷史14》中公文庫巴卑爾在薩非王朝*的援助下企圖奪回布哈拉，但是在吉日杜萬的戰爭中敗北。當薩非王朝也在與奧斯曼帝國的查爾迪蘭戰役中吃下敗仗時，巴卑爾判斷自己想要回到撒馬爾罕已經是不可能的事了，將關心的焦點轉移到征服印度。

1526年4月，第四次遠征印度的巴卑爾，在帕尼帕特戰役中擊敗洛迪王朝的軍隊，將德里和阿格拉收歸統轄區域。

接著又在坎努戰役打敗當地的拉其普特人同盟聯軍，成為北印度最強的勢力，因為阿拉伯口音稱蒙古人為蒙兀兒，所以這個國家被稱作蒙兀兒帝國。

重點整理

蒙古帝國雖然瓦解，但是其子孫四散世界各地。其中的巴卑爾，征服了印度。

***薩非王朝** 自1501年至1736年以伊朗、伊拉克為中心，國運昌盛的伊斯蘭王朝，以什葉派為國教。

Return 32

蒙古征服中國乃人氣小說《水滸傳》、《三國演義》誕生的背景

中國古典名著《水滸傳》和《三國演義》在日本也享有超高的人氣，這些書是在元末明初的時候問世，而這些書的出版其實與蒙古統治中國有極深的關係。

中國一直到清朝末期都採用世界罕見的選士制度——科舉，從隋朝開始，經過各式各樣的改良，在宋朝定型。

■世界絕無僅有的中國科舉制度

宋朝的科舉可以大分為，在地方府州舉行的第一次考試「鄉試」，在中央禮部舉行的第二次考試「省試」，以及由皇帝直接考試的「殿試」這三個階段。鄉試的及格者稱為舉人，殿試的及格者授與進士的稱號，殿試的第一名為狀元，第二名叫做榜眼，第三名則稱之為探花。

考試內容為，蓋住某段文章的字句讓考生填上空缺字詞的「帖經」和口試問答的「墨義」，以及要求學生創作詩賦、議文和作文。為了應考，除了要努力學習歷史知識，還必須耗費精力背誦13種的儒教經書。換句話說，從幼年到青少年時期必須投入所有心思準備

科舉考試。

原則上，科舉的門戶為萬人所開。除去一部分的賤民，任何人都有參加考試的資格。但是經濟的因素，讓能夠應考的階層受限。

不論有無應考，也不管考試及不及格，具備足以應付考試的智識能力者稱之為士大夫，或者讀書人。他們在擔任官僚之前，身分通常是地主或商人，抑或是這些人的子弟。地主或商人都是地方上有名望的人家，持有一定的財產。但是，想要握有權力，再增加財富的話唯有做官一途。為此，士大夫階層的子弟紛紛接受科舉考試。

■不熱衷科舉的元朝

以開封為首都的北宋於1127年被女真族的金朝所滅，以杭州為行在（暫時的首都）的南宋於1279年被蒙古族的元朝滅掉。

元朝將統治下的人民嚴格區分成蒙古人、色目人、漢人、南人這四個階級，這裡的蒙古人指的除了原本的蒙古族，也包括從初期就歸屬蒙古的漢民族，色目人除了中亞和伊朗系的各民族之外也包含西洋人。漢人是除了原先金朝統治之外的漢民族，包括女真族、契丹族等，南人指的是南宋統治下的人們。

如同前述，對宋朝的士大夫而言最重要的事情便是科舉和官位。可是，元朝廢除了科

知識小百科　一次的科舉考試當中只有一個人可以當上狀元，理所當然有幸得到皇帝的賞識，這意味著前途一片光明。

舉。原本以為官吏由色目人擔任就已足夠，但是為了緩和漢人的不滿，科舉是一個有效的手段。於是在1313年再度舉辦，直到元朝放棄大都（現・北京）的1368年為止，一共實施了16次，但是及格人數過少，終究無法滿足士大夫。

傾注士大夫熱情的通俗小說

縱使不當官，或者不考科舉，生活也沒有太大的影響，可是那樣缺乏生存的意義。因此有些人在市井小民的大眾文化當中找到了生存的意義，結果誕生了口語體的長篇小說《三國演義》、《水滸傳》、《西遊記》等作品，在此以《三國演義》為例。

到現在仍受人喜愛的三國志，最早的起源可追溯至始於265年的西晉時代，由陳壽編纂的正史《三國志》。因為內容過於簡略，在南朝的劉宋時代，裴松之加上詳細的註解。因此，單純講《三國志》的話，通常指在本來記述加上裴松之註解的版本。

江蘇省南京市的夫子廟還留有科舉考試的考場遺跡。1168年建造。稱為江南貢院。

三國志很早就成了說書或話劇的人氣戲碼，到了出現商業都市的宋朝愈發盛行。城市裡頭必有瓦子（繁華街道），瓦子裡頭必有勾欄（劇場）。勾欄裡表演說話（說書），說話分成以現實市民生活為題材的短篇物語，以及以歷史為題材的長篇物語，前者稱之為小說，後者稱之為講史。講史當中最有人氣的便是被稱為說三分的三國志故事。三國志的故事在雜劇（戲劇）也十分有人氣，元朝的雜劇稱之為元曲。

這些講史和元曲的劇本與士大夫有著密切的關係，將這些東西集結成一本書只是時間的問題，在元朝至治年間（1321～1323年），終於有了《全相三國志平話》的作品登場。但是作為讀物有許多問題，因此14世紀中葉，一名叫做羅貫中的人將書中非現實的部分刪除，讓作品盡可能接近史實，完成了《三國志通俗演義》一書。那便是如今為人熟知的《三國演義》，在日本自江戶時代亦受到許多人的喜愛。

重點整理

元朝因為科舉及格人數稀少，士大夫們以寫小說取代科舉做為生存的意義。

延伸閱讀

宮崎市定《科舉 中國的考試地獄》中公文庫

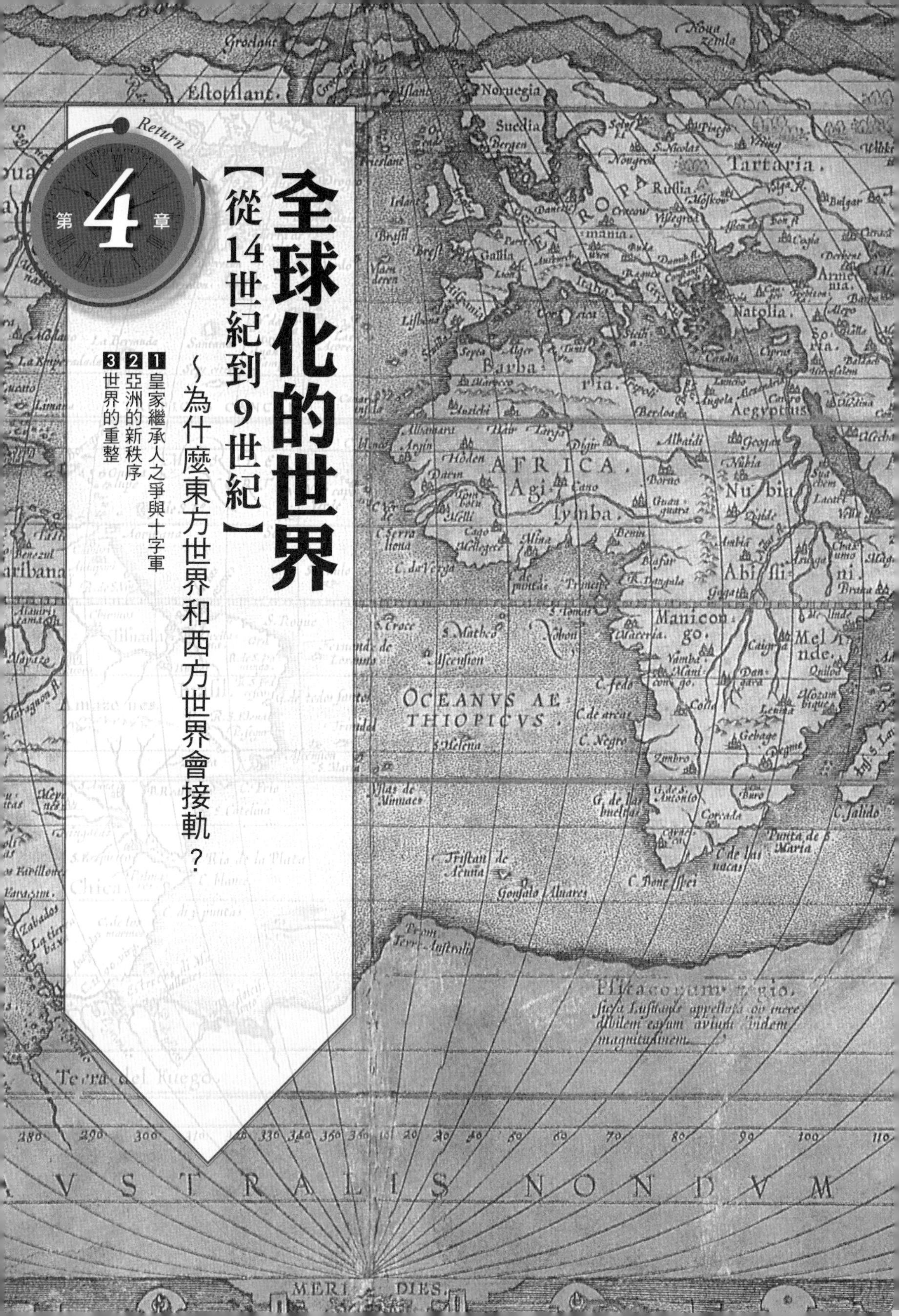

Return

第4章

全球化的世界

【從14世紀到9世紀】

~為什麼東方世界和西方世界會接軌？

1 皇家繼承人之爭與十字軍

2 亞洲的新秩序

3 世界的重整

1200　1300

1347左右　歐洲全境流行黑死病，人口銳減
1337　英法百年戰爭（～1453）
1309　教宗的巴比倫囚虜，教廷遷移至亞維儂
1328　法蘭西的卡佩王朝斷絕，瓦盧瓦王朝建立
1303　阿納尼事件
1299　奧斯曼王朝建立（～1922）
1291　馬木留克王朝佔領十字軍最後的據點阿卡
1274　馬可波羅謁見忽必烈
1271　元朝於中國建立（～1368）
1250　埃及的阿尤布王朝滅亡，馬木留克王朝興起
1241　列格尼卡戰役
1237　蒙古軍隊入侵俄羅斯，「韃靼枷鎖」開始
1236　拔都遠征歐洲（～1242）
1227　成吉思汗逝世
1219　成吉思汗遠征花剌子模
1215　英格蘭制訂大憲章
1206　蒙古人鐵木真得到成吉思汗的稱號
1190　德國騎士團成立
1187　阿尤布王朝的薩拉丁打敗十字軍，奪回耶路撒冷

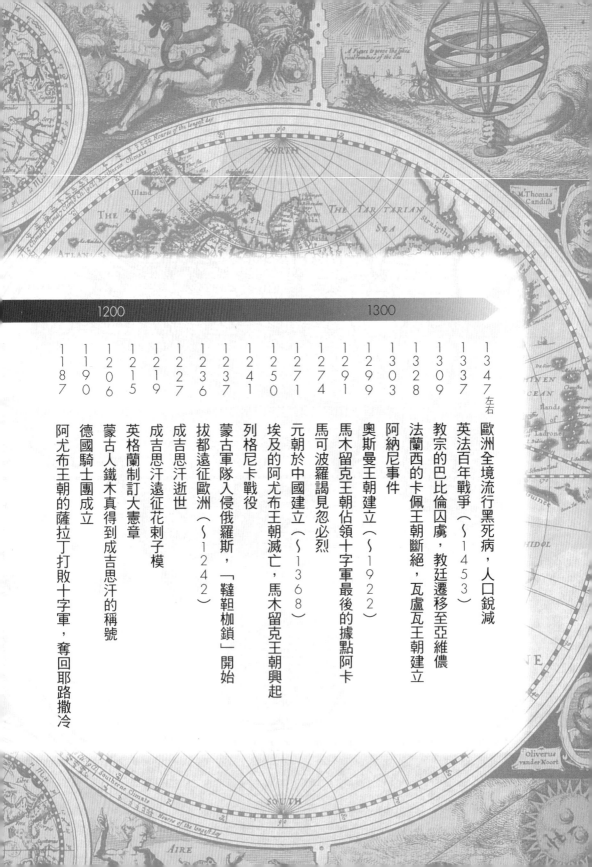

1000　1100

1147 穆瓦希德王朝滅掉穆拉比特王朝

1143 卡斯提爾王國從葡萄牙獨立

1130 諾曼人建立兩西西里王國

1126 靖康之變，金人佔領宋朝首都·開封。
南宋於江南建立

1099 十字軍佔領耶路撒冷

1096 第一次十字軍東征（～1099）

1095 克萊芒會議

1085 卡斯提爾王國佔領伊比利半島的托雷多

1077 卡諾薩之辱

1071 曼齊刻爾特戰役，塞爾柱王朝攻破拜占庭

1066 諾曼王朝建立於英格蘭

1056 穆拉比特王朝於摩洛哥興起

1054 東西方教會分裂

1038 塞爾柱王朝建立（～1194）

1031 後伍麥亞王朝滅亡

988 弗拉基米爾一世娶拜占庭帝國的公主為妻

987 卡佩王朝於法蘭西建立（～1328）

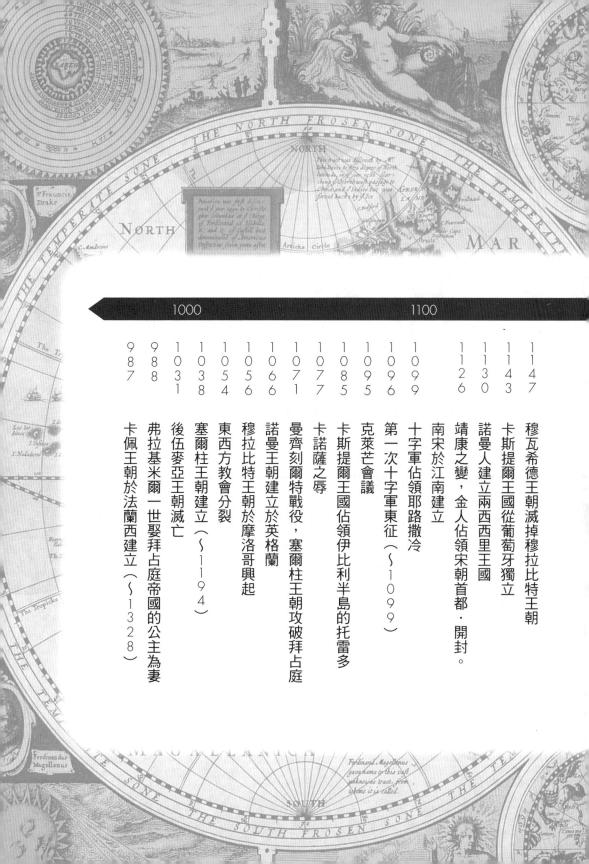

1337年→1066年

33 英法百年戰爭的原因為諾曼征服

維京人建立諾曼王朝

英法二國自1337年至1453年斷斷續續地爭戰，也就是所謂的百年戰爭。直接的原因為法蘭西的王位繼承問題，追根究柢的話，遠因為1066年的諾曼征服。

俗稱的英國本土指的是大不列顛島嶼，這座島的原住民為何人不詳。不論為何，西元前七世紀左右，凱爾特人開始民族遷徙。

經過羅馬人的統治，凱爾特系的蘇格蘭人、不列顛人等民族開始建設王國，5世紀前半起，日耳曼系的盎格魯撒克遜人、朱特人、弗里西亞人等等開始正式移居。

6世紀以後，英格蘭的盎格魯撒克遜人確定統治者的地位，可是11世紀再度面臨激烈變動。統治者從盎格魯撒克遜人變成丹人（維京人的別稱），然後又變回盎格魯撒克遜人，接著是諾曼人，變動十分頻繁。

諾曼人指的是定居於西法蘭克王國*塞納河下游一帶的丹人，名稱由來為「北方的人」的法語，也稱他們居住的土地為諾曼第。當時的諾曼第公爵名叫威廉，與1042年即位

＊**西法蘭克王國**　由843年的凡爾登條約和870年的墨爾森條約為基礎建立的國家之一，乃現在法國的原型。

的懺悔者愛德華為遠親。

1066年懺悔者愛德華在沒有留下繼承人的情況下辭世，在教宗的支持下，於黑斯廷斯戰役當中擊敗懺悔者愛德華的義弟哈羅德二世，取得英格蘭，並以威廉一世（征服者威廉）之姿即位。

描繪黑斯廷斯戰役的圖畫，諾曼第公爵威廉二世和英格蘭國王哈羅德二世之間發生的戰爭。

威廉是一國之君的同時也是法國的一名諸侯，那麼，哪一方的比重比較大呢？各位或許會認為當然是英格蘭國王的身分，不過很意外地，英格蘭只被當作海外殖民地，諾曼第才是真正的領地，英格蘭是諾曼第的屬國。

橫跨英吉利海峽的安茹帝國

威廉一世死後，經過二位兒子，王位傳到孫子史蒂芬手上，史蒂芬沒有留下繼承人便死去，按照生前的協約，由法蘭西的安茹伯爵即位，是為亨利二世，開啟了金雀花王朝。

亨利二世的母親是威廉一世的孫女馬蒂爾

達，即任王位的4年前成為諾曼第公爵，隔二年與剛和法王路易七世分手的阿基坦女公爵埃莉諾結婚，因此北邊從蘇格蘭的國境，南邊至庇里牛斯山，此一廣大無邊際的範圍都成了亨利二世的領土。

此外，安茹伯爵的領土與諾曼第的南部相鄰，阿基坦公爵的領土在更遠一點的南邊。包含法國西南部的普瓦捷和波爾多，東邊與德國的國境相接。

就這樣得到法國西半邊土地的亨利二世，這個大國卻僅維持了一代。原因在於亨利二世不斷分割領土，以及兒子們的感情不睦。

亨利二世一共有四個兒子，給了長男幼王亨利英格蘭、諾曼第、安茹、曼恩、圖賴訥，給了次男里夏爾阿基坦，接著又讓三男若弗魯瓦娶布列塔尼女公爵為妻。老么約翰因為還小所以沒有分到任何財產，因此被譏為無地王。

但是約翰有異議，亨利二世打算從長男分得的那些領土當中挑出三城給約翰了事，可是幼王亨利不接受。不僅如此還公然反抗，並尋求妻子的父親法王路易七世助陣。路易七世把握機會，煽動亨利二世一族之間的對立，也叫來其他諸侯一同參戰。戰火一觸即發，連里夏爾和若弗魯瓦都加入這場土地爭霸戰。

知識小百科　也有人將金雀花王朝包圍住英吉利海峽的所有領土稱做安茹帝國。

■英法王室的關係

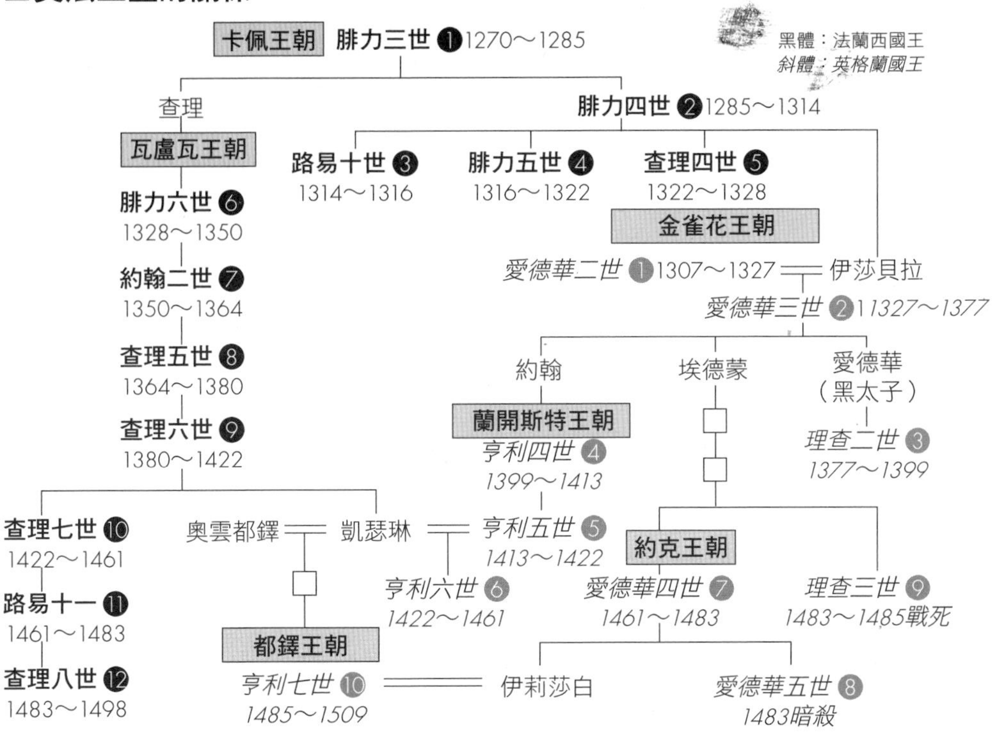

■父子兄弟之間意見不和導致帝國瓦解

亨利二世的奮戰和幼王亨利的猝死讓事態不再惡化，亨利二世將幼王亨利那一份給了理查一世，約翰企圖用得到里夏爾的那一份收尾，這次換理查一世不同意。為此再度爆發內戰，被里夏爾逼迫的亨利二世在法王腓力二世的勸告下投降，不久後病逝。

就這樣，里夏爾以英格蘭國王理查一世之姿即位。治世十年的期間待在英格蘭的時間差不多只有六個月，其他時間都在歐洲大陸的戰場上度過，也參加了第三次十字軍東征。

理查一世因為戰傷惡化逝世後，由約翰即位，他與有獅心王異稱的哥哥不同，絲毫沒有軍事和政治的才能，國家失去法國西北部的所有領土，因此這次換被戲稱為失地王。

金雀花王朝理應由法王統治，真正的戰役接下來才要開始。約翰的第五代直系子孫愛德華三世不認同朝代已由卡佩王朝轉移至瓦盧瓦王朝，主張自己才是正統的王位繼承人。因為其母為法國的公主，於是點燃了英法百年戰爭的戰火。

重點整理

諾曼人的威廉一世是英王同時也是法國的諸侯，日後的繼承問題成了點燃英法長期戰爭的火種。

延伸閱讀

佐藤賢一《英法百年戰爭》集英社新書

34

法國卡佩王朝的誕生有如撿到寶

國王不過是各國的佼佼者

１２１４年，卡佩王朝得到了不辱法王名號的領土。不過那卻是條漫長坎坷的道路，王朝本身的誕生也充滿著偶然。

自４７６年西羅馬帝國滅亡以來，西歐就沒有皇帝。皇帝的復活是在８００年，法王兼倫巴底國王的卡爾拜訪羅馬，由教宗利奧三世授與皇冠，因此成為皇帝（卡爾大帝）。卡爾朝東西方和南方大範圍擴張領土，可是在他死後，遺留下來的領土根據８４３年的凡爾登條約和８７０年的墨爾森條約分割成三份，那三塊土地成了今日法國、義大利、德國的雛型。

分割後建立的西法蘭克王國日後成為法蘭西王國，不過不僅限於有卡爾血統的人才能繼承王位。擁有卡洛林家族的血統雖然重要，若該家族的繼承人器量不被認同，就從其他家族選出人品和實力相符的人。在這個時間點，國王不過是諸侯當中的佼佼者，如果沒有諸侯的支持亦無法即位。事實上，８８７年防止諾曼人侵略巴黎有功的羅貝爾家族的厄德被選上，923年由勃艮第家族的拉烏爾被選為國王。

羅貝爾家族原是以萊茵河中游為據點的一族，9世紀中葉，移居至西法蘭克。因為歷代家主多為英傑，僅花數十年就打進諸侯圈，急速成長。厄德的外甥「偉大的于格」（于格大公）也是一位手腕高明的人物，被認為當上國王也不足以為奇。不過，比起虛名，于格大公更加重視實績。他已經領有塞納河至羅亞爾河一帶20個伯國和主要修道院長的職位，但是只要一登基恐怕會一無所有，因此于格大公決定在幕後當輔政者。

■卡佩王朝的始祖為于格大公之子于格卡佩

于格大公的兒子于格卡佩忠於父親鋪下的路線，和父親一樣受封「法蘭克人的領導者」的稱號，路易五世即位不久便被任命為攝政。可是，這時發生了意想不到的事件。路易在狩獵時從馬上摔下來傷到側腹，因為內臟受損猝死，而且沒有可以繼承王位的孩子。987年6月，突然在桑利召開所有諸侯顯貴參加的會議。下一任國王的候選人有二名，一個是于格卡佩，另一個是路易五世的叔父下洛林公爵查理，查理對王位的野心勃勃。

若以血統為最優先考量，對查理較有利。但是，在這場會議中握有主導權的是蘭斯大主教阿達爾貝隆，他發表了不應該以血統為優先，要選擇智勇雙全的人的演說。於是這成了會議的總結論，于格卡佩被選為國王。這個結果雖然是阿達爾貝隆的誘導佔了較大的要

知識小百科　卡爾加冕那一年，東方的拜占庭立了一位女皇帝；法蘭克家族的薩利克法禁止女性繼承。

因，除此之外，于格大公的政策婚姻亦略勝一籌。于格卡佩娶了阿基坦公爵的妹妹阿代勒為妻，成了諾曼第公爵和上洛林公爵等多位實力派人物的姻親，外加阿達爾貝隆會支持于格卡佩是因為兩人對於東法蘭克的想法一致。

7月3日於努瓦永舉行加冕典禮，同年的聖誕節于格卡佩成功讓兒子羅貝爾二世以共治國王之姿加冕，開啟由嫡長子繼承的制度。以于格卡佩為始祖的卡佩王朝，自此光是直系就維持了大約300年，若加上支系的瓦盧瓦王朝、波旁王朝的話，則長達800年。

■法蘭克王國（卡爾大帝時代）

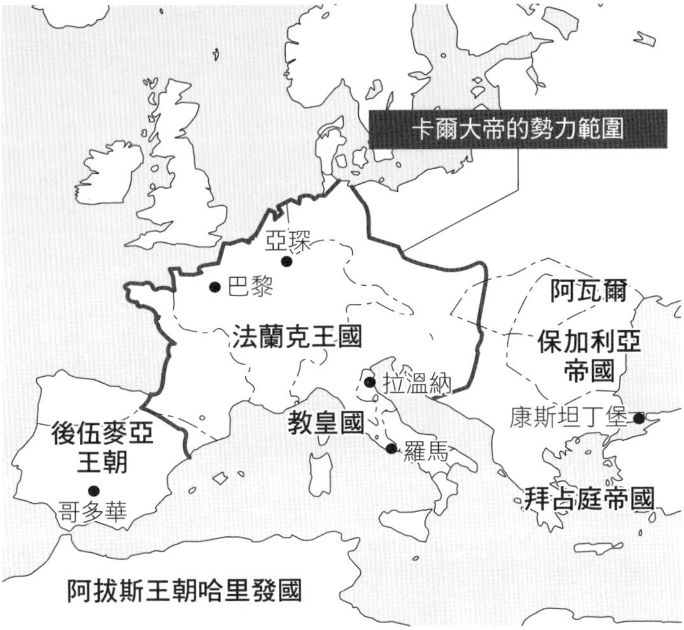

■邁向讓法王名符其實的道路

提到法王，這個名號聽起來雖然很響亮，在當時不過是諸侯當中的佼佼者。與日後「擁有絕對權力的一國之君」地位相異，于格卡佩時代的國王領地和于格大公的時候相比大幅減少，綜合巴黎和奧爾良不過大約治理10個伯國。就領主而言，法蘭德斯伯爵和諾曼第公爵領有的土地還比較廣，國王反而站在必須畢恭畢敬的立場。此外，南方的巴塞羅那伯爵、阿基坦公爵、土魯斯伯爵等人根本無視國王的存在。

想要強化王權必須堅忍不拔和腳踏實地的努力，羅貝爾二世以下三任是低潮期，接下來到了路易六世的時候地位稍微抬昇。在有能的顧問指導下，成功讓直轄領地的內部以及割據周邊領土的城主以國王的家臣之姿臣服。下一任的路易七世承襲其做法，從巴黎找來諾曼第公爵兼金雀花王朝的英格蘭國王亨利二世，以法蘭斯王國的家臣身分誓言效忠。為此，法國西北部總算安泰。接著，腓力二世以教宗命令的形式，認為應當一掃異端卡特里派，於是派遣阿爾比派十字軍，佔領南部的土魯斯伯國。1214年擊敗金雀花王朝的約翰，成功奪回各方領土，王權終於遍佈法國南北。

重點整理

攝政于格卡佩因為路易五世的猝死，在蘭斯大司教的支持下，被選為國王，王朝持續了約300年的時間。

延伸閱讀

佐藤賢一《卡佩王朝 法國王朝史》講談社現代新書

35 十字軍誕生的主因為氣候異常

■氣候異常使得人口激增引發對外戰爭

1009年，耶路撒冷的聖墓教堂被法蒂瑪王朝的哈里發哈基姆摧毀。同一時期，有人目睹耶穌在天空流淚的模樣，西歐天主教世界的人們內心被莫名的不安籠罩。在這樣的狀況下，誕生了十字軍。

十字軍東征是世界史上非常奇特的事件，就好像平安時代的日本人為了將印度教徒從佛陀的聖地中解放而發動遠征軍那般，對其中一方的當事人而言有如天方夜譚。

言歸正傳，十字軍究竟是什麼？誕生的背景為何？放眼整個地中海世界，十字軍誕生前夕的西歐天主教世界，被認為是土地生產性低，人口和耕地都很少的落後地區。但是，11世紀中期開始氣候有了大變化。日照時間增長、氣溫上升、降水量降低的現象顯著，為此，農業的生產性明顯提高，人口開始爆發式的增加。

森林陸續被開發，只為了擴大耕地面積。農業技術進展神速，生活水準提高。可是，這不全然是件好事。人口增加代表需要更多的耕地面積，過剩的人口應該如何處置呢？都市此時尚未出現足以容納這些人口的產業。這麼一來，只好進行土地爭奪，不論是在內部或前往外地。

站在西歐天主教世界最高點的人是羅馬教宗，以教宗的觀點而言，天主教徒之間的戰爭形同私鬥，絕對不會希望發生這種事。如果精力過剩，那就應該朝外發洩，應該以異教徒作為攻擊對象，這便是教宗的理論。

教宗發動十字軍東征的目的為何？

十字軍東征前夕，西歐處於基督教廣泛滲透民眾之間的時期。雖然羅馬帝國在4世紀末期定基督教為國教，但不過是形式上而已，等到實際在人民之間生根還需要花600年以上的歲月。隨著基督教的傳播，前往三大聖地朝聖的風氣高漲。所謂三大聖地指的是，有過無數殉教徒的義大利羅馬、位於伊比利半島西北邊，據傳是十二門徒之一雅各葬地的聖地牙哥康波斯特拉，以及有耶穌墳墓的巴基斯坦耶路撒冷。

耶路撒冷自638年以來，一直受到伊斯蘭勢力的支配，不過對於信徒前往朝聖一事沒有太大的影響。只要繳交人頭稅*基督教徒就不會被趕出來，又因為爾撒（耶穌）被認為是伊斯蘭的先知，哈基姆的惡劣行徑是例外，雖然朝聖地遭到破壞，卻不會妨礙到人們日

知識小百科 十字軍當中也有由民眾組成的集團，他們在所到之處不斷殺戮有組織的猶太人。

■第一次十字軍東征（1096～1099）的路線

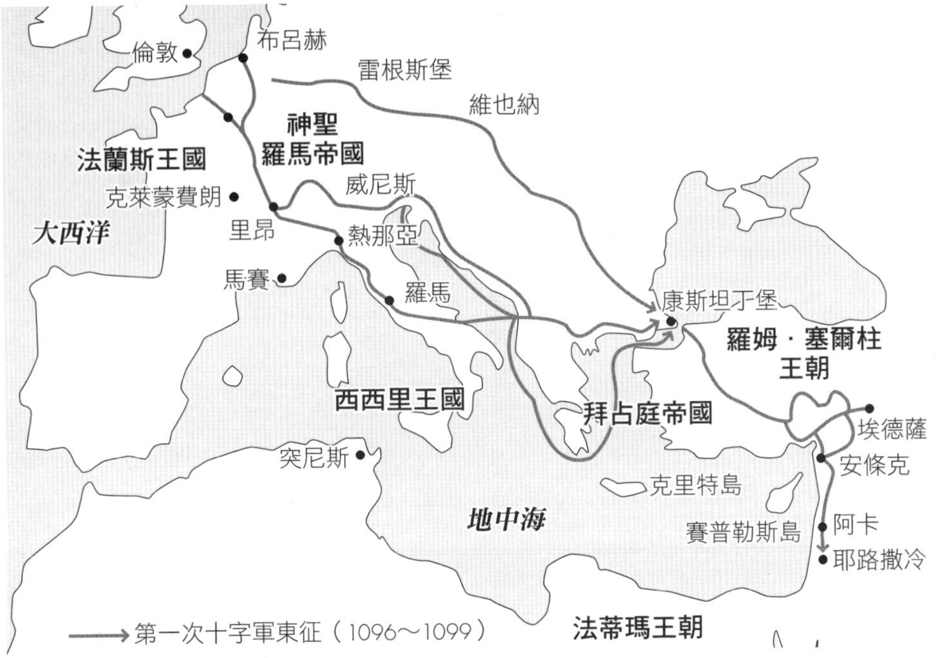

■十字軍東征的目的和結果

次	期間（年）	開端、目的	結果
1	1096～1099	羅姆・塞爾柱王朝佔領聖地	奪回聖地，建設耶路撒冷，在敘利亞等地建設十字軍諸國
2	1147～1149	羅姆・塞爾柱王朝恢復勢力	德王康拉德三世、法王路易七世等人參戰，但是因為內部對立導致征戰失敗
3	1189～1192	阿尤布王朝的薩拉丁佔領耶路撒冷王國	法王腓力二世、英王理查一世參戰，未奪回耶路撒冷
4	1202～1204	欲進攻阿尤布王朝的據點埃及	佔領康斯坦丁堡，建立拉丁帝國
5	1228～1229		德王腓特烈二世，一時奪回聖地
6	1248～1254	埃及佔領聖地	攻擊埃及，法王路易九世被俘，戰爭失敗
7	1270	欲攻擊突尼斯	法王路易九世病逝於突尼斯，戰爭失敗

常的宗教行為。拜占庭帝國對於耶路撒冷亦沒有懷抱特別的情感，沒有想到居然會做出進攻耶路撒冷等事。

但是，羅姆．塞爾柱王朝直往西方侵略，帝都的安全受到威脅，拜占庭帝國必須採取對策。判斷無法靠己力防衛後，只好向西方尋求援兵，因此教宗收到拜占庭帝國的支援請求。對教宗而言，這是東西兩個教會再度統一的大好機會。假設立刻出兵，除掉威脅的話，就能製造一個大人情。如此一來，日後的談判就能較佔優勢。在教宗打的如意算盤下，派遣了十字軍前往東征。

■輕易奪回聖地的原因

第一次十字軍東征（1096～1099）可說圓滿達成任務，除了在巴基斯坦建立耶路撒冷王國，在北邊也建立了的黎波里伯國，再往北設有安條克公國，在幼發拉底河流域建造了埃德薩伯國。

不過，這與教宗烏爾班二世的計畫有點出入，因為烏爾班二世打算將耶路撒冷作為教宗的直轄領地。

可是，教宗特使阿希馬爾因為傳染病死亡，令計畫退回原點，諸侯之間意見突然兜不攏，法蘭斯北部的布洛涅伯爵尤斯塔斯二世的次男布永的戈弗雷被選為該地的統治者。

＊**人頭稅**　人頭稅是伊斯蘭王朝向統轄範圍內的異教徒課徵的稅，稱為吉茲亞。只要繳納人頭稅，就能保障人身安全。

此外，其他國家則是戈弗雷的弟弟鮑德溫一世領有埃德薩伯國，統治義大利南部的諾曼人羅貝爾．吉斯卡爾的長男博希蒙德一世領有安條克公國，土魯斯伯爵雷蒙德的兒子貝爾托朗領有的黎波里伯國。

儘管如此，為什麼十字軍東征能夠輕易取得勝利呢？原因大概出在伊斯蘭世界那一方。當時，阿拔斯王朝的哈里發有名無實，在安那托利亞有羅姆．塞爾柱王朝，在敘利亞有敘利亞．塞爾柱王朝，在埃及有法蒂瑪王朝，加上敘利亞內部的阿勒頗與大馬士革交惡，處於地方勢力割據的狀態。

這樣根本無法團結力量，敗給士氣高昂的十字軍可說是理所當然的結果。

重點整理

因為農業生產力的提高，使得人口爆炸性增加，發生爭奪土地的行為。教宗讓人民將多餘的精力發洩在攻擊異教徒一事上。

延伸閱讀
八塚春児《十字軍的聖戰 為了解放基督教世界而打的戰爭》NHK BOOKS

36

1077年→1046年

卡諾薩之辱始於教宗格里高利七世受傷的心靈

皇帝屈服於教宗，這便是所謂的「卡諾薩之辱」。話說回來，為什麼會發生這個事件呢？

對教宗施行暴力留下一生的汙點

11世紀的西歐天主教世界裡，在有意改革宗教的人眼中，教會有二大弊端正在蔓延。分別是聖職買賣和蓄妾，不管是什麼聖職人員至少都有一名情婦，連教宗也不例外。

1032年即位的本篤九世當時還是年尚11歲的少年，終究也和前任者染上相同的惡習。

長大後，愛上美麗姪女的本篤九世，用退位當作條件令女方父親承認兩人的關係。但是，他完全沒有白白退位之意，要求莫大的黃金做為報償。結果，在使徒聖彼得和聖保羅的紀念日裡收到的捐獻金全部充當本篤九世的報償。而後，本篤九世於1045年退位，誕生了新的教宗額我略六世。但是，被女方拋棄後的本篤九世企圖復位，事態急遽轉變。過去曾受羅馬市民擁立，大約在位50日的西爾維斯特三世也報名角逐，羅馬一時成了三名教宗並立的狀態。

出面解決問題的人是贊成教會改革的德王海因里希三世，1046年，海因里希三世出兵義大利，在斯托利亞召開教會會議。命令本篤九世和西爾維斯特三世在遠離人煙的修道院度過餘生，勸告額我略六世負起聖職買賣的責任要求其退位。額我略六世只得聽令行事，同時額我略六世的禮拜堂神父希爾德布蘭德，目擊到海因里希三世的隨從槌打額我略六世的頭，那一幕一生也忘不了。海因里希三世重立新的教宗，加冕為神聖羅馬皇帝，據說那個時候就像日後的拿破崙一般，自行戴上皇冠。

卡諾薩之辱的勝者是誰？

1073年，希爾德布蘭德當上教宗，是為格里高利七世。他為了療癒受傷的心靈，思考整肅聖職買賣和蓄妾的風氣。最後想出的結論是，世俗領主不應該握有任命主教的權限。若要解決問題，就必須讓主教敘任權回到教宗的手上。為了療癒受傷的心靈，皇帝或國王必須當面下跪。因此，教宗與皇帝、國王的對決成了必然的局面。

1076年1月，皇帝海因里希四世宣告罷免教宗。隔月，格里高利七世以〈馬太福音〉當中的一節為依據，廢黜海因里希四世的帝位，並且發表撤除皇帝的教籍此一前所未有的宣言。並且將寫有「吾在此宣告，此人與他的臣子所發過或可能發過的所有誓約皆不

位於義大利北部的艾米利亞．羅馬涅州的卡諾薩城跡，這個事件發生在教宗旅居於這座城堡之際。

算數。吾將令所有視此人為王者逐出教會」內容的書狀傳給德意志諸侯閱覽，這無疑是逼迫德意志諸侯背離皇帝的舉止。

情勢很顯然對自己不利，下此判斷的海因里希四世在隔年1077年1月，前往格里高利七世旅居的卡諾薩城，在大雪中站了三天三夜祈求赦免。在女城主瑪蒂爾達的幫腔下，格里高利七世收回撤除教籍的宣言。這就是所謂的「卡諾薩之辱」，雖然被渲染為象徵了聖權勝過俗權的事件，事實上，對於海因里希四世提出的誓言書當中完全沒有提到任何關於主教敘任權的事。此外，回到國內的海因里希四世在重整情勢後，立刻反擊，打敗格里高利七世和德意志諸侯推選出的對立國王魯道夫，擁立新教宗，將格里高利七世趕出羅馬，為自己討回一個公道。

知識小百科

卡諾薩之辱的歷史舞台雖然已形同廢墟，但是在義大利北部仍存有雷焦．艾米利亞省。

教宗為了勝利不擇手段

海因里希四世的行動力出自於其龐大的野心，他希望自己成為名符其實的古羅馬皇帝繼承人。另外一方的格里高利七世，驚動社會之舉源自於想要替受到屈辱的額我略六世出一口氣的復仇心。

兩者之間的對立很難斷言是皇帝那一方贏得勝利，因為尚未定出勝負，事情也未有了結。1122年雙方達成協議，簽下沃爾姆斯宗教協定。內容為，皇帝承認教宗放棄由權戒和牧杖行使的主教敘任權，由教會內的主教自由選舉。皇帝親臨在德意志王國境內的主教選舉，當選者站在敘階上，由國王授與笏板代表由國王手中接下俗權。

換言之，雙夫各退一步。硬要說的話，教宗那一方讓步較多，不過皇帝的權限亦縮小了，稱不上贏得勝利。

重點整理

為了報復海因里希三世令教宗退位一事，格里高利七世藉由廢除皇帝、國王的教籍，令其在自己面前下跪。

延伸閱讀

鯖田豐之《歐洲中世 世界的歷史9》河出文庫

37 回族分布在中國各地的起因為蒙古帝國的侵略

住有20萬名外國人的海上玄關

根據中國政府的統計，現在的中國約由56個民族組成。除去人口比率壓倒性高的漢族，剩下的55個民族為少數民族。當中有10個民族信仰伊斯蘭，其中又以回族佔了絕大多數的人口。

回族雖然喪失了獨自的語言，但仍維持自古以來的信仰和生活習慣，到了2012年的現在，推測總數超過1000萬人。回族傾向集體生活，回族自治區、自治縣、自治鄉分布於西北地區至華北一帶，較遠的江南、雲南或廣州也能看見其部落。這是為什麼呢？答案就在回族的歷史裡。

中國境內最古老的伊斯蘭遺跡為廣州的懷聖寺（光塔寺）、泉州的鳳凰寺以及西安的清真寺（化覺寺），不管哪一座都建於唐朝。懷聖寺和鳳凰寺的確切建造年代雖然不詳，據聞清真寺建於玄宗執政的742年。顯而易見，懷聖寺代表了伊斯蘭的海路傳播，清真寺代表了伊斯蘭的陸路傳播。

聽到海路或許會覺得很意外，事實上自古以來東西交易以海路為主流。唐代以廣州為海上的玄關，在玄宗開元年間初期設置了名為市舶司，專司海上貿易的官府，亦有被稱為蕃坊的外國人僑居區。唐代末期光是定居廣州的外國人就有20萬人，其中大部分是阿拉伯人或伊朗人。

錄用穆斯林出自於對抗漢字儒教文化的心理

宋朝的時候，福建泉州住有許多穆斯林。當時最有名的人是蒲壽庚，「蒲」這個姓氏源於表示父親之意的阿拉伯語「阿布」的縮寫「伏」，表示阿拉伯系或伊朗系的人種。

西安的清真寺，現在的建築物乃經過明代大規模改建後的模樣，大殿一次可以容納1000人以上。

他是大商人，同時也任有負責管理船舶、通商，名為市舶提舉司的官職，約任職30年的時間。

因為其財力和實力，受到元朝與南宋雙方的招撫，但元朝底下已有多名穆斯林官吏，所以選擇這邊，殺害在泉州的宋朝皇族。這項功績，讓蒲壽庚被派任為福建的

知識小百科　信奉伊斯蘭的少數民族當中人口第二多的是維吾爾族，大約有840萬人。

軍事總督。在他的管理下，福建呈現空前的繁榮景象，泉州成為世界首屈一指的國際貿易港。建於1271年的元朝，從整個蒙古帝國的最高統治者立場來看，又被稱為大元帝國，統轄領域東至日本海沿岸，西抵東歐。換言之，中亞和西亞的穆斯林成了亡國的民族，其中有特殊技藝和能力的人被統治者蒙古人命令移居東方。也有人因為才能受到重用，展現成果擔任高官。

例如，出生於伊拉克的大砲技師阿老瓦丁及其弟子亦思馬因，他們製造的最新型大砲被稱為回回炮，在進攻襄陽城之際立下大功。因為這項功績，阿老瓦丁日後被任命為將軍及副萬戶，亦思馬因也被任命為總管。此外，還任命有天文學專長的札馬魯丁擔任回回司天台此一最新型天文台的長官。

不只是技師，元朝為了對抗漢字儒教文化，也積極錄用穆斯林擔任官吏和軍人。出生於布哈拉的賽典赤．贍思丁就是最好的例子，他在出兵雲南之際任職司令官，人品高又有從政的才能，許多穆斯林因為仰慕他而移居雲南，在其他地區也有同樣的現象。

■即使到了20世紀仍不停止迫害穆斯林

如果在上位者對於宗教採取寬容的態度則沒有太大的問題，但是歷史上那種君主、國家實屬少數，宗教的少數派其生活經常受到威脅。回族也不例外，在新中國，也就是中華

延伸閱讀

松本益美《回歸伊斯蘭教 中國的穆斯林族群》山川出版社

人民共和國成立後，仍斷斷續續地遭受迫害。

首先在1958年反右派鬥爭之際，受到西藏動亂的煽動，宗教整體被視為仇敵。宗教領袖、神學生、信仰虔誠的穆斯林，以不允許存在為由陸陸續續遭到逮捕。男性被強迫剃髮，女性被禁止包頭巾。甚至被強迫食用豬肉，多數人以勞改的名義被送往礦坑或荒地，並有不少人活活餓死。

1966年開始的文化大革命*，與宗教相關的書籍全數被燒毀，幾乎所有清真寺都被破壞殆盡。倖免於難的地方被用來當作工廠、倉庫、學校等，再度禁止男性留鬍子女性包頭巾，也強迫他們食用豬肉和養豬。無許可的集會活動被視為反革命叛亂，只因為這樣就被當成鎮壓的對象。

1978年實行改革開放後，雖然沒有發生迫害維吾爾族和回族的事件，不過對於未來仍無法感到樂觀。無疑地，穆斯林的安否大受中央政府的宗教政策左右。

重點整理

因為蒙古帝國的侵略使得穆斯林流散各地，元朝因為想要對抗漢字儒教文化，錄用優秀的穆斯林，使其在中國生根。

＊文化大革命　在中國自1966年起持續約12年的政治運動，毛澤東原本的目的為恢復實權。

2008年→1200年

38 現存的中國文化幾乎始於宋朝

中國三大發明乃宋朝劃時代的產物

於2008年舉辦的北京奧運開幕式，中國進行了以三大發明自豪的演出，事實上這三大發明全部出現在宋朝。為什麼會集中在宋朝呢？宋朝是怎樣的時代？來看看經緯。

宋朝分成北宋和南宋，合起來歷史長達300年以上。提到宋朝，給人一種對外關係薄弱的王朝印象，雖然這是事實，另一方面，卻也是個在文化上有重大發展的時代。在文化的各種層面可見其革新的變化，其中最出色的成果便是三大發明。

如同前述，宋朝的科舉制度完整，成立了名為士大夫的階級。他們有機會便吟詩作賦，將那些作品結成一本文集。作為一個消費層，他們也出版眾多的參考書和答案範本。在出版文化如此蓬勃的情況下，刺激了新印刷技術的開發。又間接促進了紙張和其他文具的發展、生產量的增加、用途多樣化等現象，這些現象帶來怎樣的大改變呢？

首先，同樣的東西大量被製造。接著，取代至今為止的卷子本（卷軸），冊子本成了主流。將書本由卷頭開始閱讀的形態，變成可以自由選擇閱讀書中任一處的形態。此外，除了商業出版以外，也促進了被稱為會子、交子、關子、錢引等中國最古老的紙幣，以及衛生紙的誕生等等。

接著來看指南針和火藥，磁石的特質在紀元前就已闡明，但是製作人工磁針，當作指南針利用一事要等到11世紀。據聞，指南針發明不久就被利用在遠洋航海上，透過伊斯蘭商人在13世紀傳到歐洲。另一方面，雖然在唐朝末期留有火藥被用於軍事的記錄，不過此乃特例，火藥的普及是在宋朝的時候，不過幾乎作為火箭使用。

二程之一的程朱學，其名稱由來取自程明道之墓（河南省洛陽市）

儒教的潮流引發大變化

提到儒教，在日本比較有名的是朱子學，其始祖為南宋時代死於1200年的朱熹。宋朝對儒教而言乃一大變革期，這個新思朝被統稱為宋學、道學、程朱學等，宋學的集大成為朱子學。

在此避開艱澀的理論，以具體的現象舉出

變化的例子。例如，被認為是記錄孔子言論的《論語》，有很長一段時間只被當成是副教材，並未列入經典當中。到了宋朝，終於列為13部經典的其中一部，不過重要度在第十位，評價甚低。

可是，朱熹重新彙編「四書五經」此一新組合，讓《論語》與《大學》、《中庸》、《孟子》並列四書之一，鼓勵人們比起五經應該先學習四書。雖然以序列而言五經仍在上位，但是看在一般人眼中卻相反，結果《論語》被當作儒教當中最重要的經典。

朱子學也大大改變了歷史觀，最顯著的例子是，三國時代，一直以來在知識人的世界裡，視東漢→曹魏→西晉的順序為正統，北宋的司馬光著作的《資治通鑑》亦主張這個觀念，朱熹卻提倡東漢→蜀漢→西晉的順序才正統。如同日後朱子學被認為是儒教的正統學派一般，這個歷史觀也逐漸定型，小說《三國演義》也承襲這個說法。

宋朝時，佛教和道教也有革新的動向。首先是佛教，士大夫之間盛行禪宗，民眾之間流行淨土宗。不管哪一方都因為著重實踐展現成果，從淨土教的阿彌陀信仰當中誕生了白蓮教。

接著是道教，以庶民的抬頭為背景逐漸滲透民間。持續至今的全真教亦是在這個時代成立的，排除自古以來的咒術或成仙的養生術，取而代之納入佛教或儒教的修行。

知識小百科　中國有阻止女性腳掌成長的纏足風俗，此風俗在一般大眾之間普及的時間亦是在宋朝。

陶瓷重鎮——景德鎮的誕生

來看看宋朝文化的其他變化，始於五代十國的書院成了學習地點的主流。原本屬在野的性質，但是在宋朝時授賜勳額和助其維持管理的財產學田等，推行保護政策。

飲茶的風俗可以追溯至古代，但是要等到宋朝才普及民間，伴隨民眾對於茶器的接受度大增，陶瓷器的生產飛快成長。技術方面也有革新，一般而言，華北生產陶器，江南則生產瓷器，其中最昌盛的莫過於青瓷的生產，景德鎮以陶瓷重鎮聞名亦是在這個時代。

由此可見，宋朝不僅限於三大發明，在飲茶、儒教、宗教、教育等文化各方面都有劃時代的進展。延續至今的中國文化幾乎都始於宋朝，縱使在周邊諸國眼中看來軟弱不堪，但是宋朝將精力傾注在國內，充分咀嚼至今為止蓄積的歷史與文化，才能擁有文化如此發達的成果。

重點整理

經由士大夫出版文物的熱況，促進新的印刷技術開發，南宋朱熹的朱子學完全改變了至今為止的歷史觀。

延伸閱讀
周藤吉之・中嶋敏《五代和宋朝的興亡》講談社學術文庫

1054年↓395年

39 東西教會分裂的根本原因為二分東西的羅馬帝國

隨著帝國的分裂，教會也一分為二

基督教大分為東方教會和西方教會，一分為二是在1054年的時候，若要探討原因，必須追溯至羅馬帝國二分東西之際。

世界史上，將地中海流域所有土地納入統治範圍內的只有羅馬帝國。但是，很明顯地，要維持如此龐大的帝國絕非易事。因此，293年戴克里先在位之際，採取二位正帝二位副帝管理帝國的四帝共治制。

之後，324年君士坦丁大帝再度統一帝國，不過光靠一個人治理實在有點難，395年狄奧多西一世逝世後又再度二分東西，從此帝國沒有再統一。西邊的帝國將首都置於羅馬（日後的米蘭、拉溫納），東邊的帝國以康斯坦丁堡作為首都，因為康斯坦丁堡的古名稱為拜占庭，所以東邊的帝國日後又被稱為拜占庭帝國。

因為這塊領土過於廣大，東西帝國不論是語言或文化等各方面都有許多差異。大致上，西方是拉丁文的世界，東方則是希臘文的世界。帝國的通用語言雖為拉丁文，但是拜占庭帝國在6世紀左右，以希臘文取代拉丁文作為通用語言。

因為帝國的分裂，教會也隨之分裂。西方的其他國家因為沒有如此大的都市，自然而然地確立了羅馬主教的領導權。相對地在東方，將歷史悠久的耶路撒冷、亞歷山卓、安條克納入統轄範圍內，置都於康斯坦丁堡的拜占庭帝國也確立了主教的指導權。

得到新庇護者的西方教會

當初，不論哪一方的教會都與皇帝權力有深厚的關係。可是，476年西羅馬帝國滅亡後，羅馬主教一時失去庇護者。若這樣下去，教會恐會衰微。

君士坦丁大帝（272-337），羅馬帝國皇帝。有名的事蹟為再度統一羅馬帝國，並且承認基督教為法定宗教。

為了避免教會滅亡，必須尋找新的庇護者。因為拜占庭帝國過於遙遠，必須在更近一點的地方物色。那時，羅馬主教注意到勢力顯著抬頭的法蘭克族，5世紀末，成功讓族長克洛維一世改信基督教，這是日耳曼民族第一次改信基督教的例子。

可是，若要對抗有拜占庭皇帝庇護的東方教會，光靠法蘭克國王的力量仍嫌不足。西方也必須擁立皇帝，當時正值法蘭克王國從墨洛溫王朝交替至卡洛林王朝的時期，出現了一位名為查理一世（卡爾大帝）的英傑。不僅擴大東西版圖，還將義大利半島自倫巴底人手中解放，是名實力派戰將。因此800年，被當時的教宗戴上了皇冠。藉此復活西羅馬帝國，就這樣，地中海世界有二位皇帝並列。

拜占庭皇帝雖不認同，也沒有採取任何具體的行動，只是靜觀其變。在軍事方面為了防止東方的伊斯蘭王朝侵略已忙得不可開交，宗教方面又處於到底是要繼續或中止聖像破壞運動的動盪狀態。所謂的聖像破壞運動指的是，在《舊約聖經》中的〈摩西十誡〉有「不可為自己雕刻偶像」的敘述，伊斯蘭王朝嚴格遵守此戒條，受其啟發，拜占庭帝國也開始仿效。但是，極端的聖像破壞運動加深了東西教會彼此之間的鴻溝。

東西之間難以修補的對立

東西教會經常出現意見分歧的情形，例如聖職人員應該剃鬍子或者留鬍子，聖職人員能否結婚生子，聖餐用的麵包能不能有種子，復活節或聖誕節的日期要訂在何時，全教會是否認同羅馬主教的最高地位等等。

知識小百科　在羅馬帝國的統治下，多數民族拉丁化，唯有希臘人堅守自己獨自的文字和語言。

其他還有一個很大的爭論點，那便是關於聖靈的神學理論。東西教會雖然都採信「唯一的神擁有父、子和聖靈這三個位格，三者同格存在的三位一體」（至聖三位）說法，不過在這當中又出現些微的差異。相較於認為聖靈從父身上降臨的東方教會立場，西方教會開始倡導聖靈從父和子降臨。在異教徒眼中看來只是件無關緊要的事，對基督教的聖職人員而言卻是攸關信仰根本的重要問題。

兩者也對於向斯拉夫民族傳教一事爭喋不休，962年，神聖羅馬帝國成立之際，兩者之間的對立更加嚴重。之後，面臨佔領義大利南部的諾曼人威脅時，雖然雙方一度同仇敵愾，但是在交涉過程當中又起了決定性的對立，1054年7月16日，教宗特使宏伯特發表一份文件開除康斯坦丁堡主教長的教籍，20日主教長瑟如拉留亦給予宏伯特開除教籍的處分，歷史上稱之為東西教會大分裂。

重點整理

因為東方的拜占庭帝國和由卡爾大帝統治的羅馬帝國並立，導致東西教會的對立更加深刻。

延伸閱讀
久松英二《希臘東正教 東方的智慧》講談社選書達人

40 Return

988年→862年

讓東正教在俄羅斯生根的是維京人的後裔

■建國者留里克

俄羅斯於862年建國（諾夫哥羅德共和國），一開始國家建於聶伯河中游流域。根據有俄羅斯版《古事記》之稱的《往年紀事》（俄羅斯原初編年史），居住在羅斯（俄羅斯）的東斯拉夫各民族互相爭鬥，陷入無秩序狀態。

因此派遣使者至「大海彼端的瓦良格」，提出請託「羅斯乃廣大豐饒之國，可惜紊亂無章。懇請前來此地，當王治理」。於是，留里克、西涅烏斯、特魯沃爾這三兄弟率領多個戰友團（Comitatus），恢復國家秩序。

一開始三兄弟採取了分割統治的政策，但是因為二名弟弟早死，結果長兄留里克成了單獨的統治者，以諾夫哥羅德為據點。留里克死後，握有權力的是同族的奧列格，他擁立留里克的兒子伊戈爾南下，佔領現在的烏克蘭首都基輔。在此築起國家的基礎（基輔公國），以上是《往年紀事》中的記載。

此處出現的「瓦良格」應該是指諾曼人，而諾曼人便是維京人。雖然不清楚《往年紀

■諾曼人的第二次民族大遷徙

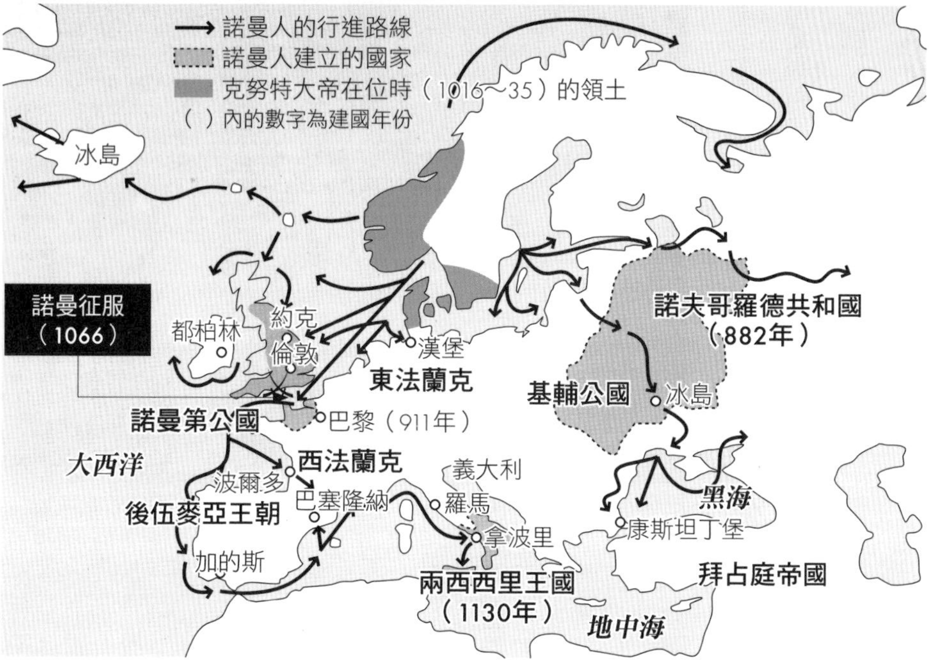

事》的記載究竟反映了多少的史實，可以肯定的是當時的維京人頻繁往返於羅斯和斯堪地那維亞。從波羅的海經由沃爾霍夫河和聶伯河抵達黑海、地中海，諾夫哥羅德和基輔也在這條水上交通航路的行經路線上。

意即，維京人的故鄉和希臘語文化圈有連繫，羅斯正巧位於中繼站。因此，羅斯的建國與維京人有關這一點是合理的。

■為什麼改信基督教？

原本，東斯拉夫各民族和日耳曼民族一樣為多神信仰。例如，歷史上記載著自留里克算起第四代的

位於烏克蘭首都基輔市中心的聖索菲亞主教座堂，興建於1037年。

弗拉基米爾一世於980年，在基輔的山丘上，立下象徵閃電、雨水、太陽、風、泰安、大地豐饒的六尊木造神像。

可是，這樣的羅斯自9世紀起也開始廣泛傳播基督教。《往年紀事》中也提到，955年伊戈爾的寡婦奧麗加在康斯坦丁堡接受皇帝君士坦丁七世以教父的身分為其受洗。也留有四年後，奧麗加派遣使節至要求聖職人員至國內的德意志國王奧托一世之記錄。

歷經那樣的過程，在前述的弗拉基米爾一世那一代，根據《往年紀事》的記載，986年左右周邊各國的使節來到其面前，勸其改信。光靠口頭的說明無法下決定，弗拉基米爾一世派遣信賴的家臣前往各地，調查各個宗教。

首先是伊斯蘭，不僅有行割禮的義務，也禁止飲酒，亦不能吃豬肉。禮拜時只有悲傷的氣氛，毫無歡樂。此外，禮拜堂內部雜亂無比，散發著惡臭。聽到這裡，弗拉基米爾一世即將伊斯蘭排除在選項外。

知識小百科

黑海北岸的可薩汗國也派遣使節至基輔，可薩汗國的統治階層信仰猶太教。

接著是天主教，因為之前來過的德意志使者曾經批評羅斯自古以來的信仰，弗拉基米爾一世對於天主教並無太好的印象。後來又得到天主教的教會建築和儀式毫無美感的報告，因此他也除掉這個選項。

最後剩下的是東正教，拜訪拜占庭帝國的使者回國後，對此宗教讚不絕口。聲稱教會優美壯觀，儀式莊嚴，如同置身天國。就這樣，弗拉基米爾一世決定接納希臘東正教。

以上是《往年紀事》中的描述，有幾分屬實並不確定。唯一能夠斷言的是，接受來自拜占庭帝國的基督教是既定的方針。

為什麼呢，因為弗拉基米爾一世已經決定要娶拜占庭皇帝巴錫爾二世的妹妹安娜公主為妻。於是，他改信希臘東正教一事成了一種默認。因此，當這樁婚事談成之際，他已無別的選擇。988年，弗拉基米爾一世結婚的同時，也將希臘東正教定為國教。

甘於蒙古屬國的地位

凡事必有榮枯盛衰，基輔公國也走向下坡，12世紀羅斯各地有超過10個公國林立。當然，整體而言軍事力量亦減弱，若遇強敵就只能締結聯軍，形同一盤散沙。

雖然好不容易擊退了瑞典、德意志騎士團等來自西北部的攻擊，終究抵不過始於1237年來自東方蒙古的攻擊，成為欽察汗國（金帳汗國）的屬國。

因為俄羅斯人稱蒙古人為韃靼人，所以將這段由蒙古人統治的時代稱做「韃靼枷鎖」。這個情況一直持續至1480年，在這段期間，羅斯的中心移至莫斯科，也開始使用俄羅斯這個名稱。

但是，究竟俄羅斯人從哪裡來的？他們雖然是東斯拉夫民族，可是貴族和水路交通一帶的人多少混有維京人的血統，這樣想應該不會有大礙。

重點整理

原本待在斯堪地那維亞半島的維京人大遷徙，建立了諾夫哥羅德共和國等國家，他們與土著的東斯拉夫民族融合。

延伸閱讀

井上浩一・栗生澤猛夫《拜占庭和斯拉夫 世界的歷史11》中公文庫

940年⬇840年

41

中亞被稱為土耳其斯坦的契機為畏兀兒王國的滅亡

威脅中國王朝的突厥和畏兀兒

中亞的別名為土耳其斯坦，源自波斯語當中表示「土耳其人居地」之意的話語，因為這塊土地土耳其系民族佔了絕大多數所以有此稱呼，但其實此別名的來由與840年畏兀兒王國的滅亡有關。

關於土耳其系民族的故鄉有諸多說法，蒙古高原也是其中之一。在中國的秦、漢時代大為活躍的匈奴，當中也包含了土耳其系民族，其中唯一知道名稱的是在貝加爾湖畔過著遊牧生活的丁零。匈奴衰微後，丁零改由鮮卑統治，鮮卑沒落後，以高車丁零亦或丁零勅勒之名於史書中登場。柔然興起後受其統治，當柔然衰微後，一部分移居至西邊的準噶爾盆地，建立高車國。

6世紀中葉突厥興起，根據遺留下來的碑文顯示，突厥乃土耳其系。在其支配下名為鐵勒的部族也屬於土耳其系，不管哪一個名稱都是直接將表示土耳其的古名突厥用漢字表記的念法。突厥統治自蒙古高原到中亞、裏海北岸廣大領域的遊牧國家，可惜好景不常，

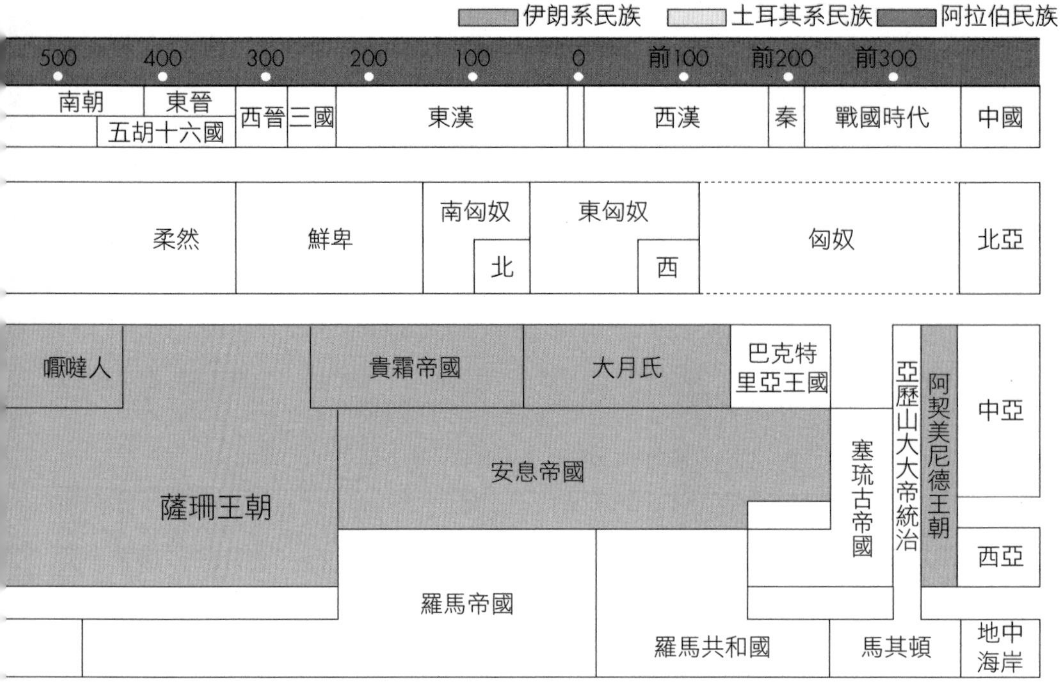

6世紀後半，分裂成蒙古高原的東突厥和中亞的西突厥，西突厥在8世紀初期、東突厥在8世紀中期瓦解。

讓東突厥一蹶不振的是在中國史書中以回鶻、回紇記載，同為土耳其系的畏兀兒。與唐朝乃可戰可和的密切關係，其軍事力量對於唐朝而言有時是一種威脅，有時是可靠的存在。安史之亂之際在唐朝皇室的請求下，派遣大軍。對於平定叛亂有所貢獻，全盛時期展現了不輸突厥的氣勢，但是840年因為內戰和天災，國運逐漸衰微，遭到同為土耳其系的吉爾吉斯人進攻，因而滅亡。

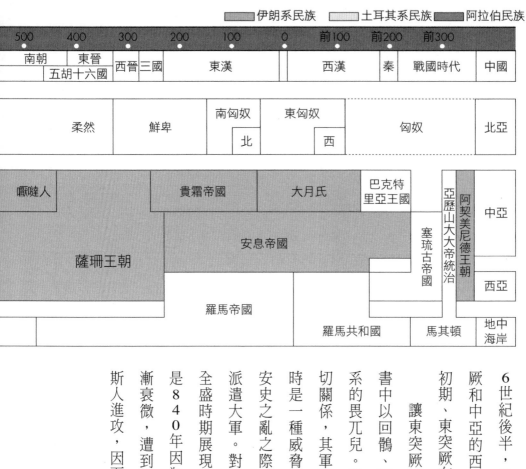

■中亞、北亞和中國的對照年表

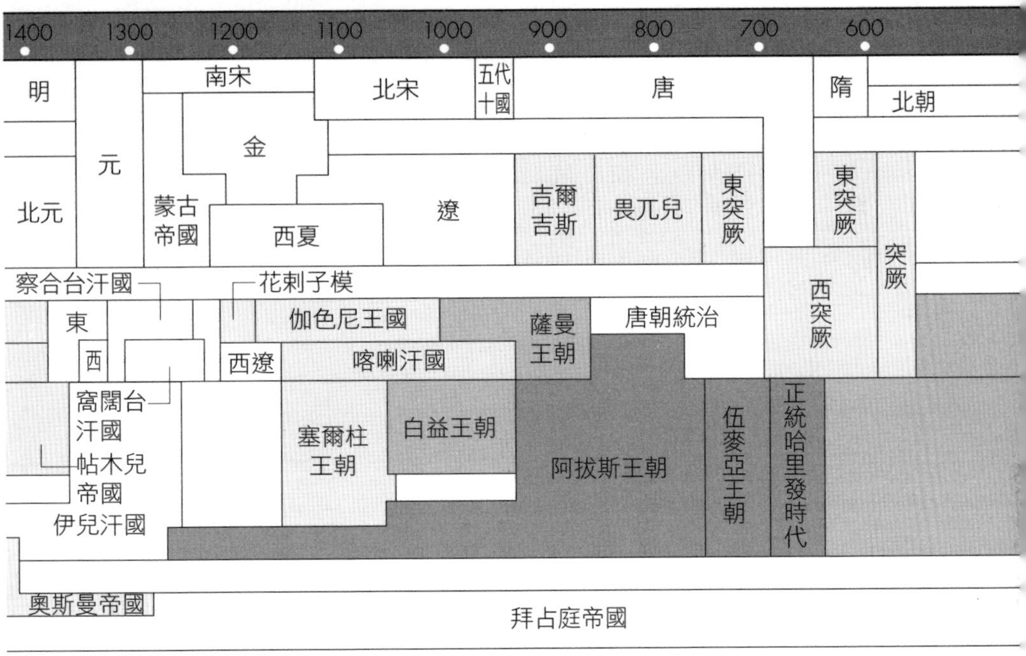

中亞的土耳其化進展快速

因為亡國的緣故，以畏兀兒為首的土耳其系各民族開始大規模遷徙，中國史書指出人數約為20萬人。

遷徙的浪潮可大分為三個，第一個是朝東南移動的集團，他們進入中國北邊，與原有的漢民族同化，在歷史上消失蹤影。

直接南下的集團以甘州（現．張掖）和肅州（現．酒泉）為中心，築起甘州畏兀兒王國，這個王國持續至11世紀初期被西藏系黨項族的西夏合併為止。

其他集團向西行，其中一部分佔領了天山山脈東部的綠洲都市，在那裡建立了天山畏兀兒王國（西畏兀兒王國）。捨棄遊牧生活，改過以農耕和貿易為主的定居生活。畏兀兒人原本信仰祖先流傳下來的薩滿教，隨著定居生活的展開，多數人開始接納佛教。其他也有信仰祆教、摩尼教或者景教（基督教聶斯脫里派）的人，加速了東土耳其斯坦的土耳其化。

另外，也有住不慣天山，繼續向西移動的人。有一個說法是，他們與西突厥的後裔或同為土耳其系的原住民葛邏祿族等族群融合，於940年建立了喀喇汗國，西土耳其斯坦的土耳其化也因此往前邁進。

伊斯蘭為何會滲透？

喀喇汗國的名稱是近代學者取的，在伊斯蘭的史料當中稱其為黑汗王朝、可汗王朝，或者阿弗剌昔牙卜王朝等等。

以這個王朝為基礎，土耳其系各民族的伊斯蘭化更加迅速。根據民間傳說，莫斯科最初由首位可汗（君王）的孫子薩圖克．博格拉汗所建。因為他逝世於955年，所以可以推測大約是從那個時候開始正式改信伊斯蘭，阿拉伯歷史學家伊本艾西爾留有960年約20萬戶土耳其人家族同時改信的記錄。

這麼說的話，伊斯蘭化的加速是因為上位者的命令嗎？這也許是原因之一。但是，商人或伊斯蘭神祕主義的影響或許更強烈。

知識小百科　活躍於唐末和五代十國時代，名為李克用的武將也是突厥人。因為把軍裝統一成黑色，又被稱為黑鴉軍。

駱駝隊商經常帶來新氣息，為了使買賣更順暢，這些人以討好商人為優先，接納他們的宗教也是手段之一。因此，土耳其系各民族首先從形式開始，接納禮拜、斷食、施捨等表面的儀規，可是不知不覺間變成了發自內心的信仰，這個可能性應該不小才是。

此外也有一個說法是，神祕主義者的傳教活動因為不用深奧難懂的理論，而是以讓身體健康、治療疾病的現世利益為中心，有許多與薩滿教相同的共通點，因此比較容易被土耳其人接納。無論如何，因為宗教使得土耳其人成為有加齊之稱，對於信仰充滿熱情的戰士，他們積極參加與聖戰有關的戰役。因此，又被人形容為「只要土耳其人手持劍，信仰就不滅」。

重點整理

被吉爾吉斯人滅掉的土耳其系畏兀兒族開始大規模遷徙，分成三個方向移動，其中一部分在中亞建立國家。

延伸閱讀

伊原弘・梅村坦《宋朝與中亞 世界的歷史7》中公文庫

1005年↓531年

42

阿拉伯科學興盛的理由在於薩珊王朝

古希臘的智慧受到基督教的脅迫

1005年，在埃及的開羅，第6任哈里發哈基姆建蓋了科學館（智慧宮）。迎向阿拉伯科學的全盛期，不過其實在此研究的並不是古埃及，而是來自於古希臘的學術。

此外，關於古代奧林匹克運動會的結束年份有二個說法。一個是392年11月8日，隨著羅馬皇帝狄奧多西一世發佈全面禁止祭祀異教的命令，大會也在隔年最後一次舉辦。另一個說法是，426年狄奧多西二世下達毀壞異教神殿的指令，因此停辦。不管哪一個說法，都是被基督教此一神教的大浪吞噬，抵抗不了的結果。

基督教的浪潮也波及到別處，529年在查士丁尼一世的命令下，關閉古雅典（現・雅典）的阿卡德米學園。阿卡德米是前4世紀由哲學家柏拉圖創立，一所歷史悠久的老學校，學園的關閉可說是一件象徵著歐洲基督教世界的社會和文化該朝哪個方向前進的事件。尤其是在以羅馬為中心的西方教會世界，因此與古希臘的學術完全斷絕。

以康斯坦丁堡（君士坦丁堡。現・伊斯坦堡）為中心的東方教會世界影響較不深刻，

■6世紀的世界

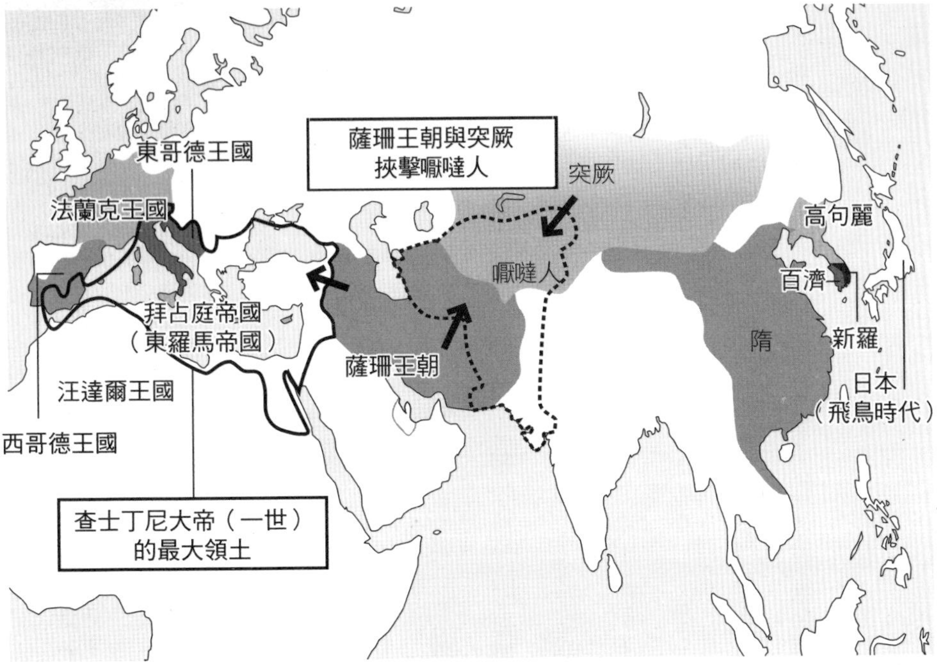

除了出現通用語言由拉丁語改為希臘語的現象，沒有其他變化。古希臘的學術雖然被保存下來，卻沒有獨自的發展，拜占庭（東羅馬）帝國只擔任了仲介的角色。

■站在中心的是聶斯托利派

在西亞，滅掉阿契美尼德王朝的亞歷山大大帝逝世後，其部下建立了塞琉古帝國。塞琉古帝國沒落後，位於伊朗高原東北部的阿薩息斯王朝（安息）興起，築起大帝國，隔著幼發拉底河與羅馬對峙。

3世紀前半，興起於阿契美尼德王朝發祥地波斯的薩珊王朝取代阿薩息斯王朝。

祆教的聖火，伊朗東南部的城市亞茲德，居住著數萬人規模的祆教徒，至今仍堅守信仰。

提到薩珊王朝，最有名的就是祆教，不過歷任君王對於異教皆採取寬容的政策，除了某段時期，在這個帝國內認同信仰自由。

築起薩珊王朝全盛期的人是，531年即位的第20任君王霍斯勞一世。其功績卓卓，在此要談的是關於學術的獎勵。霍斯勞一世在伊朗西南部的都市君迪沙浦爾，設立醫學院和附屬醫院，以及專為科學與學術研究而建，備有天文台的高等教育機關。這個活動的主要人物為聶斯托利派的基督教徒，在這之前，431年的以弗所公會議中，聶斯托利派被指為異端，不得待在羅馬帝國境內，因此逃往薩珊王朝。

如同前述，因為排除異教的學術，529年下令關閉阿卡德米學園。失業的哲學家、醫生和科學家為了尋找新的保護者，接連進入薩珊王朝的領土。或許是因為能夠與羅馬匹敵的文化大國只有薩珊王朝，霍斯勞一世也表示歡迎，讓他們在君迪沙浦爾落腳，霍斯勞一世還從印度招攬更多學者。

知識小百科

聶斯托利派繼續往東傳教，在中國唐朝被稱為景教，在首都長安一時蔚為風氣。

君迪沙浦爾儼然成為文化大城，霍斯勞一世委託聚集在此的人們進行翻譯的工作。因此，古希臘和古印度的哲學書、醫學書和科學書等被翻譯成敘利亞語。

阿拉伯科學在伊斯蘭王朝的時代達到巔峰

翻譯作業延續至伊斯蘭時代，伍麥亞王朝*將希臘語和敘利亞語的文獻翻譯成阿拉伯語，但是在這個時期尚未有更進一步的進展。

必須等到阿拔斯王朝的時代，813年即位的第7任哈里發馬蒙在首都巴格達建蓋了一座名為「智慧之家」的研究機關。這裡附設有圖書館和天文台，據說其性質繼承了被認為是阿拔斯王朝最鼎盛時期的君王哈倫．拉希德所創設的「智慧的寶庫」。

君迪沙浦爾和「智慧之家」最大的差別在於，前者始終停留在翻譯的階段，後者除了翻譯，還加上了獨自的研究。以哲學和醫學為首，天文學、幾何學、光學等在各式各樣的領域內都展現了卓越的研究成果。因此，多數研究以專業用語之姿沿用至今，例如「代數」（Algebra）、「鹼」、「化學」（Chemistry）等單字的語源都是阿拉伯語。

阿拔斯王朝開始衰微後，學術中心轉移至由法帝瑪王朝統治的埃及。哈基姆投入私有財產，在開羅建造科學館（智慧宮），繼續點燃研究之火。

*伍麥亞王朝　661年至750年以大馬士革為首都，君臨伊斯蘭史上的第一個世襲王朝，一共持續了14代。

這個設施雖然隨著法帝瑪王朝的滅亡而消失，但是阿拉伯科學的火勢仍未熄滅，之後重心移至中亞的布哈拉、伊比利半島的哥多華等地區。

重點整理

雅典的阿卡德米學園被拜占庭皇帝視為異教的學術，因而關閉，但是之中的哲學家和科學家受到薩珊王朝的皇帝保護，展現出成果。

延伸閱讀

小川英雄・山本由美子《東方世界的發展 世界的歷史4》中公文庫

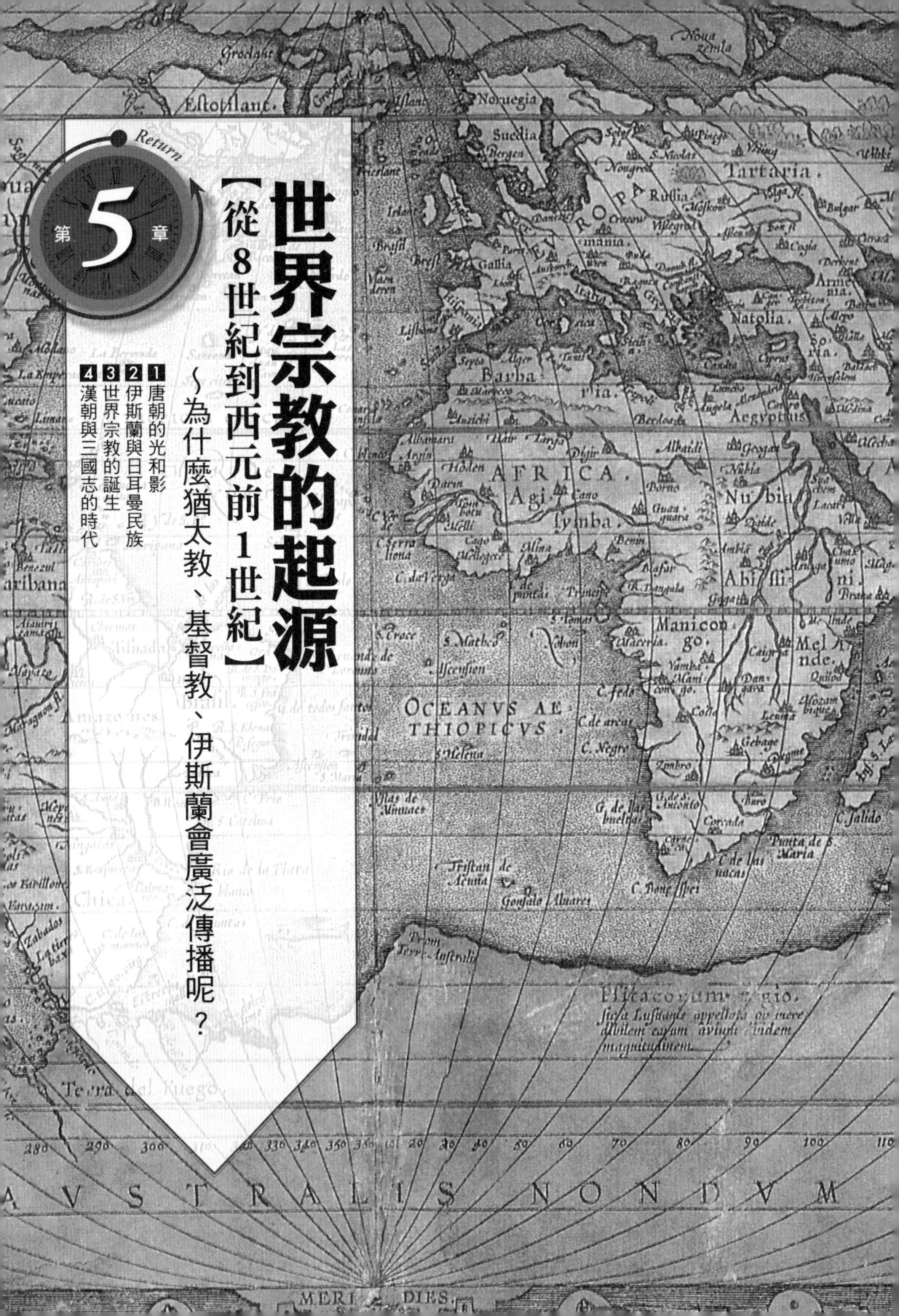

Return

第5章

世界宗教的起源

【從8世紀到西元前1世紀】

～為什麼猶太教、基督教、伊斯蘭會廣泛傳播呢？

1 唐朝的光和影
2 伊斯蘭與日耳曼民族
3 世界宗教的誕生
4 漢朝與三國志的時代

700 800 900

918 高麗於朝鮮半島建國（～1392）

911 維京人羅洛受封諾曼第公國的領土

907 唐朝滅亡，進入五代十國的時代

870 墨爾森條約，界定義、德、法三國國界的雛型

862 俄羅斯建立諾夫哥羅德公國

800 教宗為卡爾舉行加冕典禮

756 後伍麥亞王朝於伊比利半島建國

755 唐朝爆發安史之亂（～763）

751 卡洛林王朝於法蘭克建國

750 伍麥亞王朝滅亡，阿拔斯王朝興起

712 唐玄宗即位，開啟開元之治

711 阿拉伯軍隊入侵伊比利半島，西哥德王朝滅亡

690 唐朝暫斷，武則天建立周朝（～705）

680 卡爾巴拉慘案

661 伍麥亞王朝於敘利亞建國

651 阿拉伯軍隊滅掉薩珊王朝

630 穆罕默德佔領麥加

618 隋朝滅亡，唐朝興起

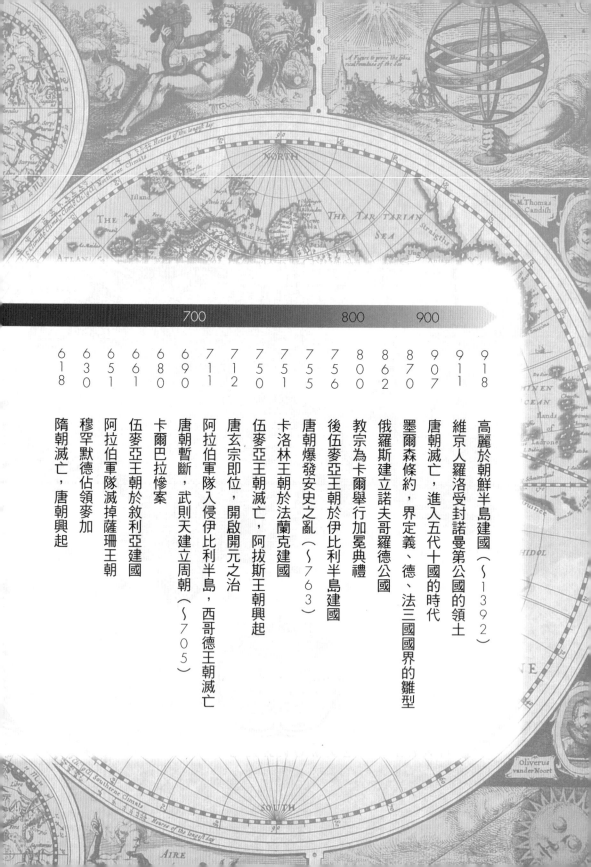

100 200 300 400 500 600

年份	事件
589	隋朝統一中國
537	康斯坦丁堡重建聖索菲亞大教堂
507	克洛維一世征服高盧
496	克洛維一世改信天主教
493	東哥德王國建立
476	西羅馬帝國滅亡
392	羅馬帝國定天主教為國教
375	日耳曼民族開始大遷徙
330	羅馬帝國遷都康斯坦丁堡
325	尼西亞公會議，亞流派被視為異端
313	米蘭敕令，羅馬承認天主教為合法宗教
280	吳國滅亡，西晉統一中國
260	埃德沙戰役，薩珊王朝大勝羅馬帝國
235	羅馬帝國進入軍人皇帝時代（～284）
184	中國爆發黃巾之亂
96	涅爾瓦皇帝即位，開啟五賢帝時代（～180）
30左右	耶穌於各各地被處死
25	新朝滅亡，東漢興起

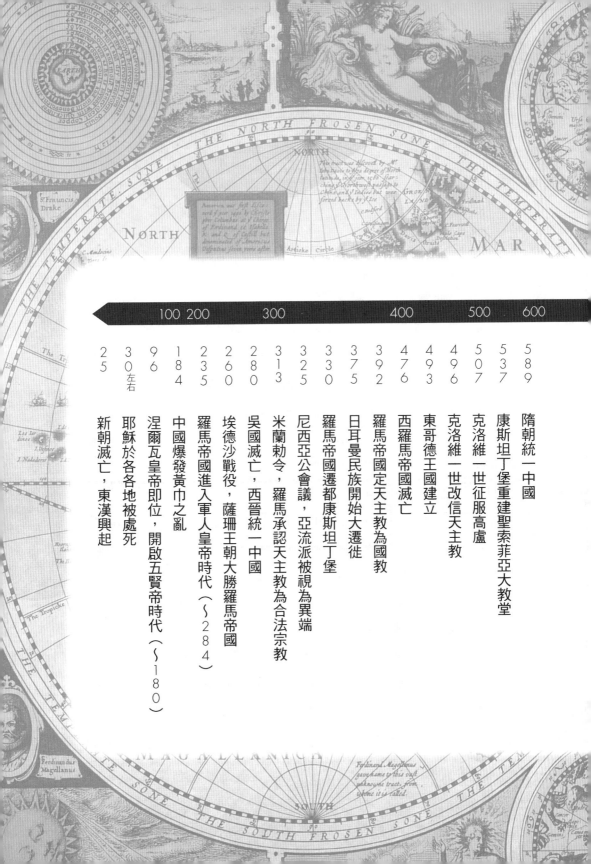

Return 43

掌權者為了明哲保身引發安史之亂

■長期掌控政權，陰險狡猾的宰相

755年，天下發生大亂。也就是所謂的安史之亂，叛亂的主導者為異民族且授有正式的官職，握有強大的武力。為什麼讓那樣的男人為所欲為呢？理由是，一名掌權者為了明哲保身。

唐朝的全盛期被認為是在第六代皇帝，712年即位的玄宗時代。在其治世的前半期取其年號稱為開元之治，是一個極度安定且繁榮的時期，足以媲美太宗的貞觀之治*。

話雖如此，這不是靠玄宗一己之力能夠達到的，還必須靠那些有能的重臣。例如，初期有姚崇和宋璟，中期有張說和張九齡等名宰相，輔佐玄宗的開元之治，他們都是科舉出身的官僚。

當時，想要成為政治家，有科舉和姻親這兩條路。但科舉尚未成為主流錄用官吏的方法，況且飽讀詩書的人不見得適合處理政治實務。因此，朝廷並未放棄姻親錄用的方式。以姻親的身分出人頭地，在歷史上大放異彩的人便是李林甫。

＊**貞觀之治**　取唐朝第二代皇帝太宗的治世年號稱之，內外皆太平，被譽為是政治的理想時代。

■開元年間的節度使配置圖

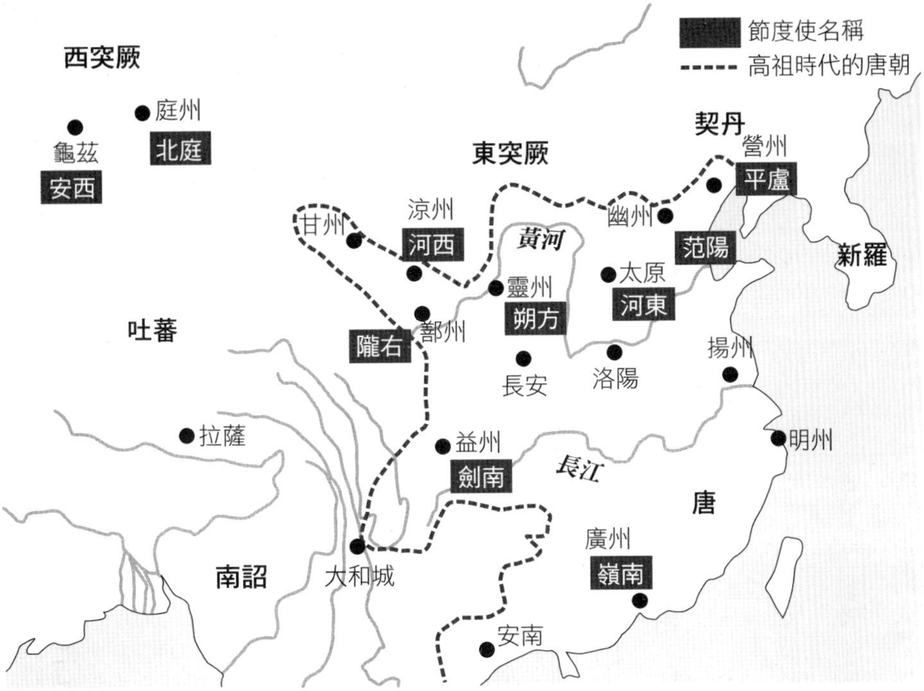

李林甫是高祖李淵*的曾孫，雖然血緣不深，好歹也是唐朝皇室的一份子。

自734年起當了19年的宰相，正如同被形容成「口蜜腹劍」那般，其性格陰險狡猾。只要看人不順眼，就把自己關在深夜的密室，思索如何將對方搞垮的計謀。

此外，因為外表看似溫馴卻不容掉以輕心，目光冷酷心狠手辣，他執拗的個性且強大的生命力宛若貓咪一般，所以又被稱為「李貓」。雖然如此，他被選為宰相，在長時間的任期內除了接下來要談的節度使，李林甫未曾出過太大的差錯和失敗，所以我們至少可以肯

***高祖李淵** 唐朝的建立者，出身於北朝的名門，相當於隋文帝的外甥。趁著動亂，靠著兒子們的活躍登上帝位。

定他在政治實務上的表現。

封鎖科舉出身的人當上宰相的路

玄宗的治世正巧出現在國防體制改革過後的時期，因為自北朝、西魏開始，以兵農合一的徵兵制為原則的府兵制，因為逃亡人數過多，加上士兵品質低劣，已經破綻百出。

為此，改採取由傭兵組成的募兵制，以710年在涼州（現・武威）設置河西節度使為首，取代原本的鎮戍，改設置節度使（藩鎮），開辦起十幾年內治所多達十處。

關於節度使的人事案，暗中活躍的人便是李林甫。他認為文人出身的人因為膽小在這種刀光劍影的地方毫無用武之地，這種工作適合出身低或者異民族的人。異民族不僅習慣戰鬥，也富有勇氣。並且主張出身低的人不會結黨派，反對錄用科舉出身的官僚，同時大力推舉異民族的人。

當然，這只是表面的理由，真正原因有他。當時，任職宰相的人一般而言都不只一人，在李林甫就任之前的22年內一共有25名宰相。他們幾乎都是科舉出身的人，而且其中有14人擔任過節度使再回到中央成為宰相。

從宰相變成節度使的有11人，兼任宰相和節度使的有4人。也就是說，對於科舉出身的中央官僚而言，任職節度使乃當上宰相的捷徑。

知識小百科

儘管體型龐大，安祿山擅長表演自粟特傳入，名為胡旋舞，用極快速度不停旋轉身體的舞蹈。

為了阻止強力競爭的對手出現，斷絕這條出世捷徑不啻是個好方法。作如是想的李林甫一味地推崇不具任何政治背景的武官或異民族的武將，因為這樣當上節度使的人之中較有名的是哥舒翰和高仙芝，前者是土耳其系的人，後者出身於高句麗，高仙芝以怛羅斯戰役*的敗將之姿熟為人知。

■安祿山的叛亂

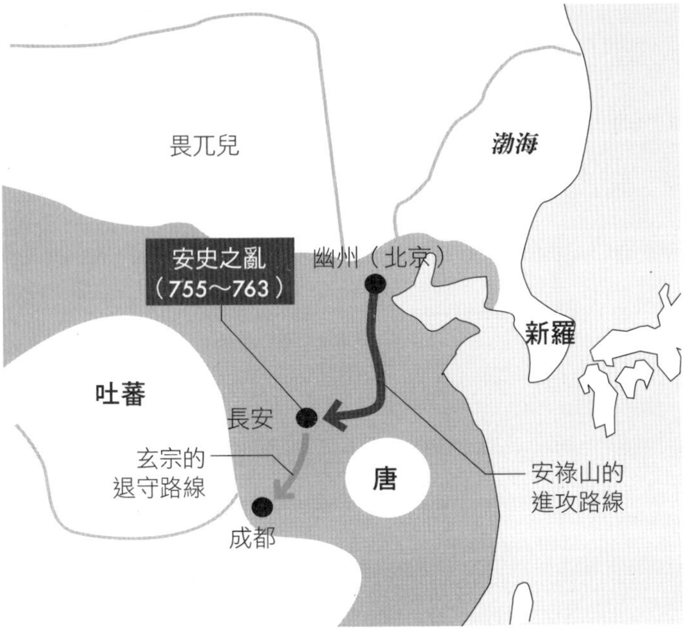

■野心家舉兵叛亂的過程

李林甫提拔的人才當中有一位名叫安祿山的混血男子，他的父親是粟特人，母親是突厥人，精通六國語言。他自小便上武士的道路，在上屬和部下之間締結疑似義父子的家族關係，藉此築起權力的基礎。雖然是名體重高達200公斤的巨漢，但是動作敏捷、頭腦清晰。很懂得討玄宗和其寵愛的楊貴妃歡心。

742年就任長城外的平盧節度

＊怛羅斯戰役 751年，唐朝與阿拔斯王朝在中亞對戰的戰役，這時候的俘虜將造紙術傳入西方。

使，二年後兼任鄰接長城內的范陽節度使，751年又兼任河東節度使。

當時，邊境十名節度使的總兵力約為49萬，戰馬8萬餘匹，安祿山居然就佔了37％，以實際數目來說大約有18萬餘的兵力在其麾下。對唐朝而言是個可靠又可畏的存在，不過他不擅長與李林甫相處，只要站在他面前就開始直冒冷汗，因此李林甫在世的時候什麼事都沒發生。可是，當李林甫一不在，安祿山的野心開始表露於外。

就這樣展開了與楊貴妃一族的楊國忠熾烈的權力鬥爭，相較於總是待在中央的楊國忠，處於邊境的安祿山難免較不利。如果用正當的手段贏不了，只好使出非常手段，打倒整個王朝。下定決心後，安祿山於755年舉兵叛變。

這個時候，前述的哥舒翰不過是官軍的一員，因為戰敗成為階下囚，被安祿山的兒子安慶緒殺害。

重點整理

坐擁18萬兵力，擁有強大武力的安祿山，為了打倒與其對立的楊國忠，不惜向王朝舉起叛旗。

延伸閱讀

布目潮渢．栗原益南《隨唐帝國》講談社學述文庫

44 中國史上唯一的女皇帝誕生於名君的繼承人之爭

讓名君煩惱不已的繼承人問題

690年，誕生了中國史上唯一的女皇帝。也就是世人所謂的武則天，取代唐朝登基，契機為進入皇帝的後宮。

唐朝第二代皇帝太宗的時候，對內行被稱為真觀之治的善政，對外讓突厥臣服等，散發了其身為世界帝國的光芒。但是，其實有一個讓太宗頭痛不已的問題。那便是讓誰來當繼承人，太宗和長孫皇后之間有三個兒子。分別是長男的皇太子承乾，小一歲的魏王泰，比魏王泰小十歲的晉王治。按照順序，應當由承乾繼承，但是隨著636年長孫皇后病逝，狀況起了變化。

承乾單腳不良於行，因此拚命遮掩外觀上的缺點，另一方面卻經常做出陽奉陰違的事。太宗看待孩子的目光也漸漸改變，對承乾較冷淡，偏愛泰。泰也深知這一點，為了讓父親愈發喜愛自己，更加謹言慎行。

太宗如此不經意的態度，加劇承乾精神狀態的惡化。因為過於溺愛東宮專屬的樂人，名為稱心的美少年，最後與之發生性關係。得知此事的太宗大為震怒，流放稱心的同時，也連帶處罰受到承乾寵幸的人，事態卻越演越烈。承乾在東宮一處建蓋一室，刻一座稱心的像，從早到晚在附近哭泣徘徊。甚至在宮內一角造墳立碑，毫不掩飾哀悼之情。過了數個月，好像完全忘記發生過的事一般，在食衣住行各方面全部仿效突厥。

可是，承乾忘不了稱心，認為一切都是泰的告密。壓抑不住累積的怨恨，派刺客行刺，結果失敗。後來甚至計畫暗殺父親太宗，在太宗底下不受重用的人，以及滿懷野心的人均深表贊同。可是計畫越大越難保持機密，陰謀終究被洩漏，太宗將參與政變的人一網打盡。承乾除了遭廢皇太子之位，還被流放至四川。

那麼，皇太子的位置要由誰來接棒呢？以長幼順序而言是泰，但是大臣之中多數人表示謀反的原因在於太宗的偏心，而且泰是個度量狹小、不誠實的人一事又被暴露，所以泰的可能性消失。取而代之，大臣推舉的是孝順、忠厚、個性溫和的治。最後，太宗在大臣的勸誘下，立治為皇太子，他便是第三代的高宗。

■驅使權謀計策贏得皇后的寶座

太宗重病在床的時候，治每天都到後宮探訪，不知何時，他與在太宗枕邊悉心照料名為武照的宮女產生兩情相悅的關係。

知識小百科 武則天退位後，仍持續韋皇后（中宗的皇后）、太平公主（武后之女）等女性權力者的時代。

武照這時27歲，636年，14歲時進入後宮，過了13年的歲月爬到了才人的地位。唐朝後宮以皇后為最高位，以下是夫人4人（正一品）、嬪6人（正二品）、婕妤9人（正三品）、美人9人（正四品）、才人9人（正五品）、寶林27人（正六品）、御女27人（正七品）、采女27人（正八品），才人在正中間的順位，以13年的資歷而言可說地位相當低，幾乎很少被選為臨幸的對象。

唐太宗李世民長眠的昭陵，太宗因為行善政而為人熟知（陝西省禮泉縣）。

太宗逝世後，武照被送往名為感業寺的佛教寺院。五年後，被送進高宗的後宮，並被賜為嬪二品之一的昭儀。附帶一提，其他五個嬪分別為昭容、昭媛、充儀、充容、充媛，夫人由貴妃、淑妃、德妃、賢妃組成。

武昭儀一共生下四男一女，生下繼承人一事成了強大的後盾。加上王皇后和蕭淑妃之間因為爭寵而針鋒相對，武昭儀趁機使弄權謀計策，讓王皇后和蕭淑妃二人喪失地位，獲得皇后的寶座，這便是武后的誕生。

中國史上唯一的女皇帝

皇后是女性最高的地位，武后卻不因此而滿足。高宗死後，讓二個兒子即位，但他們不過是魁儡，實際掌政的是她。為了讓自己如願登上帝位，開始鞏固地基，展現尊重佛教的姿態。因為唐朝的遠祖乃道教的祖先老子（李耳），所以比起佛教更加重視道教，武后分明是公然下挑戰書。接著，引用經典的一段章節，製造認同女性皇帝誕生的氛圍。發明則天文字此一獨特字體也出於同一個理由，總計有17個文字，水戶光圀的「圀」字就是其中之一。

準備就緒後，690年，武后將國號改為周，自稱聖神皇帝，這個王朝持續至唐朝再興的705年為止。

重點整理

名君太宗的繼承人，在三兄弟競爭的結果下，由三男高宗繼承。受到高宗寵愛的武則天，使弄權謀計策，篡奪皇位。

延伸閱讀

礪波護．武田幸男《隨唐帝國和古代朝鮮 世界的歷史6》中公文庫

45 柯爾多瓦的繁盛原因為好色的西哥德國王

■在自由選王制和世襲制之間動搖的西哥德王國

10世紀，世界上擁有最多人口的都市是伊比利半島的柯爾多瓦。在成立於756年的後伍麥亞王朝的統治下邁向繁榮的顛峰，而這裡被納入伊斯蘭勢力範圍是712年的事，契機為好色的西哥德國王。有史以來，各式各樣的民族往來伊比利半島。以伊比利人為首，接著是凱爾特人、腓尼基人、希臘人，在前3世紀受到羅馬人的侵略。因此地名的由來也五花八門，伊比利這個名字源自於形容庇里牛斯山南側廣大無邊地區的希臘語，西班牙這個英文名字源自於羅馬人或者是更早的腓尼基人將伊比利半島稱做「Hispania」，意思為「兔子很多的國家」。

經過數百年的歲月，以為居民幾乎要完全羅馬化之際，新的浪潮來襲。日耳曼民族的西哥德人來到島上，最初以高盧為據點，507年在武耶敗給法蘭克王國*後，成了支配領域只剩伊比利半島的王國。

但是，西哥德的王權極度不穩定。因為並未明確繼承王位的方法，橫渡多瑙河之前，

＊**法蘭克王國**　由日耳曼民族之一的法蘭克人建立的王國，到8世紀末幾乎將整個西歐納入統治範圍內。

選擇領導者雖然有著比起血統更加注重實力的慣例，開始遷徙後，因為有集權的必要，改採取世襲制。可是，以武耶的敗戰為契機，要求重拾以往慣例聲勢逐漸高漲，結果造成暗殺國王或叛變的事件頻傳。

710年，維提扎國王逝世後，貴族推舉羅德里克為新國王，但是被維提扎指定為繼承人的兒子阿基拉不服此事，雙方進入一觸即發的狀態。

■為了替女兒復仇，找來阿拉伯軍當打手

西哥德內部巨大搖盪之際，北非染上清一色的伊斯蘭色彩。原因在於阿拉伯軍的西進，640年阿拉伯軍開始佔領埃及，接著花了半世紀的時間將阿非利加（馬格里布）一帶納入統治範圍。馬格里布為表示「日落之地」或者西方的阿拉伯語，指的是利比亞以西的北非。

704年，屬於埃及總督管轄的阿非利加成為哈里發的直轄地，任命穆薩・本・努薩伊爾擔任首位總督。來到摩洛哥北岸丹吉爾的穆薩深受伊比利半島的富饒吸引，710年派部下塔里夫帶著400名步兵和100名騎兵前往偵察。接獲報告後，穆薩下定決心。

據傳，當時海峽對岸的城鎮休達由一名叫做朱利安的男人看守。他有一位容貌絕麗的女兒，朱利安為了讓自己疼愛有加的女兒受教育，送她前去西哥德王國的首都托雷多。在

知識小百科　柯爾多瓦主教座堂創建於785年，是西班牙現存唯一的大型清真寺。

那裡發生了事件，女兒遭羅德里克侵犯。朱利安誓言復仇，因此招來對岸的阿拉伯軍。就這樣，阿拉伯軍來到西班牙。

先不管傳說真偽，穆薩心意已決，加上被稱為維提扎派的反羅德里克貴族要求援助，711年4月，派出7000名士兵給駐屯在丹吉爾的指揮官塔里克・伊本・齊亞德，橫渡海峽。塔里克一行人登上被稱為「加爾佩的山峰」的土地，為了紀念此事，日後稱該處為塔里克的山，也就是所謂的加巴爾・塔里克。

在塔里克的請求下，穆薩派遣5000名的援軍。羅德里克的軍隊和塔里克的軍隊在瓜達雷特河畔開戰，以維提扎派為首，飽受迫害之苦的猶太人、對於西哥德一族的統治反感的基督教徒也加入陣營，因此塔里克的軍隊獲得壓倒性的勝利。不久西哥德王國滅亡，隔年712年穆薩親自率領軍隊登陸，從此阿拉伯和伊斯蘭勢力正式統治西班牙。

柯爾多瓦成為西歐最大的都市

就這樣，除了坎塔布里亞山和庇里牛斯山，伊比利半島大部分區域都被納入阿拉伯・伊斯蘭的統轄範圍內，不過當時實際掌權的是伍麥亞王朝。750年阿拔斯王朝篡奪政權成功時，對於伍麥亞家族的人進行嚴厲的肅清作業，可是還有一名倖存者。那個人便是日後的阿卜杜拉赫曼一世，他投靠母親那一方的親戚逃到阿非利加，在那裡蓄積實力後登上伊比利半島。756年5月，進入柯爾多瓦，宣言重建伍麥亞王朝。這就是一般所謂的後伍麥亞王朝，根據史料顯示，此王朝又被稱為安達盧斯的伍麥亞王朝或者柯爾多瓦的伍麥亞王朝。

後伍麥亞王朝的君王最初使用「埃米爾」（總督）的稱號，當在阿非利加建國的法蒂瑪王朝開始使用哈里發的稱號時，為了與之抗衡，自929年起也改用哈里發的稱號。後伍麥亞王朝的全盛期是在該王朝的首任哈里發阿卜杜拉赫曼三世的時候，雖然與阿拔斯王朝斷絕政治關係，不過文化交流卻十分盛行。建立於羅馬時代的都市科爾多瓦達到繁榮的巔峰，在全盛期的時候成長為西歐最大的都市，據說庶民的住宅有21萬3077間，高官和貴族的宅邸有6萬300棟，店鋪有8萬455家，並且蓋有1600座清真寺。

重點整理

因為西哥德國王的罪行，使得西班牙被伊斯蘭勢力征服。之後，因為在伊斯蘭王朝的統治下繁榮興盛，首都科爾多瓦成為西歐最大的都市。

延伸閱讀

前嶋信次《伊斯蘭世界 世界的歷史8》 河出文庫

46 什葉派誕生的契機為穆罕默德之死

■穆罕默德的繼承人成為一大問題

伊斯蘭教可大分為三派，分別是遜尼派、什葉派和哈瓦利吉派。什葉派的起源據聞可追溯至680年的「卡爾巴拉慘案」，其實最根本的原因在於穆罕默德沒有留下任何關於繼承人的遺言。

632年，伊斯蘭的創始人穆罕默德逝世。他有好幾名妻子，卻沒有生下任何男丁，也沒有指定繼承人，於是創建不久的伊斯蘭共同體就面臨解體的危機。

地方上陸續出現以部族為單位背離的人，輔士（麥地那的穆斯林）想要選出自己的繼承人。

因為這樣的動向而備感焦慮的遷士（從麥加遷移到麥地那的穆斯林）代表者闖入輔士的集會，希望藉由談話解決問題。結果，雙方互相讓步決議由資歷最深的穆斯林，相當於穆罕默德岳父的遷士阿布・伯克爾就任哈里發（代理人・繼承人）。

阿布・伯克爾死後，仍由相當於穆罕默德岳父的歐麥爾，接著是穆罕默德的女婿奧斯曼繼任哈里發一職，可是因為鄂圖曼只用與自己相同出身的伍麥亞家族之後，引起許多人的反感，最後被激進份子刺殺。

這時又遇上了要由誰來繼任哈里發的問題，最後由穆罕默德的堂弟，娶了穆罕默德女兒法蒂瑪為妻的阿里被選出，日後的遜尼派認為從阿布·伯克爾到阿里為止是正統哈里發。可是，有許多人不接受這樣的結果。其中一人是與奧斯曼同族的敘利亞總督穆阿維葉一世，另一個人是阿布·伯克爾的女兒，同時也是穆罕默德妻子之一的阿伊莎。因為穆罕默德的晚年幾乎都在阿伊莎的身邊度過，可見穆罕默德在這個共同體中視她為特別的存在。如果用理性談話無法解決問題只好靠武力，阿里與阿伊莎發生激烈衝突。656年的駱駝之戰，阿里贏得勝利，阿伊莎退出戰線。

■不肯妥協的人另組一派

由阿里和穆阿維葉一世率領的兩個軍隊在幼發拉底河上游的隨芬展開激戰，戰爭始終是阿里這一方占上風，此時穆阿維葉一世的將領想到了一個妙計。將古蘭經插在槍的尖端，要求舉行和談。阿里眼見大半士兵皆顯疲態，於是答應。

可是，在阿里的軍隊當中，有人反對妥協。他們以可蘭經的一節為依據，認為錯在穆阿維葉一世那一方，戰爭才符合神的旨意，不能靠人類的談判達成協議。

■穆罕默德和正統哈里發的列表

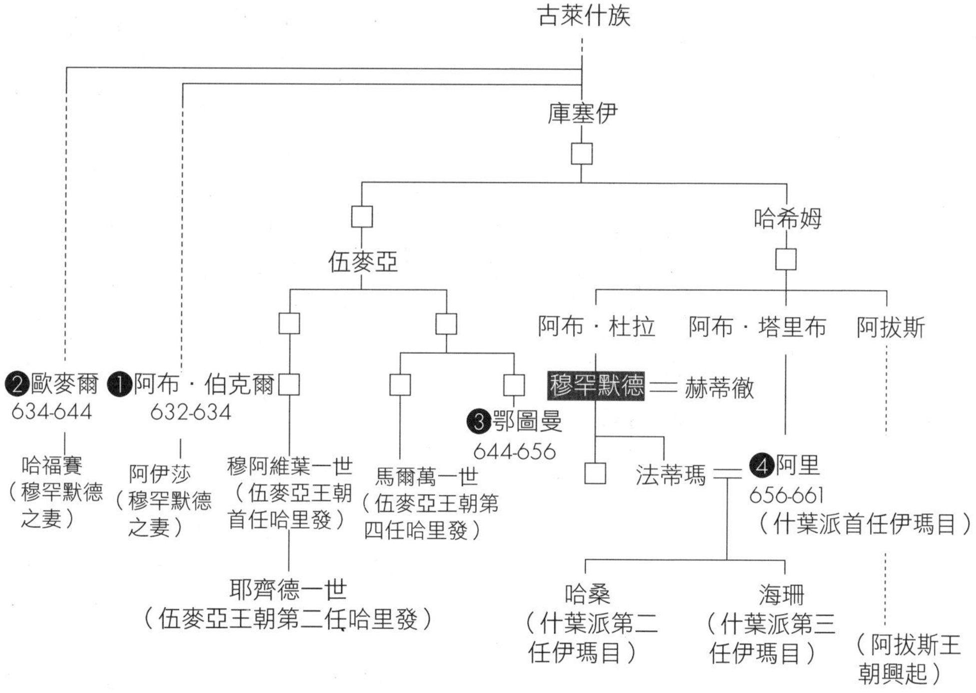

※圓圈數字為繼承的順序，附在人名後面的年號表示在位年份

所以當阿里答應和平談判之際，這些人指謫此舉乃違反神道的行為，脫離軍隊，因此這些人被稱為意指「出走的人」、「退出的人」的哈里哲派或者複數形的哈瓦利吉派。

隨芬之戰在沒有分出勝負的情況下結束，哈瓦利吉派不願就這樣放過穆阿維葉一世和阿里，以犯下大罪對信仰不忠的人應處以死刑為由，派刺客暗殺兩人。前者失敗，後者成功。就這樣，失去最大競爭對手的穆阿維葉一世繼任哈里發，建立以大馬士革為首都的伍麥亞王朝（661年～750年）。

紀念海珊殉難第40天舉行的阿舒拉節，人們將鎖鍊扛在肩上。

卡爾巴拉慘案孕育出什葉派

阿里和法蒂瑪之間有哈桑和海珊二個兒子，阿里卒後，由哥哥哈桑繼承哈里發的稱號。當初雖然展現出與穆阿維葉一世相爭的姿態，但是在數個月後和解，以龐大的年金為條件放棄哈里發的位子。

之後，哈桑隱居在麥地那，弟弟海珊對於那樣的哥哥十分不以為意。

另一方面，在大馬士革，680年穆阿維葉一世病死後，依照生前的指名，由兒子耶齊德一世就任第二任哈里發。這是首次以世襲的方式傳位，當然亦有心懷不滿的人，住在庫法與阿里有關的信徒，再三地派遣密使到海珊那兒。

當時哈桑已經病逝，於是海珊帶著包含女性和小孩在內共60人隨行，應邀前往庫法。但是，被察覺此事的耶齊德一世在卡爾巴拉的荒野圍堵，男性除了一名男孩，全數殺光。

知識小百科
什葉派因為伊瑪目的認同問題，又分成伊瑪目派和伊斯瑪儀派。

這時庫法的人不但沒有出來迎接也沒有伸出援手，就這樣見死不救。因為悔意，孕育出什葉派。

什葉意指「黨派」，一開始又被稱做「阿里什葉」，之後漸漸簡稱為什葉派。

所謂的伊瑪目，在遜尼派當中意思為禮拜的導師，在什葉派則指領袖，阿里為第一任，哈桑為第二任，海珊為第三任。

這是基於穆罕默德生前有指定繼承人的傳說，他們主張阿里因為忙於籌備喪禮，而沒有加入談話的行列，因此才沒有被選中。

重點整理

什葉派誕生的原因為哈里發繼承人問題，海珊和穆阿維葉一世的兒子耶齊德一世對立，結果發生悲劇。

延伸閱讀

櫻井啟子《什葉派 伊斯蘭教抬頭的少數派》中公新書

日耳曼民族在375年以前曾經大批湧入羅馬帝國領土

日耳曼民族與羅馬的第一次接觸

日耳曼民族的大遷徙始於375年，教科書上是這麼寫的。雖然無誤，可是恐怕產生誤解。日耳曼民族並非突然出現，其實早在之前即與羅馬的歷史有深遠的關係。

據說日耳曼民族的原居地為波羅的海沿岸地區，或許是因為該地已人口過剩，集團開始分裂，分別往東方和南方移動。往東方前進的集團中有一群人抵達黑海沿岸，往南方前進的集團佔領凱爾特人居住的高盧。

高盧指的是羅馬人對於今日法國和比利時全土，以及荷蘭南部、德國的萊茵河以南、瑞士大部分土地這一大塊地區的稱呼，當羅馬人的勢力漸漸擴展至此，羅馬人與日耳曼民族直接接觸的機會亦變多。羅馬人和凱爾特人雙方的抗衡情形自前4世紀攻守交替，以裝備和作戰指揮能力取勝的羅馬軍仍保持優勢，凱撒發動高盧戰爭（前58年～前51年）後，凱爾特人完全臣服，位在萊茵河和易北河之間的日耳曼各民族也被迫屈就與羅馬之間較溫和的從屬關係。

但是，和平一晃眼就過，西元9年，發生了羅馬將領瓦盧斯率領的三個軍團遭到凱路斯奇族的突擊，在埃姆斯河和威悉河兩條河川之間的條頓堡森林全軍覆沒的事件。從此羅馬轉攻為守，在萊茵河中游到多瑙河上游的三角地帶築起被稱為利梅司的防禦壁壘，預防日耳曼民族的入侵。

之後，166年有馬科曼尼人，233年有阿立曼尼人，238年有哥德人和卡爾皮人，254年阿立曼尼人再度侵略羅馬帝國境內，斷斷續續發生圍繞國境的糾紛。話雖如此，雙方並非仇敵，和平地移居至帝國境內的日耳曼民族亦不少，其中甚至有人在帝國內擔任重要職務。

官員的胡作非為招致大叛亂

時值名為匈人的亞洲遊牧騎馬民族自東方而來，抵擋不過這股勢力，位在黑海北岸的東哥德人率先朝西移動。受到逼迫，西哥德人開始南下，一部分抵達多瑙河。河川對岸是羅馬帝國的領土，未經許可不能渡河。西哥德人亦然，答應如果得到定居色雷斯（巴爾幹半島東部）的許可，願意按照羅馬的法律，在防衛邊境一事上盡力，終於讓羅馬帝國東部皇帝瓦倫斯點頭，得以渡過多瑙河。東哥德人趁著混亂，也渡過河川。

外族以為帝國境內乃安居之地，實際來到後，才知道現實與想像有天壤之別。惡劣的官吏賣弄權勢，非法提高生活必需品的價格牟取暴利。他們察覺這二個哥德人的不滿就快要爆發時，計畫謀殺首領，結果不但失敗，反而引發叛亂。

已經定居帝國境內的人也加入陣營，叛亂一發不可收拾。即便如此，瓦倫斯皇帝卻輕視哥德人的實力，拒絕哥德人只要交出色雷斯中止戰鬥亦無妨的和平提案，出軍討伐。於是378年8月9日，在郊外的哈德良堡（阿德里安堡。現．愛第尼）決戰，這場戰役由哥德人贏得勝利，總數6萬的羅馬大軍有4萬人戰死，並且將身負重傷的皇帝於藏匿處放火燒得殆盡。

因為這場勝利而變得勇氣十足的東西哥德人，席捲巴爾幹半島和希臘後，沿著亞得里亞海進入義大利，西哥德人再從義大利西行進入伊比利半島。羅馬帝國整體的弱化如同站在聚光燈下被看得一清二楚，見到這個狀況，其他日耳曼民族也開始陸陸續續跟著遷徙。406年，汪達爾人、阿勒曼人、蘇維匯人越過萊茵河至高盧，再侵略伊比利半島。汪達爾人渡過直布羅陀海峽，抵達北非。

被傭兵奪取的西部帝國

一片混亂之中，羅馬帝國分裂東西。東部帝國因為面臨民族大遷徙的浪潮，讓巴爾幹半島和希臘任其為所欲為而躲過一劫，西部帝國卻遭到直擊，410年8月24日西哥德人

知識小百科　關於匈人的真面目，據說是1世紀末最後從中國史書上消失的北匈奴，可是尚無物證。

■4世紀的世界

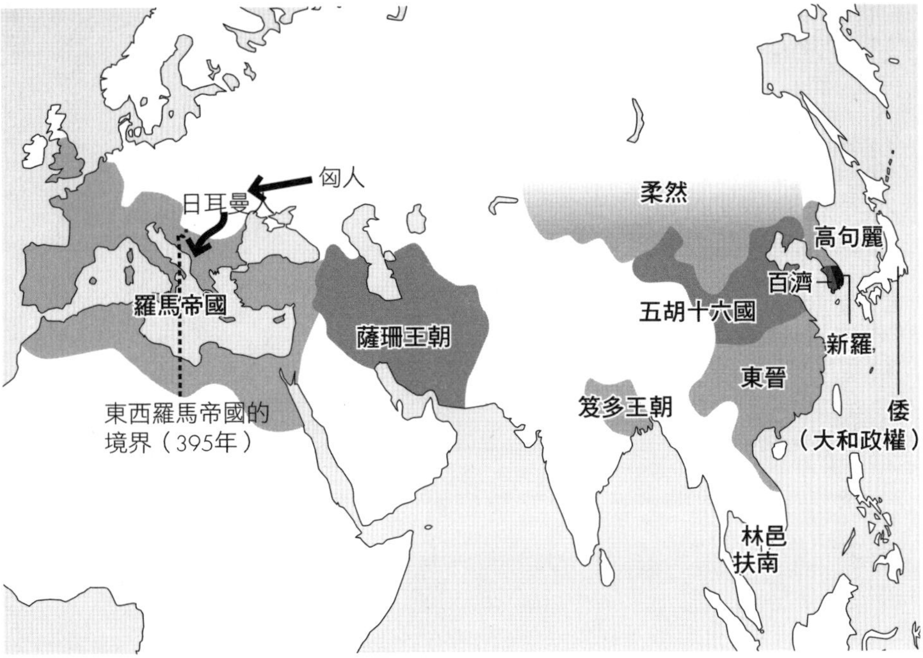

■日耳曼民族的大遷徙

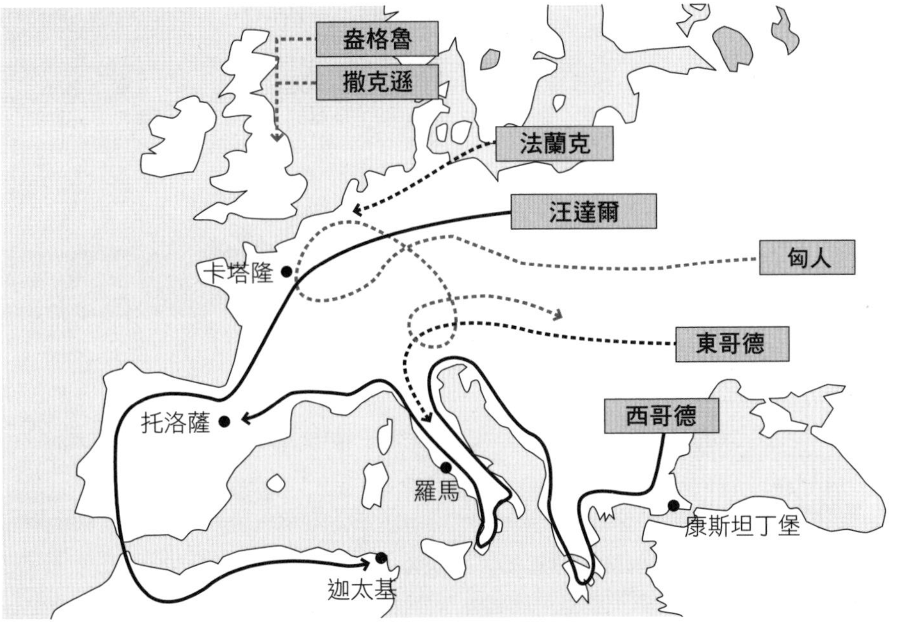

的軍隊入侵羅馬城內。約莫三天的時間，便成了西哥德人軍隊的掌中物。

在這之前，西羅馬帝國的首都實質上已移至米蘭，接著又換到拉溫納。因此，羅馬陷落的時候，對帝國而言並無造成致命傷。話雖如此，軍隊有四分之三皆被日耳曼民族的傭兵佔領，皇帝的廢立完全聽憑有力將領的指示。

476年，羅慕路斯．奧古斯都被迫退位後，就沒有再立新皇帝。得到東部帝國公認的朱利烏斯．尼波斯也在480年遭到殺害，西羅馬帝國就此滅亡。話說回來，為什麼西羅馬帝國會任日耳曼民族為傭兵呢？為什麼必須仰賴他們的武力？理由並不明確。或許是羅馬人身心皆虛弱化之故，不然就是因為鄙視軍務的風潮盛行。

重點整理

日耳曼人在4世紀的民族大遷徙之前，在2世紀左右就已經移居至羅馬帝國境內，他們與羅馬人和平相處。

延伸閱讀

工削達《羅馬帝國和基督教 世界的歷史5》河出文庫

48 Return

三大宗教的聖地耶路撒冷歷史始於耶穌受刑

■「哭牆」顯現出古猶太人國家的繁榮

伊斯蘭曆以西元622年為元年，在661年建立的伍麥亞王朝時代，耶路撒冷繼麥加（滿克）、麥地那（麥迪娜）之後，被列為第三聖地。更早之前，耶路撒冷也被猶太教與基督教列為聖地。

根據猶太教神話，被視為人類祖先的亞伯拉罕邁入老年終於獲得一子，他將孩子取名為以撒。

可是有一天，神命令他把孩子獻祭出去。亞伯拉罕遵照旨意前往摩利亞之地，在岩石上設祭壇、堆木柴，將以撒綁起來放到上面，拿起刀子，準備下手。

這時，神出面制止，告訴他：「不可以殺這孩子，我已經深切感受到你信仰的虔誠了。」亞伯拉罕抬頭一看，看到一隻公羊的角勾到叢林不能動，於是他就把那隻羊抓來頂替自己的孩子，人們認為這裡的摩利亞之地即是指耶路撒冷。

雖然神話裡是這樣描述，但其實耶路撒冷與猶太人的關係從被大衛王征服那時就開始了。繼任的索羅門王則在摩利亞山建造了神殿（第一聖殿），這是西元前十世紀的事。

第一聖殿於前586年遭新巴比倫尼亞摧毀，新巴比倫尼亞滅亡後，阿契美尼德王朝的居魯士二世允許重新建造神殿。於是，與第一聖殿建造在同一個地方的，就是第二聖殿。不過可能是因為規模太小，大希律王於前一世紀末大刀闊斧地進行了擴建工程。

第二聖殿具有不遜於第一聖殿的規模，但在70年隨著羅馬軍的占領而毀壞。當時只有神殿外牆一部分奇蹟式地逃過一劫，直到今天仍保持著當年的面貌。這就是著名的「哭牆」（西牆），正因為有這面牆，耶路撒冷被視為猶太教的最高聖地。

■羅馬皇帝的母親找到聖十字架

基督教創始人耶穌誕生於巴勒斯坦的伯利恆，在拿撒勒長大，於加利利進行布教，其人生的最後幾天是在耶路撒冷度過的。西元30年，猶太教最大節慶逾越節的當晚，耶穌在客西馬尼園遭猶太人捉拿，當他被交到羅馬總督的手上後，就被釘到哥耳哥達山的十字架上。人們相信耶穌三天之後復活了，也因此開啟基督教歷史。

雖說如此，其實基督教並非在耶穌死後就馬上傳播開來，剛開始它被視為猶太教當中的一個異端分派。基督教跨越民族壁壘，歷經無數迫害而獲得羅馬帝國認可是在313年

■三大一神教相異之處

宗教	猶太教	基督教	伊斯蘭
始祖、創始人	亞伯拉罕 （民族祖先）	耶穌	穆罕默德
成立年代	西元前五世紀（巴比倫囚虜事件後）	西元一世紀	西元七世紀
神祇名稱	唯一之神耶和華	主、主之子耶穌、聖靈	唯一之神阿拉
教典	律法、先知、諸書 （《舊約聖經》）	《舊約聖經》 《新約聖經》	《可蘭經》 《聖訓》
教義特色	．重視律法 ．選民思想（被揀選來拯救世界和傳送祝福） ．等待彌賽亞（救世主）的到來	．耶穌是救世主 ．在猶太教的基礎上做批判性發展 ．神的絕對愛與鄰人愛	．六信五行的實踐 ．對神的絕對皈依，禁止偶像崇拜 ．超越民族貧富差異的平等、團結

的時候。在此之前，光是基督徒這個身分都會成為被處刑的理由。因此，為了避人耳目，他們沒有朝聖的習俗。

這種傾向從313年開始有了轉變，認可基督教的是君士坦丁一世，有一次，為了尋找耶穌被釘的十字架，也就是聖十字架，他派遣母親海倫納到耶路撒冷。當地的猶太人原本都守口如瓶，後來經過海倫納用火刑威脅，他們才坦言有位叫作猶大的男子知情。

猶大一直不肯承認，後來被囚禁起來，沒得吃、沒得喝，經過六天終於放棄抵抗，帶領大伙兒前往十字架的掩埋地點。那裡是維納斯神殿建蓋之處，他們把神殿拆了，往下一挖，果然露出三個十字架。

事實上，有兩名盜賊與耶穌一起被處刑。所以，根本不知道哪一個十字架是哪一個人的。於是他們把三個全部帶到城中央，等待送葬隊伍經過，然後一個一個舉起來。結果，第三個十字架引發了奇蹟，它讓死者復活了。如此一來，到底哪一個是真正的聖十字架已經很明顯。

一般認為這件事發生於326年，過後不久，人們在原本建蓋維納斯神殿的地方興建聖墓教堂，從此成為基督教聖地。

從橄欖山俯瞰下來的耶路撒冷城鎮，「岩石清真寺」是與猶太教徒、穆斯林有關聯的神聖之地。

■伊斯蘭第三聖地誕生

耶路撒冷在638年被阿拉伯．穆斯林軍攻陷。

661年伍麥亞王朝建立後，首都從麥地那遷到大馬士革。但是，透過武力執掌政權的伍麥亞王朝希望能擁有宗教性權威。

知識小百科　維納斯是代表愛與美的女神，相當於希臘神話中的阿芙羅狄忒。

既然已經與正統哈里發阿里產生對立，就只能仰賴先知穆罕默德的血統。這樣的話，必須在麥加與麥地那之外，再創造第三個聖地，於是他們選中耶路撒冷。

之所以選擇耶路撒冷，是根據聖典所記載的這則傳說：此時，穆罕默德從麥加「夜旅」至耶路撒冷，並在那裡「升天」，與許多比他更早之前的先知談話，也見到了神。

在古猶太時代被稱作聖殿山的地方，在伊斯蘭時代也被視為聖域，名叫尊貴聖所。當地建有「岩石清真寺」與阿克薩清真寺，據說後者是「夜旅」時的終點，前者是「升天」時的起點。起點的岩石上面留有穆罕默德的腳印，此外猶太教認為那塊岩石是以撒被獻祭的地方。

重點整理

耶路撒冷是猶太教、基督教、伊斯蘭的聖地，猶太的索羅門在這裡建造神殿，耶穌在這裡被處刑，穆罕默德在此升天。

延伸閱讀

笈川博一《物語耶路撒冷的歷史從舊約聖經之前到巴勒斯坦和平》中公新書

527年➡前29年

49

市民推選皇帝的傳統始於第一代羅馬皇帝

■在市民歡呼聲中即位的皇帝

527年，軍人出身的查士丁尼一世在市民的歡呼聲中即位，成為拜占庭帝國的皇帝。其實在登基儀式當中，最重要的就是「市民的歡呼」，否則皇帝這個身分將無法獲得認可，而這項傳統始於第一代皇帝奧古斯都。

羅馬帝國分裂成東、西後，在東邊設置首都的稱為拜占庭帝國。但這不過是後來承襲康斯坦丁堡（現・伊斯坦堡）舊稱拜占庭而隨之易命名的，它在當時始終都屬羅馬帝國，所以拜占庭帝國繼承了許多自第一代皇帝奧古斯都以來的傳統。

說到羅馬帝國，最著名的是「麵包與馬戲團」，也就是免費提供食物與表演給擁有市民身分的人。一開始的表演活動以劍士決鬥、猛獸決鬥、劍士與猛獸決鬥，或利用猛獸處刑犯人為主，但在拜占庭帝國，血腥成分減少了，變成以戰車比賽為主。現今還殘存在伊斯坦堡的賽馬場，希臘語稱為競技場（Hippodrome），土耳其語稱為賽馬場（SultanahmetMeydan）或馬廣場（AtMeydan），據推測，這個地方可容下十萬名觀眾。

大家或許會感到意外，奧古斯都終其一生都沒有獲得皇帝稱號。但因為他集各種尊稱與要職於一身，實質上已被視如皇帝，前29年元老院贈予他的首席元老（第一人）頭銜就是其中之一。

換句話說，所謂的羅馬皇帝，本來是「羅馬市民第一人」，是在市民歡呼之下即位的。其實分裂前的羅馬帝國與拜占庭帝國，兩者的社會狀況以及皇帝與市民間的關係並不一樣，但由於歷代拜占庭皇帝遵守著作為羅馬帝國的立場，所以承襲了以往的登基儀式。也就是說，他們單純因為這個原因而雇用被稱為「人民」（民眾、市民）的基層公務員，然後同樣也是單純因為這個原因而存在的人民長（皇帝直屬高級官員）會帶領人民高喊萬歲和提高歡呼聲。

從現代的感覺來看，這雖然很滑稽，不過那些當事人可是非常認真的。既然要以羅馬帝國繼承人自居，這個儀式不可或缺。

537年完成的聖索菲亞大教堂，被鄂圖曼帝國征服之後，改成清真寺。

成功復興地中海帝國

西羅馬帝國滅亡後，拜占庭皇帝將君士坦丁城邦定位為「新羅馬」。他更加以羅馬傳統的正統繼承人自居，意圖奪回舊西羅馬帝國的領土，期望重現輝煌。但因為有日耳曼民族這個新統治者存在，在無軍事力量作後盾的情況下，一切都是天方夜譚。要實現這個夙願，只能等待國力的充實以及具有領導才能的皇帝出現。

527年即位的查士丁尼一世可說非常適任，他派遣忠心的部將擊敗汪達爾人、東哥德人、西哥德人，成功征服達爾馬提亞北部、義大利半島、西西里島、薩丁島、科西嘉島、巴利亞利群島、非洲大陸北岸以及伊比利亞半島東南部。由於他把主力放在西方，在其他方位採取防守策略，成功防止了北方的斯拉夫人與阿瓦爾人及東方的薩珊王朝入侵。

皇帝也是基督教的最大護持者，因此查士丁尼一世同樣積極介入正統與異端的爭論，除了關閉被視為異端大本營的古雅典（現．雅典）阿卡德米學園，也於553年召開公會議，將東方三位主教的著作判為異端，這造成亞美尼亞教會與埃及科普特教會、敘利亞雅各布派教會從中分離。

不過，比起這些事蹟，真正令查士丁尼名垂不朽的是《民法大全》的編纂。這部典籍是四部著作的總稱，包括匯集歷代皇帝所頒布之法令的《敕令集》、整理著名法學家所撰寫之注釋與學說的《學說彙纂》、欽定教材《法學提要》以及匯集自身所頒布法令的《新法令集》。前三者是拉丁語，《新法令集》則是以希臘語著述而成。很明顯地，帝國正在

知識小百科　查士丁尼的舅舅查士丁從軍人躍升為皇帝，查士丁尼沾光繼承了他的王位。

往希臘化發展。

■「麵包與馬戲團」的最後

那些好不容易征討來的領土，由於面積太大，一開始要做到全面性的防禦實在有困難。在此情況下，於610年即位的席哈克略被寄予厚望，但他與對手薩珊王朝的交戰從首戰開始就受到牽制，先是失去敘利亞、巴勒斯坦，接著又失去埃及。前者是東西貿易據點，後者是地中海世界最大的穀倉，喪失這些領土所帶來的衝擊無比巨大。

為了進行反擊，席哈克略首先停止分配糧食。但這樣國庫還是空空如也，因此他把目標轉向教會財產，以奪回聖十字架為名義，想藉此使財產徵收合理化。所以他發兵遠征波斯，雖然最後獲得了成功，他卻沒有太多時間沉浸在勝利的餘韻之中，因為來自阿拉伯半島的新興勢力阿拉伯．穆斯林軍已經北上了。

重點整理

查士丁尼一世在市民的歡呼聲中即位，成為拜占庭皇帝。所謂的羅馬皇帝，必須是「羅馬市民第一人」。

延伸閱讀

井上浩一《存活下來的帝國拜占庭》講談社學術文庫

50

337年↓325年

非基督徒的君士坦丁一世卻召開公會議

■羅馬帝國吹起基督教迫害的狂風

337年，君士坦丁一世臨命終時接受了洗禮。也就是說，在那之前，他一直都是異教徒。那麼，為何他可以召開主教聚集的公會議？這牽涉到當時基督教與羅馬帝國的權力關係。

100年左右，五賢帝時代的第二位皇帝圖拉真收到小亞細亞的屬州總督普林尼來信請示問題。「過去，基督徒遭到告發，而當事人也承認的話，如果當事人擁有羅馬市民權，就送到皇帝那裡去，如果是沒有市民權的屬州人民，就處刑。但是，最近否認自己是基督徒或棄教回歸傳統信仰的人越來越多了。究竟，有罪的是基督徒本身，還是他們所做的壞事？」

針對這個問題，圖拉真做出以下答覆。「是作為基督徒本身有罪，但不必特意去搜查，也不可以受理匿名告發。堅持信仰基督教的人，就處刑。而捨棄基督教回歸傳統信仰的人，便予以釋放。」

換句話說，基督教的存在雖然不被允許，但國家也沒打算強行取締。只要基督徒的身分沒有暴露出來，就不會遭到迫害。

不過，於249年登上王位的前軍人德西烏斯改變舊有方針，首次針對基督徒強力進行組織性迫害。瓦勒良皇帝也跟著效法，到四世紀初，戴克里先皇帝以「朱庇特（宙斯）之子」自居的行為助長迫害之風達到最高潮，甚至連一般信仰者都會遭到逮捕與拷問。

靠攏皇帝，變更教義基礎

當時羅馬帝國採取東西各設置一名正副皇帝的四帝共治制，313年，東方的正皇帝李錫尼與西方的正皇帝君士坦丁一世在米迪奧拉姆（今米蘭）會晤，會後頒布著名的米蘭敕令。雖然一般認為這是公開承認基督教，事實上，這只是賦予信仰所有宗教的自由，絕非專門針對基督教。

雖說如此，君士坦丁還是逐漸重視起基督教。當時信仰基督教的人約占帝國總人口的十分之一，差不多與猶太人持平，但因為屬於多數派的傳統信仰已經空殼化，所以應該把基督教的力量預估得高於人口比例，君士坦丁可能就是從這個角度判斷出必須保護和利用基督教的吧。

■羅馬王政時期的歷代皇帝

年代	皇帝
前27年～14年在位	奧古斯都（第一代皇帝）
54年～68年在位	尼祿皇帝
96年～180年	五賢帝時代 涅爾瓦、圖拉真、哈德良、安東尼・庇護、馬可・奧里略・安東尼
211年～217年在位	卡拉卡拉皇帝
235年～284年	軍人皇帝時代
284年～305年在位	戴克里先皇帝
306年～337年在位	君士坦丁皇帝
379年～395年在位	狄奧多西皇帝

不過，《新約聖經》有以下這段記載。當門徒彼得揮劍阻止人們逮捕耶穌時，耶穌對彼得說道：「把劍收入鞘內，拔劍之人，全都因劍而亡。」照字面上來讀，這可以理解成是在反對鬥爭。因此基督徒初期拒絕從事軍務，這也成為迫害的理由之一。然而，教會方面已經覺察到君士坦丁的意思，只好與現實妥協，於314年的亞爾勒公會議中達成協議，對於拒絕軍務的軍人必須以逐出教會作為處分。

從此以後，身為羅馬帝國的國民與身為基督徒之間再無任何矛盾，雖然這等於為了向權力靠攏而開啟曲釋聖經的惡例……。

知識小百科　基督徒一開始拒服兵役和反對將皇帝神格化，所以對皇帝而言，他們無疑是秩序的破壞者。

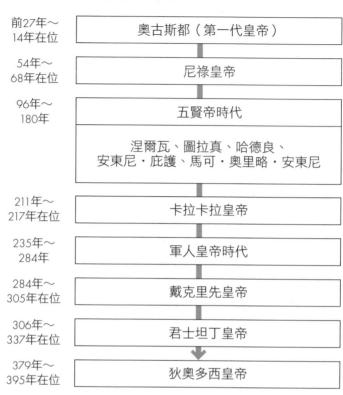

目的在於統一帝國，教義內容是其次

宗教必須為國家服務，對於抱持這種信念的君士坦丁來說，看到基督徒因教義的分歧而發生爭論，他當然不能視若無睹。為了達成共識，君士坦丁於325年在尼西亞（今伊茲尼克）召開他成為單獨帝以來的首次公會議。因為是皇帝主辦，所以一切經費皆由國庫負擔，會議也在皇帝的見證之下進行。會議的主題是，作為父親的神與作為兒子的基督二者間的關係。有人認為二者同質，有人認為不同質。這場會議最後由前者獲勝，後來前者被稱為亞他那修派，後者被稱為阿里烏派。

既然是皇帝主辦，那麼被判定為異端的人就不是在教會內部接受處分，而是交由國家權力來處置。不過君士坦丁並無意追究，非但如此，他甚至還被阿里烏派感化，採取了與決議結果完全相反的態度。他除了讓阿里烏派的神職人員復職，更於二年後再度召開會議，判立阿里烏派為正統。其實對君士坦丁來說，教義內容怎樣都無所謂，只要能完成統一，不阻礙到帝國的運作就行了。他自始至終都是一名現實主義者，雖然臨終之時終於受洗，卻非受洗於他死後被視為正統的亞他那修派，而是當時較占優勢的阿里烏派。

重點整理

當多數派的信仰已經空殼化，拜占庭帝國的皇帝試圖憑藉聲勢日益浩大的基督教力量來完成國內統一。

延伸閱讀
櫻井萬里子、本村凌二《希臘與羅馬　世界的歷史5》中公文庫

51 三國時代的動亂肇因於宦官跋扈

受到儒教保護的外戚特權

220年，魏王曹丕接受東漢獻帝禪讓而登上王位。為了與其抗衡，蜀國劉備於次年稱帝，吳王孫權則於222年開始使用自創年號，並於229年登基成為吳國皇帝。就這樣，在名義上形成了三國鼎立的局面。

西漢是由外戚王莽所推翻，所謂外戚就是皇帝母親那一方的家族，他們通常會在皇帝年幼之時代替皇帝執掌政務。王莽建立的新朝很快就被推翻了，東漢隨之成立，但一樣常發生外戚掌權的情況。明明有過慘痛經驗，為何還會一再重蹈覆轍？實乃因為東漢是儒教國家。

過去一般認為儒教的國教化是在西漢武帝時期，不過此觀點近年已遭否定，比較有力的說法是在東漢第三代章帝時期。79年，數十名儒者齊聚於宮內的白虎觀，針對五經（詩、書、易、禮、春秋）之異同與經文之解釋展開長達一個月以上的熱烈討論。這不是單純的學術討論，而是在擬定能夠支持東漢的儒教官方解釋，此次討論的結果，收錄於

知識小百科 儒教認為傷害身體的行為是不孝的，所以割除男性生殖器的宦官被視為濁流之最。

《白虎通義》。

照此說來，猶豫不知該立誰為后時，就必須依循「王者之娶，必先選於大國之女」這樣的理論。換言之，這是一個必須以王或諸侯一族為優先的理論，即使裡面有曾經犯過罪的人，也不會牽連到整個家族受罰，並且不會殃及子孫。這恰好為外戚不斷往上攀爬提供了絕佳機會，其實這個結論僅止於外戚已經掌權的時期。同樣為外戚設想的，還有以下這段話。「王者所以不臣三，何也？謂二王之後，妻之父母，夷狄也。」

所謂二王之後，指的是繼承商朝血脈的孔子後代子孫與周朝後代子孫，夷狄則是指異族。這是因為他們理應受到禮遇，而同樣被認為應該受到禮遇的，還有「妻之父母」，也就是元配皇后的外戚。換句話說，外戚受到了儒教的保護。在儒教的理論系統裡，這部分是在不可排除的前提下制定的。

可以仰賴的只有宦官

這麼說來，外戚是否天下無敵了呢？不是的。這裡還有一批不受儒教理論約束的人，他們就是任職於後宮的去勢男子，也就是宦官。

88年章帝駕崩後，改由竇太后攝政，其兄大將軍竇憲等竇氏一族掌握了權力。孤立無援的和帝能夠仰賴的只剩宦官，和帝把宦官鄭眾當成靠山，藉由他的謀略，終於成功

延伸閱讀
渡邊義浩《儒教與中國 「二千年正統思想」之起源》講談社選書達人

亙古亙今訴說著東漢興亡的漢魏洛陽城遺址。

誅殺竇憲一族。鄭眾憑此功升任大長秋（皇后宮中官職之首），並受封為侯，獲賜食邑（領地）一千五百戶，自此開啟了重賞有功宦官的慣例。

第六代的安帝時期，閻氏一族掌權，立第七代皇帝為傀儡皇帝，後被以孫程為首的十九名宦官借謀誅殺。孫程一干人等因此功績而獲得與鄭眾相同的賞賜，不過像鄭眾與孫程這種不被利欲薰心、始終效忠於皇帝、充滿正義感的宦官畢竟是少數。除了偶爾會出現剛直誠正的宦官，大多數宦官基本上都是貪婪陰險的。

第八代的順帝時期，梁氏一族掌權。二十餘年間，一門受封為侯者共七人，當上皇后者三人，當上貴人（次於皇后之位）者六人，大將軍二人，以女性身分獲賜食邑與封君者七人，當上皇帝女婿者三人，其他當上高層官員、將軍者五十七人，梁氏一族因此成為史上最大外戚集團。

首腦梁冀暗地裡被叫作「跋扈將軍」，極其強橫凶暴。對此懷恨在心的第十一代桓帝趁梁皇后病死，與宦官唐衡在廁所內進行密議。隨後便與唐衡推舉的四名宦官聯手發動

＊**1黨錮之禍**　東漢末期，166年與168年進行的高壓政治，批判宦官的士人被逐出政壇。

政變，成功誅殺梁氏一族。當然，桓帝重重酬報唐衡等五人，但貪婪的他們並未因此而滿足，後來終於主宰了後宮乃至整個朝廷。

遭受壓抑而流散四方的人才

對於宦官的專橫，官員之中以清流自居者，及其後備軍太學（國立的中央大學）、各郡學生都採取對立姿態。既有清流，便有相反詞濁流，濁流指的是宦官與諂媚宦官的人。當然，宦官會取締清流。不過，他們斷定清流為黨人（結黨的惡人），給他們冠上莫須有罪名並予以處刑，或者禁錮終生（令其閉門隱居）。也因此，清流內部形成一股風氣，他們認為受到處分是一種榮耀，這導致皇帝的權力與東漢都失去權威與正統性。

黨錮之禍[*1]發生於166年與169年，184年爆發黃巾之亂[*2]時，朝廷擔心清流人士會加入叛民行列，於是宣布解除禁錮。然而，很多人並沒有選擇加入任何一方，而是開始各自尋找值得追隨的英雄，從此開啟三國時代的動亂局面。

重點整理

外戚這個母親家族勢力非常龐大，為了牽制那股力量，東漢的皇帝轉而仰賴宦官，卻反為宦官的專橫所苦，不幸釀成大亂。

＊2黃巾之亂 184年，宗教團體太平道所發動的叛亂，主力在一年之內即遭平定，餘黨則繼續活動。

紙的歷史可追溯至漢文帝時期

■蔡倫並非紙的發明人

中國最早出現紙幣的時間是1023年的北宋時期，而紙的發明更早，可以追溯到西元前的西漢時期。

古埃及有一種書寫載體，叫作莎草紙。相對於此，中國則是從漢朝開始使用紙，一般所認為的紙張發明人是東漢的蔡倫。

蔡倫雖是宦官，但似乎沒有什麼權力欲，他在朝廷內擔任技術人員。到了第四代和帝時期，蔡倫得任尚方令，負責監督製作皇室的御用器物。當時都是使用竹簡、木簡或縑帛作為書寫載體，不過由於縑帛價位高昂，而竹簡、木簡又太厚重，所以朝廷命令蔡倫研發低廉實用的書寫載體。就這樣，105年，他獻上利用樹皮、麻頭、破布、魚網等製成的紙，蔡倫因此被定位為紙的發明人而名留青史。

關於蔡倫的事績，是記載於五世紀撰著的史書《東漢書》。該書另外述及，從地方進貢的貢品自102年開始「但貢紙墨而已」。以這段敘述來看，顯然紙本身是在更早之前就出現了，所以似乎應該將蔡倫定位為將紙改良得比較實用的改良者。

那麼，紙的歷史可以追溯至何時呢？先秦時期自不在討論範圍，而秦朝的遺址內也無相關發現。這樣的話，應該就是漢朝了吧！

1974年，內蒙古的肩水金關遺址出土了兩枚麻紙。在同一處也挖掘到木簡，上面記載著相當於前52年的年號。另外，1978年在陝西省扶風縣發現的麻紙是西漢宣帝時期的文物，次年於甘肅省敦煌馬圈灣遺址發現的麻紙是西漢中後期的文物，而在前180年即位的第五代文帝與第六代景帝時期的塚墓也有發現紙。由此觀之，雖然還相當粗糙並不實用，但紙應該在西漢中期就已經存在了。

一般人所認知的紙張發明人蔡倫，他是一名好宦官。

地震是對天子的譴責

漢朝中間夾了一個短壽的「新」朝，分成西漢與東漢，是一個國祚達三百年以上的長壽政權。由於這個相對安定的時代維持較久，因此在科技方面有顯著的發展。除了蔡倫，天文學與醫學、數學、水利等領域也出現許多優秀科學家，其中特別值得一提的是張衡。

張衡擔任掌管天文及國家祭祀紀錄的太史令一職，因發明渾天儀與地動儀而聞名。渾天儀是標示天際星座的儀器，類似現代的天球儀。

為什麼需要那種儀器？因為他們認為天文現象與自然災害是上帝（天）意思的呈現。也就是說，他們認為要發生什麼災變之前，上天一定會事先以示現災害的方式作為預兆，此一思想由西漢武帝時期的董仲舒提出，後被吸收成為儒教思想的一部分，其主張透過觀察天文能夠預測個人命運乃至國家未來。

他們認為地震也是上帝的意思，所以很重視事先知道它的規模、位置、方向，因此開發出地動儀，據說138年準確地記錄到甘肅省發生的地震。

正如儒教吸收神祕思想一樣，漢朝的精神世界是柔軟的，恰恰因為具有這種精神性的本質，所以也比較能夠接受佛教，不產生太大排斥。

關於佛教的傳入，有文獻記載，東漢第二代明帝時期，楚王英除黃老學，也祭祀浮屠（浮圖）。黃老學即黃帝（傳說中的聖帝）與老子的教化，意指後來的道教。另外，浮屠指的是佛教，楚王英似乎二者都有信奉。

還有文獻記載，在更早之前的西元前2年，大月氏使節伊存向一名叫作景盧的人士口授經典，這是關於中國佛教的最早記載。大月氏就是貴霜王朝，擁有以現今之阿富汗為中

知識小百科　西漢尊崇黃老學，主要是因為高祖劉邦對儒者相當反感。

心的龐大版圖。漢朝與大月氏之間，從西漢武帝時期開始有使節交換。

貨幣的統一始於秦始皇

我們回到貨幣話題，中國的貨幣是銅錢，其歷史要追溯到春秋時代。戰國時代有各式各樣不同重量與形狀的貨幣流通，秦始皇統一天下後，因為覺得那樣不方便，所以將貨幣統一，稱之為半兩錢。半兩錢的名稱源自於一個錢幣的重量是半兩，換算成現今單位大約是七點五克。它是一種中間有四方孔的圓形銅錢，這種形式後來不只在中國，在朝鮮與日本也長期被沿用。

接下來的漢高祖時期，由於允許民間自行鑄造，導致貨幣統一瓦解。因為造成了經濟混亂，所以在武帝時期的前113年，規定鑄幣權改由中央政府獨掌，希望藉此達到品質一致與防止偽幣的目的，這也讓經濟重新恢復穩定。

重點整理

紙幣於十一世紀的宋朝（北宋）問世，紙的實用化始於二世紀的東漢，而紙的使用可以追溯至前二世紀的西漢。

延伸閱讀

西嶋定生《秦漢帝國　中國古代帝國的興亡》講談社學術文庫

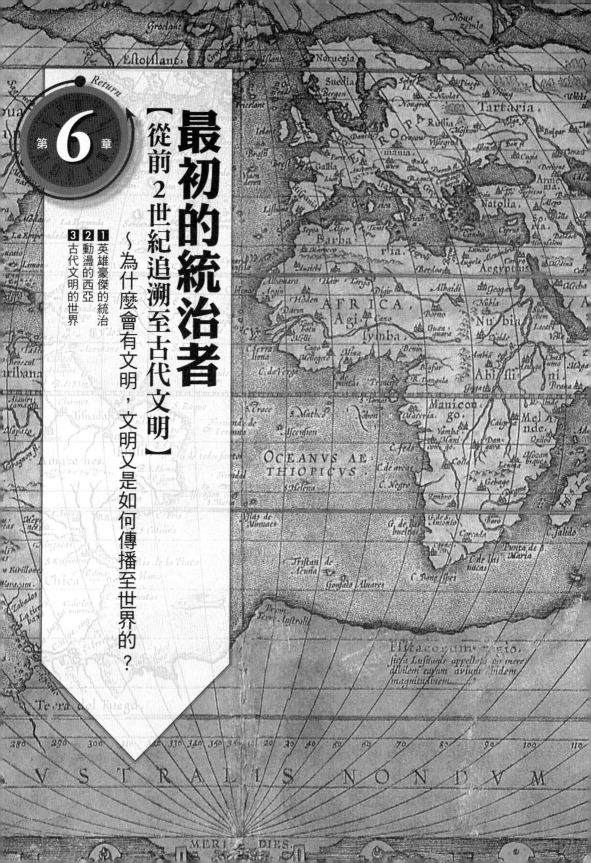

Return

第6章

最初的統治者

【從前2世紀追溯至古代文明】

～為什麼會有文明，文明又是如何傳播至世界的？

1 英雄豪傑的統治
2 動盪的西亞
3 古代文明的世界

前200

前４４年　羅馬的凱撒遭暗殺
前６０年　羅馬開啟前三頭政治
前１２１年　格拉古兄弟在羅馬的改革失敗
前１４９年　第三次布匿戰爭（～前１４６年）
前２０２年　劉邦統一中國，漢朝成立
前２１８年　第二次布匿戰爭（～前２０１年）
前２２１年　秦始皇統一中國
前２６４年　第一次布匿戰爭（～前２４１年）
前３１２年　塞琉古王朝敘利亞成立
前３３４年　亞歷山大大帝開始遠征波斯
前３３８年　喀羅尼亞戰役，馬其頓擊敗希臘聯軍
前３８３年左右　佛陀入滅
前４０３年　韓國、魏國、趙國從晉國獨立出來
戰國時代開始
前４３１年　希臘爆發伯羅奔尼撒戰爭
（～前４０４年）
前４７７年左右　耆那教的始祖筏馱摩那逝世
前４８０年　希臘軍在薩拉米斯海戰中擊敗波斯軍
前４９２年　波斯戰爭開始（～前４７９年）

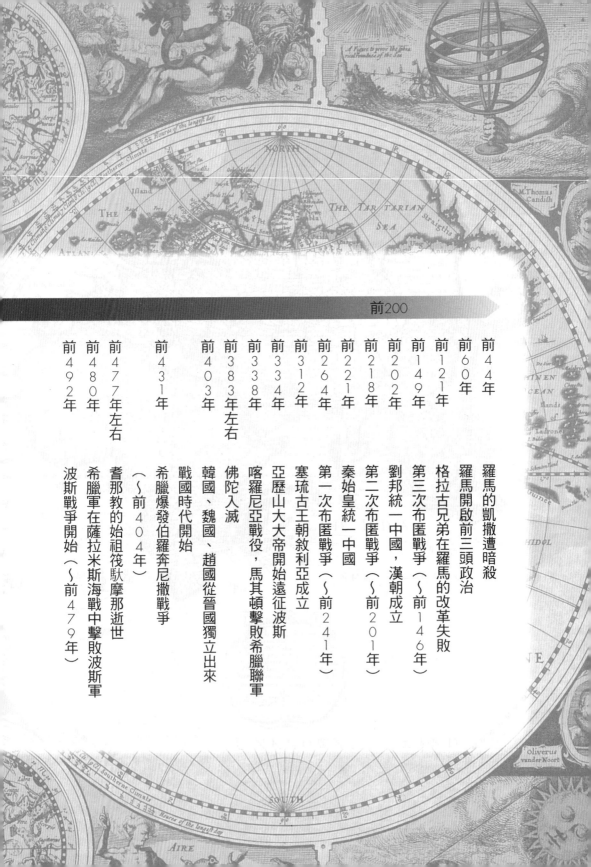

前1000　　前500

前493年	拉丁同盟組成
前508年	克里斯提尼在古雅典進行改革
前509年	羅馬共和時代開始
前550年	阿契美尼德王朝波斯的居魯士二世滅掉米底亞
前586年	猶大王國滅亡，發生巴比倫囚虜事件
前605年	新巴比倫尼亞的尼布甲尼撒二世即位
前609年	亞述被新巴比倫尼亞消滅
前753年	傳說中的羅馬市建成
前770年	東周成立，春秋時代開始
前997年	以色列的大衛即位
前1000年左右	雅利安人進入恆河
前1170年左右	商朝滅亡，周（西周）朝成立
前1400年左右	邁錫尼文明開始繁榮
前1565年	埃及進入新王國時代
前1792年	巴比倫第一王朝的漢摩拉比即位
前2000年左右	亞述在底格里斯河中游建國
前2300年左右	印度河流域誕生都市文明
前2650年左右	埃及建造第一座金字塔
前3200年左右	美索不達米亞成立城邦

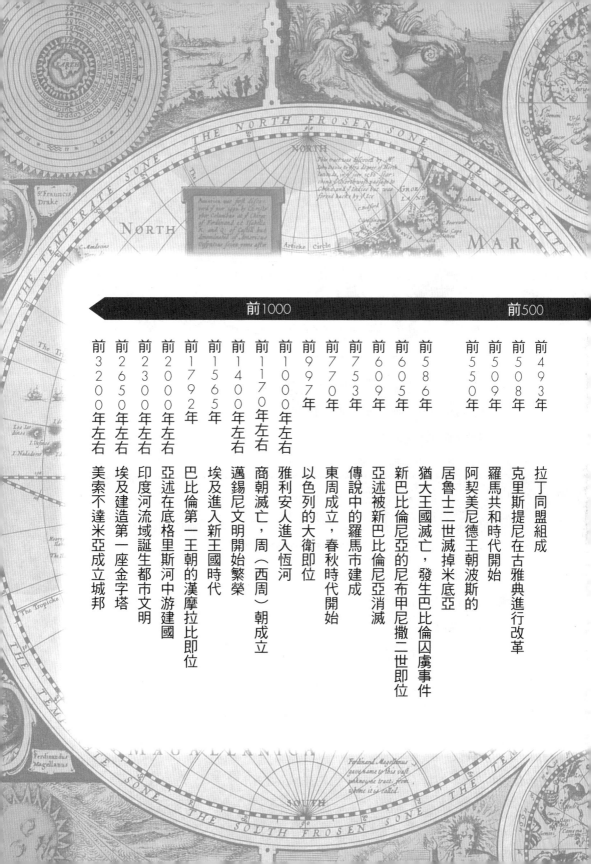

內戰百年的起因是布匿戰爭

■歷經三次布匿戰爭掌握地中海霸權

前132年，保民官*提比略．格拉古遭到殺害，羅馬從此進入「百年內戰」時期。不過，內戰的起因其實是那一場本應獲勝的布匿戰爭。

自文明誕生以來，羅馬是唯一統治過整個地中海沿岸地區的國家。但是，歸根究柢來說，羅馬當時也只不過是義大利半島上的一個城邦而已。根據神話，羅馬城邦建立於前753年，前509年則從王政時代轉入共和時代。其後由於內部平民權利的持續擴大，以及對外領土的不斷擴張，遂於前272年統一義大利半島。

隨後，羅馬企圖將勢力擴張至西西里島，而當時該島西部是迦太基的勢力範圍。迦太基是腓尼基人的殖民城市，由於它與希臘人爭奪西地中海的貿易霸權，對企圖征服地中海的羅馬來說，迦太基是非戰不可的敵手。因而於前264年爆發第一次布匿戰爭，最終由羅馬取得西西里島、薩丁島、科西嘉島。

＊**保民官**　羅馬共和時代的官職，因為是由人民選出，負責保護人民的人身安全與財產，所以擁有極大權限。

■第二次布匿戰爭（羅馬與迦太基的戰役）

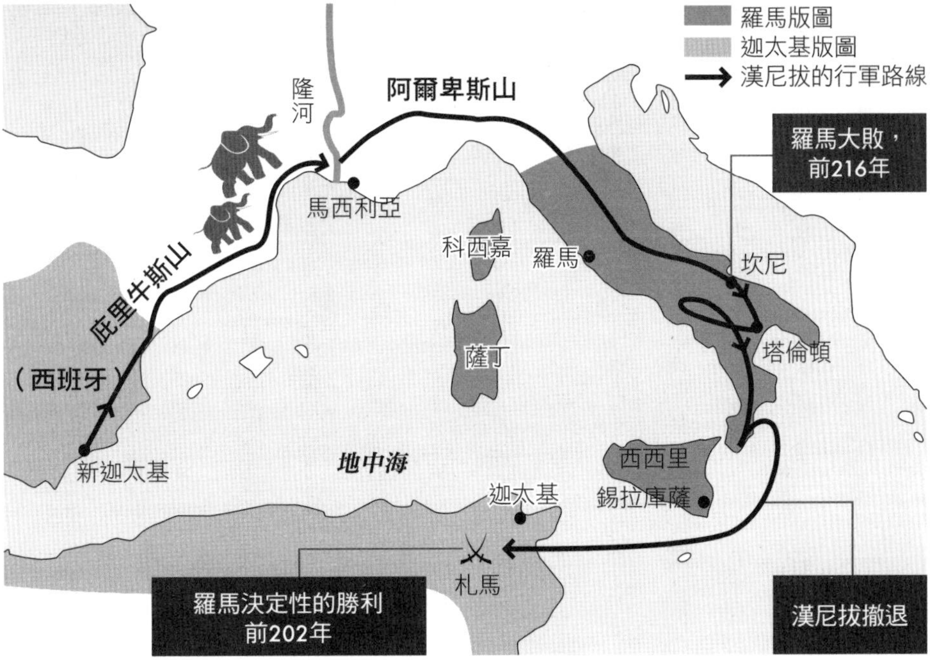

迦太基並未因此一蹶不振，反而再次宣戰。在伊比利亞半島蓄勢完畢後，於前218年越過阿爾卑斯山，到達義大利半島北部的波河流域。

羅馬軍隊在波河的支流特雷比亞河畔發動戰爭，卻因迦太基軍隊充分運用騎兵，而吞下慘烈敗仗。次年，在半島南部的坎尼掀起第二次會戰，仍以戰敗收場。

難道真已走至窮途末路？正當多數羅馬人深陷絕望之際，迦太基軍隊的行動也剛好步入遲滯狀態。就是這麼僥倖！於是羅馬軍隊立刻展開反擊。從結果來看，由於最後獲勝的是羅馬軍隊，所以迦太基也因此盡失海外領土。

然而，羅馬截至目前都還不敢輕忽迦太基的實力，後於前149年發動第三次戰爭，才徹底將其殲滅。羅馬同時與馬其頓進行的戰爭也以勝利告終，至此，地中海霸權歸羅馬所掌。

■暴力滲透引發以暴制暴的鬥爭

布匿戰爭的勝利可說是慘勝，在第二次布匿戰爭，整個義大利半島飽受軍隊蹂躪。其次，一場戰爭打下來，由於每年的動員導致勞動人口減少，也使得農地日漸荒廢。大多數的自耕農都因此沒落，不得不變賣武器。如此一來，也就無法成為戰力。而以他們為核心的重裝步兵軍團自然也沒辦法維持下去，造成軍事力量的低落。

另一方面，隨著領土擴張，防衛範圍也擴大了。因此，當務之急便是藉由改良兵制來加強軍事力量。同時，也必須解決貧民大量增加的問題。

為解決這一系列問題，格拉古兄弟率先於前133年推行改革。

然而，這項改革因大土地所有者的反對而告失敗，格拉古兄弟二人則都死於非命。另外，這也開啟了一種惡例，亦即透過暴力來解決內政問題。從此，羅馬步入了「百年內戰」時期（前133年至前27年）。

知識小百科　「布匿」為拉丁語，意指腓尼基人，腓尼基人的生活範圍約位於現今黎巴嫩一帶。

靠職業軍人的力量建立帝國

迫在眉睫的兵制問題，已經透過培育貧民成為職業軍人而獲得解決。另一方面，軍事領導者所享有的聲望也越來越高。結果，於前60年確立了前三頭政治。此時期掌握政權的有三人，包括因遠征東方、清剿海盜而立下輝煌戰績的龐培，還有平定劍士奴隸所主導之斯巴達克斯起義的富豪克拉蘇，以及大獲民眾支持的凱撒。

後來，凱撒發動高盧遠征，數立軍功。克拉蘇見此，也渴望自己能靠對外遠征來贏得聲望，於是出兵征伐東方的帕提亞，卻不幸戰死沙場。三頭政治原本因有三人而得以維持平衡，故能順利運作，若少了一人，剩下的二人勢必開始互相殘殺。龐培聯合貴族的大本營——元老院*，準備作戰。

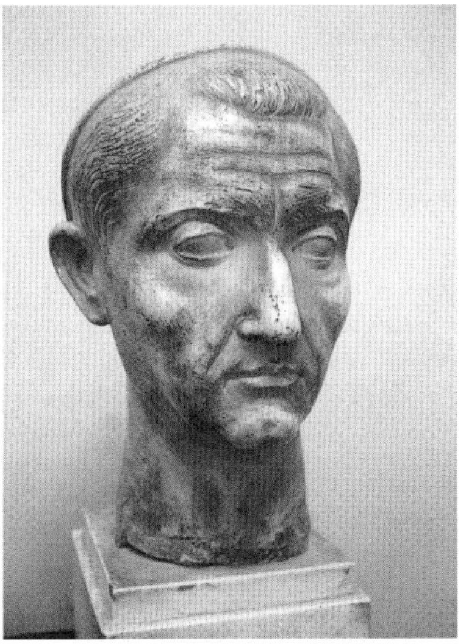

凱撒（西元前100年?西元前44年）。羅馬共和時代的政治家。前三頭政治的其中一人。照片是收藏在亞歷山卓希臘羅馬博物館的凱撒像。

結果與多數人預料的相反，這場戰役最終由凱撒取得勝利。凱撒追擊逃亡的龐培至埃及，和女王克麗奧佩脫拉七世結為愛侶，以此對內外宣示埃及已成其屬國。

接著，他平定了小亞細亞的叛亂，掃蕩北非及伊比利亞半島的龐培派餘黨，勝利歸回羅馬，後被任命為終身獨裁官。

＊**元老院** 代表古羅馬的機構，在共和時代是實質的統治機構，到了帝國時代則變為帝王的諮詢機構。

凱撒遭到暗殺後，後三頭政治成型，而實際上，其中有一人只是配角，所以這主要是由凱撒部將安東尼與凱撒養子屋大維二人所結成的政治型態——一開始就暗藏緊張氛圍的二人三腳式危險政治。不久，二人的對立加劇，遂走上決戰一途，這場戰役由後者取得勝利。屋大維追擊逃亡的安東尼至埃及時，滅掉了托勒密王朝，將之併入羅馬版圖。

前27年，屋大維從元老院獲贈「奧古斯都」（尊貴之意）稱號。此後的八年間也獲得屬州總督的命令權、保民官職權、執政官命令權，在實質上掌握了與國王、皇帝無異的權力。因此，一般都將他視為羅馬帝國的創立者。

重點整理

雖於布匿戰爭戰勝迦太基，卻也因軍事費、防衛費的增加，以及農地的荒廢，導致國內疲弊不堪，陷入一片混亂。

延伸閱讀

長谷川岳男《簡單明瞭又有趣！「羅馬史」講座》青春出版社

54

秦始皇的6代之前就奠下中國一統天下的基礎

戰國七雄競爭激烈

前221年，秦國始皇帝完成了中國歷史上首次的天下大一統。之所以能在短短一代之間滅盡東方六國，並非他一個人的功勞，強大的國家建設是其基礎，而此基礎則是從六代之前的祖先時期就開始奠定。

前5000年，中國黃河流域開始種植雜糧，長江流域則栽培水稻。前1600年，第一個王朝商朝成立。前1050年，周朝（西周）取而代之，至前770年，進入東周時代（春秋時代）。接著，數百名諸侯逐一遭到淘汰，前403年（另一說是前451年），中原的大國晉實際上已被趙、魏、韓三國瓜分，一般將此視為戰國時代的開端。戰國時代共有十餘國割據一方，其中具備平定天下之實力的有趙、魏、韓、秦、楚、齊、燕七大國，合稱戰國七雄。如想稱霸群雄，就必須進一步致力於富國強兵之道，各國為了實現這個目標，彼此互相競爭。其中最先取得成功的是魏國的文侯，文侯除了任用小國衛國出身的李悝，制定出中國第一部成文法之外，他也著力於新農地的開發與物價管控等。於是，魏國晉身為戰國七雄當中的佼佼者。

接著，楚國也任用衛國出身、曾出仕魯國及魏國的人才吳起，強力執行土地改革。吳起本身因得罪世襲貴族，所以當他的庇護者悼王去世後，他亦隨之死於非命，不過卻也成功讓楚國成為南方的一大強國。後來，齊國也在改革上取得成功，於桂陵之戰與馬陵之戰打敗魏國，進而改稱君主為帝，一時威震四方。趙國也在武靈王時期引入北方民族的習俗——胡服騎射，藉此強化軍事力量。就這樣，各國自行實施改革並取得了一定成果，而其中進行最大膽的改革並取得巨大成果的是西北隅的秦國。

秦國選擇險峻的富國強兵之路

秦國過去被認為是戰國七雄當中最弱小的，在這種條件之下，若想凌駕他國，就必須更加努力和忍耐。直到孝公時期（從因協助周東遷而首次位列諸侯的襄公算起第二十五代），機會終於來臨。孝公信任衛國出身的公孫鞅（商鞅），將所有權限交付給他。前359年，商鞅應命公布第一次變法令。

公子如果犯法，則將其隨從與師傅處以肉刑，商鞅透過這種方式來展現堅決進行改革的立場。接著，前350年公布了第二次變法令，內容包括：同室內息之禁，即禁止父子兄弟同居一室；整併聚落為縣，設置縣令、縣丞；開阡陌封疆；統一度量衡。這些改革的

知識小百科　始皇帝的身世尚存爭議，由於生母原本是大商人呂不韋的寵姬，因此有一說法指出其生父是呂不韋。

■春秋時代到戰國時代

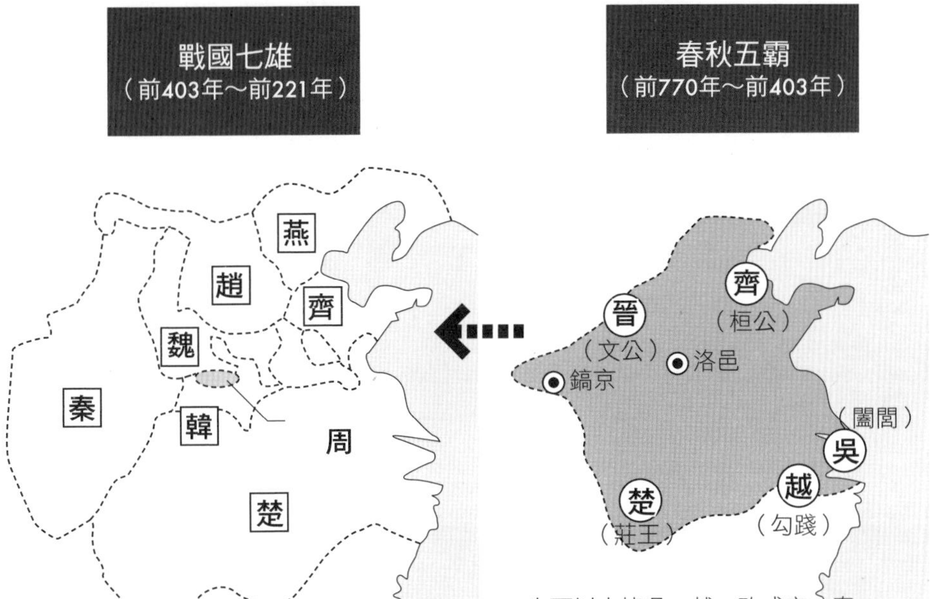

也可以去掉吳、越，改成宋、秦。

成果反映在軍事成就上，第一次變法之後，秦國大敗魏國，從雍遷都至咸陽。第二次變法之後，取得黃河以西的土地，迫使魏國不得不遷都。另外，君主使用侯或公作為稱號，是代表承認周王的權威。相對於幾乎不使用王作為稱號的北方，長江流域各國的君主反而很早就開始使用王這個稱號了。

■殲滅東方六國，建立統一國家

繼孝公之後的惠文王時期，秦國取得巴蜀之地（今四川省）。養精蓄銳一番後，歷經五代，來到政（始皇帝）的時代，自此進入最後的兼併階段。從前230年的韓國開始，依序殲滅趙、燕、魏、楚、齊東方六國，至前221年終於完成了天下大一統。秦國的版圖遠比商朝、周朝廣大，因此秦王政就想取個能與此匹配的新君主稱號。丞相李斯以「古有天皇、地皇、泰皇，其中泰皇最貴」為由，啟奏道：「王為泰皇，命為制，令為詔，天子自稱曰朕。」

因為傳說中的五帝統治範圍不過四方千里，所以不如與古代三皇相提並論，其中李斯認為以最尊貴的泰皇作稱號最適合。對此，秦王政則自己創立皇帝一稱號，其他方面順從李斯的建言。另外還廢止了自周朝沿襲下來的諡號制度，將自己死後的稱號定為始皇帝，其後代則按二世皇帝、三世皇帝接續下去。

始皇帝接著廢除周朝以來的封建制，令所有土地皆歸皇帝直轄，並區分為三十六郡，每郡各設有守、尉、監（郡縣制），分別負責行政、軍事、監察之職。更進一步統一度量衡、車軌、文字、貨幣，奠定了統一天下的基礎。

整體而言，由於始皇帝藉法實行苛政而招來強烈反彈，所以在他過世後不久，便再度進入亂世，當中的勝利者後來建立了漢王朝。

重點整理

強大的國家秦國並非是在始皇帝一代之間就建成的，而是歷經六代漫長的冒險式改革之路才誕生。

延伸閱讀

鶴間和幸《秦國始皇帝　傳說與史實之間》吉川弘文館

55 佛像誕生的原因為亞歷山大的東征

後人推測世界最早的佛像造於一世紀末的貴霜王朝*時期，根據北傳佛教，佛陀入滅於前383年，照這樣算起來，從那時到佛像誕生為止，至少經過四百年以上的時間。這個地方沒有塑造偶像的傳統，為何會有佛像誕生？主要是因為起源於前334年的希臘文化傳入此地。

首次統一希臘的馬其頓

前五世紀上半葉，為了爭奪愛奧尼亞（小亞細亞西岸）的霸權，伊朗（波斯）的阿契美尼德王朝三度派遣大軍進攻希臘本土，均以失敗告終。

不過，他們沒打算就此罷休。在以古雅典（今雅典）為首的提洛同盟與以斯巴達為首的伯羅奔尼撒同盟二軍之戰中，斯巴達取得了勝利，於是阿契美尼德王朝趁機對畏懼斯巴達威勢的各城邦提出援助，煽動希臘繼續戰爭。

結果，前386年，阿契美尼德王朝與斯巴達締結所謂的「國王和約」，成功迫使斯巴達承認阿契美尼德王朝對希臘的霸權。

* **貴霜王朝** 版圖從中亞沿至印度北部，興盛於一世紀至三世紀的王朝，至今尚不確定是隸屬何系之民族。

亞歷山大（前356年至前323年），建立龐大的世界帝國，照片是存放在亞歷山卓希臘羅馬博物館內的頭像。

可是，維持霸權必須有軍事和經濟作為後盾，而阿契美尼德王朝這兩方面卻都衰弱不振，不僅談不上霸權，連對希臘也產生不了影響力。

取代它而崛起的是維奧蒂亞地區的城邦底比斯，雖曾經氣勢高漲，奪取過斯巴達一半的國土，但當實力領袖伊巴密濃達戰死後，便不再強盛，繼之崛起的是北方的馬其頓王國。

前359年即位的腓力二世憑藉雄厚國力發起南進，前338年於喀羅尼亞擊敗底比斯與雅典聯軍，稱霸整個希臘。腓力聯合所有城邦組成希臘人聯盟（科林斯聯盟）後，在第一次會議上主張全聯盟一起征討波斯，獲得一致贊同。因為這既然是一場針對率先入侵者的復仇戰，那麼誰也無法公然反對。

帝國因國王驟逝而分裂成三大國

腓力本欲擔任軍隊統率，卻在出兵前夕因私人恩怨遭到暗殺。於是全軍的統率由其繼承人亞歷山大三世（國王）來擔任，他在前334年踏上了遠征之路。

■亞歷山大大帝統治下的最大版圖

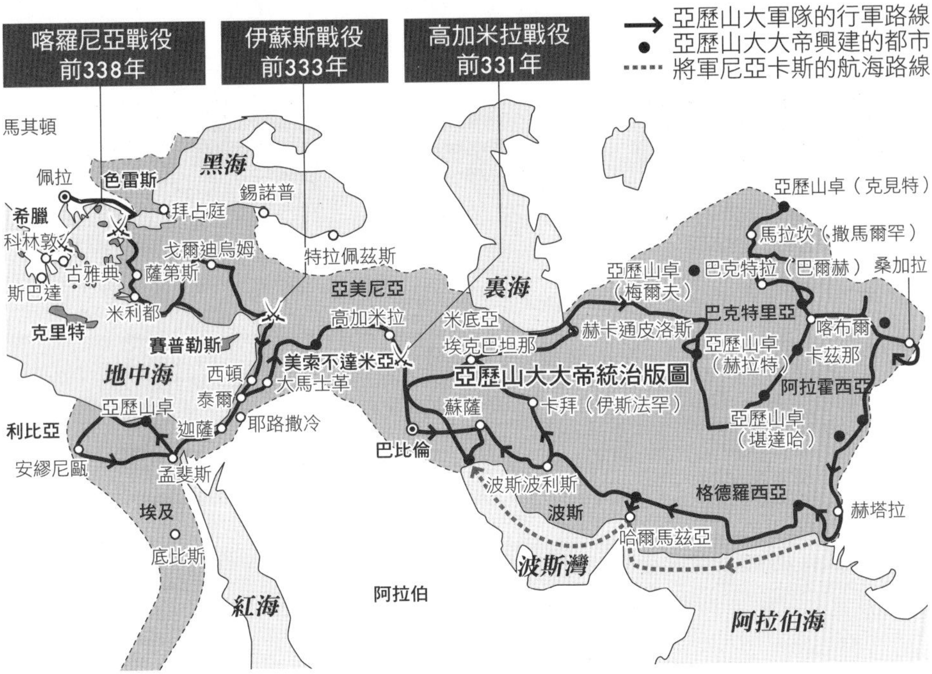

亞歷山大最初的兵力，有一說是步兵三萬與騎兵四千，也有一說是步兵四萬三千與騎兵五千，核心戰力則是馬其頓貴族組成的重裝騎兵與持長槍的密集步兵部隊。穿越達達尼爾海峽後，亞歷山大首先在格拉尼庫斯河戰役之中攻破敵方集結的大軍，接著又在伊蘇斯戰役上擊破大流士三世親自率領、號稱六十萬之大軍。

亞歷山大俘獲大流士的母親、妃子、女兒之後，沒有躁進，而是征服完腓尼基與埃及才揮軍向東，迫使阿契美尼德王朝（前５５０年至前３３０年）迅速滅亡。後來他還是繼續進軍，當穿越印度河時，

■西元前三世紀的世界

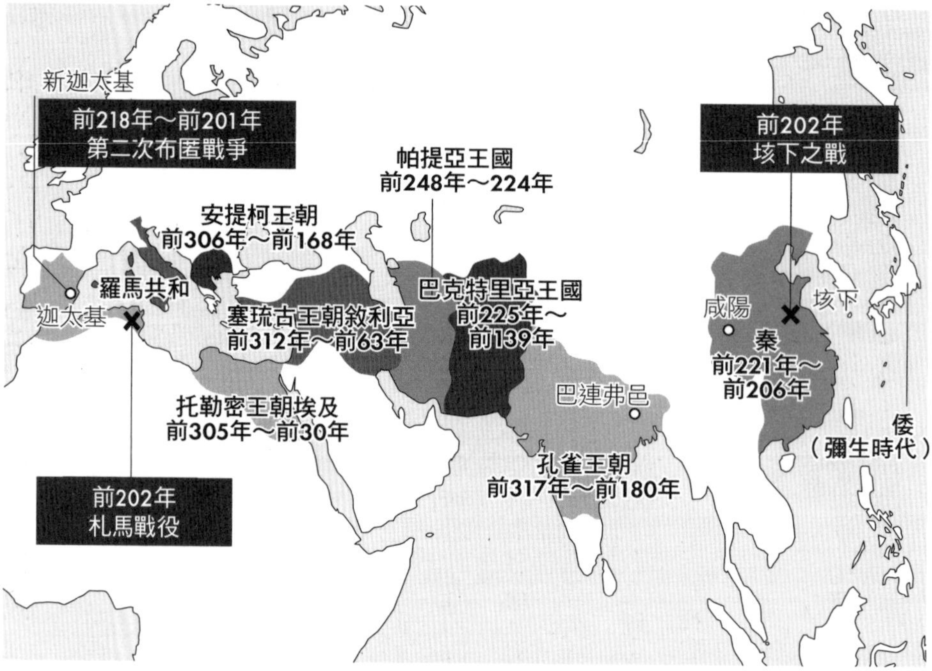

屬下一致要求撤還，所以便從印度洋搭船返抵巴比倫。原本計畫下一步要遠征阿拉伯，卻於前323年突然發高燒，從此撒手人寰。

隨著英雄的驟逝，大帝國立刻陷入混亂。強而有力的將領開始互相殘殺，至前310年，皇室血脈徹底斷絕。從這場鬥爭勝出的是創建安提柯王朝的馬其頓、創建托勒密王朝的埃及、創建塞琉古王朝的敘利亞三大國，此後希臘的文化便開始滲透這三大國，其與本土文化融合所形成的文化稱為希臘文化（Hellenism），Hellenism一詞取自希臘的古名Hellas。

知識小百科 雖然伊朗也會透過雕刻的形式來表現神祇或人類，但那種表現手法並無普及至東方。

因東西文化融合而誕生的佛像

塞琉古王朝從前三世紀中開始迅速衰退，因為地方相繼宣布獨立。發源於伊朗的阿薩息斯王朝（帕提亞）進一步將現在的伊拉克納入版圖，並與兼併馬其頓的羅馬帝國交戰。另外，由中亞總督所建立的巴克特里亞則將疆域擴張至印度北部。由於巴克特里亞的統治階層是希臘人，所以希臘文化也隨之傳入南亞。

南亞的佛教界從前二世紀開始製作名為佛傳圖的雕刻，但是當時只有刻畫法輪、菩提樹、佛足跡等來象徵佛陀，並無直接刻畫出佛陀形象的習慣。另一方面，巴克特里亞則已經有刻畫希臘神話中神祇形象的貨幣流通。在不同文化交會的地方，必然會發生一些重大變化。自一世紀末，佛傳圖上面開始繪有佛陀，甚至出現佛像與菩薩像，當中具有強烈的希臘文化特質。初期的佛像臉部明顯是以希臘人作為原型，衣服的表現形式也是習於希臘雕刻。不過，關於最早造出佛像的地點，有二種說法：一種是犍陀羅，一種是位於恆河上游的秣菟羅。無論是何者，由於二者的藝術形式截然不同，可以說是各別發展而成的。

重點整理

由於亞歷山大的遠征，東西文化產生了連結。在希臘雕刻的影響之下，佛教徒開始製造佛像。

延伸閱讀
山崎元一《古印度的文明與社會　世界的歷史3》中公文庫

前336年➡前600年左右

56 阿契美尼德王朝的衰微始於繼承人的叛亂

■夢中預示阿契美尼德王朝的興盛

阿契美尼德王朝透過外交征服了希臘，令人感覺這個大國的地位似乎穩如泰山。然而，盛者必衰的道理也在此應驗了。自前423年即位的大流士二世起，帝國已開始衰微，原因來自王妃對孩子的偏愛。阿契美尼德王朝的創建者居魯士二世誕生於前600年，亞述帝國滅亡後，伊朗改受米底亞王國統治。不久，其中一支名為帕斯或帕薩瓦的勢力抬頭，也就是希臘人所稱的波斯。

此時，米底亞國王阿斯提阿格斯有個女兒叫曼丹妮。某夜，他夢見曼丹妮所撒的尿淹進城裡，最後淹沒整個亞洲。占卜師指出那是不吉之兆，所以當曼丹妮到了適婚年齡，國王並未從與自己地位相當的米底亞人中挑選女婿，而是將女兒婚配給一名叫作岡比西斯的下層波斯貴族。

但是，曼丹妮下嫁的那年，阿斯提阿格斯又做了一個夢。他夢見曼丹妮的陰部長出一棵葡萄樹，那棵樹覆蓋住整個亞洲。占卜師解釋那是曼丹妮所生之子將取代他而稱王的預

■西元前五世紀的世界

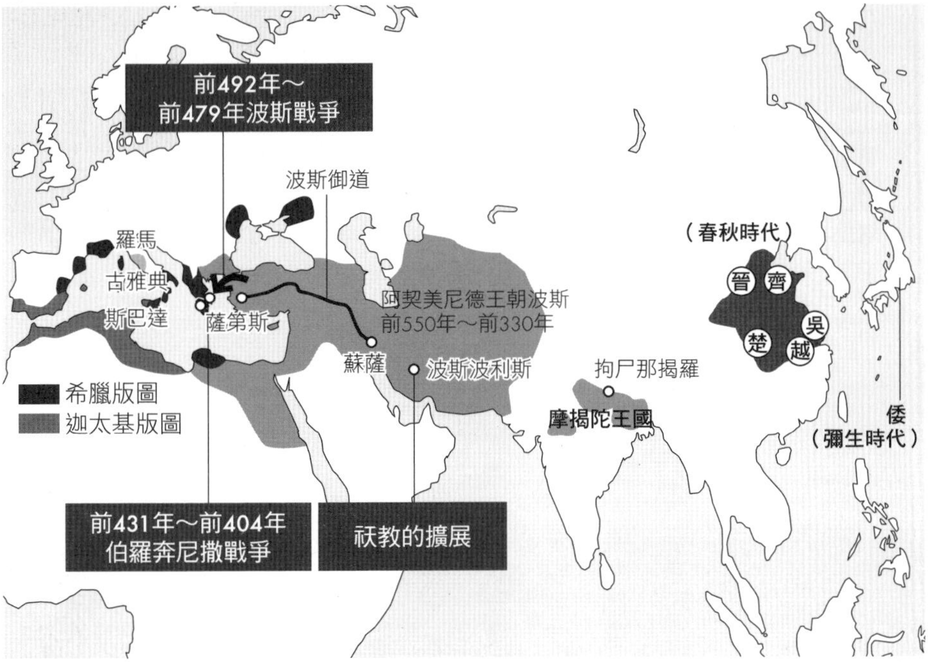

兆，於是阿斯提阿格斯便將懷孕中的曼丹妮召來，進行嚴密監控。前600年，曼丹妮產下男嬰（居魯士）時，阿斯提阿格斯便找來最忠誠的家臣哈爾帕格，命令他將嬰兒抱去殺掉。

哈爾帕格雖然應允退下，但因考慮到自己直接下手太危險，便把孩子交給一個叫作米特拉狄特斯的牧牛人，吩咐他將孩子丟到人煙稀少的山裡。不過，米特拉狄特斯被妻子說服，沒有按命行事。他們拿自己剛出生的孩子充當替身以瞞騙哈爾帕格，然後把居魯士當成自己的親生孩子來撫養。

十年後，阿斯提阿格斯經由一

場小孩間的爭吵而獲悉居魯士真實身分。他並沒有懲罰居魯士與米特拉狄特斯，唯獨無法饒恕哈爾帕格，打算暗中處罰他。某天，他宴請了哈爾帕格等家臣，見大伙兒都吃飽後，才公布那一餐的食材。原來，那是哈爾帕格未滿十三歲之子的肉。哈爾帕格當場雖面不改色，卻在心底發誓報仇。

最後，長大成人的居魯士起兵向阿斯提阿格斯宣戰。在數量上，居魯士可說處於絕對弱勢，但靠著哈爾帕格率領精銳部隊造反，讓居魯士取得了戲劇性的勝利。時值前550年，由居魯士所創建的這個王朝，是根據其家姓來命名，稱為哈哈瑪尼修（阿契美尼德）王朝。

阿契美尼德王朝並無特別設立國教，但祆教備受重視是可以確定的。祆教是前十二至前九世紀由祭司查拉圖斯特拉創立的新興宗教，他提出一神教式的二元論，主張世界是由智慧主阿胡拉·馬自達所率的六大天使，與大惡魔安格拉·曼紐所率的六大惡魔對立而組成。但這等於無視過去印度人、伊朗人所崇拜的諸神，所以在教祖死後，眾弟子對此做了修改，將水神阿娜西塔、太陽神兼契約神密特拉列入諸神之位。

走向滅亡的大帝國

根據希臘的史料記載，前六世紀，阿契美尼德王朝曾遠征希臘，且三度吞下慘烈敗

知識小百科 祆教現今尚存，但信仰人數非常少，全世界僅約十幾 萬人。

仗。但是，這些失敗並沒有動搖到國家根本，阿契美尼德王朝後來還是成為橫跨三大洲的大帝國，繼續君臨天下。體制的動搖始於第七代的大流士二世時期，大流士與同父異母的妹妹帕麗薩提斯生下阿爾塔薛西斯二世及小居魯士二子。母親莫名偏愛居魯士，她策畫要趁大流士遠征之時廢掉皇太子阿爾塔薛西斯，擁立居魯士即位。居魯士也受此影響，在父親病死後，企圖殺害兄長，但沒有得逞。這時帕麗薩提斯佯裝成完全不知情，化解了兄弟之間的嫌隙。因此，阿爾塔薛西斯也就無法對居魯士做出任何處罰。

不知是否因為阿爾塔薛西斯較厭惡鬥爭，所以當居魯士發動叛亂最後戰死的時候，他不僅沒有凌辱其遺體，甚至還親自擔任喪主，舉行喪禮。連埃及叛離，他也無意派兵去討伐，此時帝國的未來已開始蒙上一層陰影。

其子阿爾塔薛西斯三世成功再度征服埃及，但沒多久便遭掌握軍隊的宦官巴戈阿斯暗殺。其子阿爾塞斯也遭遇同樣的命運，前336年，大流士二世的曾孫大流士三世雖受到擁立，然而這時人心已背離王室，無法再與強大的外敵抗衡。

重點整理

兄弟爭奪王位繼承權，導致國家開始動搖。局勢持續動蕩不安，終被亞歷山大擊敗，走向滅亡。

延伸閱讀

小川英雄・山本由美子《東方世界的發展 世界的歷史4》中公文庫

Return 57

135年➡前722年

猶太人的離散始於以色列王國的滅亡

■亞伯拉罕透過與神立約而獲得巴勒斯坦？

135年，猶太人因反叛羅馬遭到鎮壓，遂被禁止進入耶路撒冷，從此離散世界各地。不過，猶太人的離散並非從這時才開始，而是從前722年以色列王國滅亡的時候就開始了。猶太神話的原典也就是基督教所說的《舊約聖經》，根據此經，人類的歷史始於亞當與夏娃，到了他們的第十代子孫諾亞時，發生大洪水。諾亞有閃、含、雅弗三個孩子，雅弗是希臘人的祖先，含是埃及人與迦南人的祖先。閃的第十代子孫亞伯蘭（亞伯拉罕）與元配撒拉生下以撒，與埃及出身的女傭夏甲生下以實瑪利，以實瑪利則成了阿拉伯人的祖先。

神對亞伯拉罕許下承諾：「我將賜予你的後裔這片土地，從埃及之河到幼發拉底大河。」同時要求所有男子執行割禮，以此作為契約證明。在此之前，神也曾於能俯瞰整個迦南（巴勒斯坦）的地方對亞伯拉罕說道：「你抬眼望一望四周，讓我把這裡的所有土地永遠賜給你及你的後裔吧！」

以撒的兒子雅各（以色列）遭受兄長陷害，不幸被賣到埃及。但幸好他擅長占夢，因而取得法老（王）的信任，終於受到提拔，當上宰相。雅各把陷入饑荒的家人叫到埃及，並在那裡繁衍後代，這就是猶太人的祖先以色列人。

然而，經過四百年，雅各的功勞已被遺忘，以色列人終淪為奴隸。這時神挑選了一名叫作摩西的男子，幫助他們逃離埃及。摩西於西奈山上從神那裡接受刻有十誡的石板（摩西十誡）後，在曠野飄泊了四十年。由於人們屢屢做出背叛之事，引起神的震怒，結果第一代人全都因此而在中途死光，摩西也在迦南之地死去。

用來美化新巴比倫尼亞首都巴比倫的伊什塔爾門復原品（柏林的佩加蒙博物館）。

王國因為神的處罰而分裂成南北兩地

以色列人進入迦南之地，一點一滴地擴張領土範圍。他們由十二部族組成，起初並非採用君王制，唯有在發生巨大危機時會指派一名士師作為臨時領袖。

但不久之後，他們也和其他

民族一樣，希望自己能擁有君王。於是神命令先知撒母耳膏立一位名為掃羅的男子為王，不過因為掃羅違背神的旨意，撒母耳便放棄掃羅，重新物色了一位名為大衛的男子。這名男子在少年時期曾經打贏非利士的巨人歌利亞，擁有極高聲望。當掃羅戰死之後，大衛便登上了王位。

大衛從耶布斯人那裡奪取耶路撒冷，接著又擊敗摩押人、以東人等，最後成功統一迦南全境。可是，他也曾犯下幾次過錯，其中最嚴重的是通姦。因為他深愛著有夫之婦拔示巴，故意將她丈夫烏利亞逼到危險地帶，害他戰死沙場。由於神的懲罰，大衛失去了愛子押沙龍。

大衛之後，由拔示巴所生的索羅門繼承王位。索羅門在位四十年，晚年也因為女性而犯下過錯。他擁有眾多妻妾，其中不乏異國女性。光是這樣就已經很嚴重，他甚至還做出崇信異國神祇的背叛行為。於是神降下懲罰，也就是在索羅門死後，讓王國分裂為二。結果造成二國對峙的局面，即由十部族組成、以示劍為根據地的以色列王國，與由兩部族組成、以耶路撒冷為根據地的猶大王國。

知識小百科 135年，羅馬帝國為了防止再度發生叛亂，禁止猶太人進入耶路撒冷，違者處死。

■西元前六世紀的世界

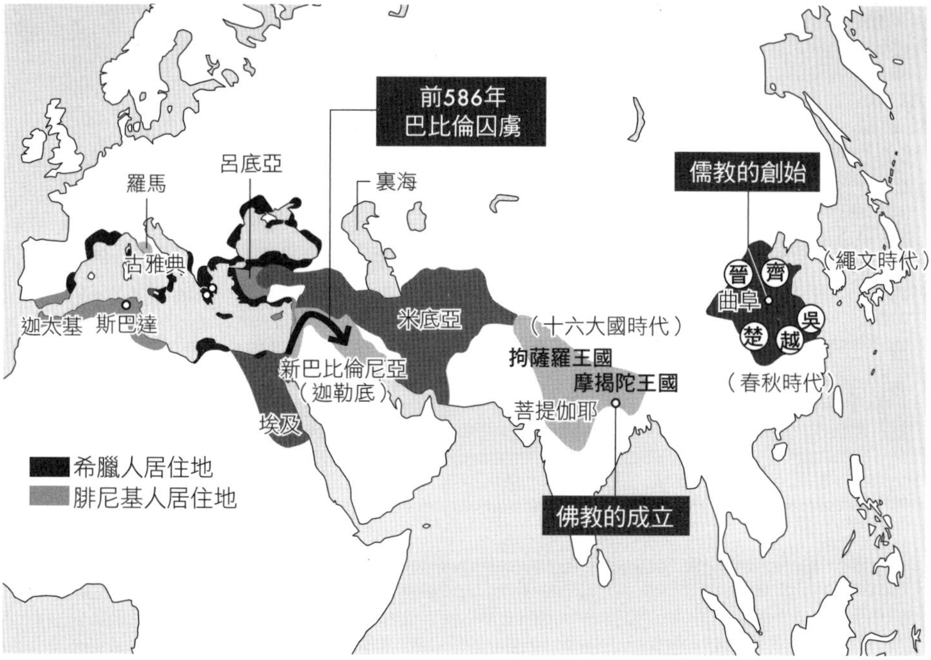

■因被大國攻陷而離散至世界各地

以色列與猶大二國國民對一神信仰都尚未堅固，他們對迦南本土神祇巴力、亞斯她錄等也抱持信心。根據《舊約聖經》，北邊的以色列王國就是因為這樣，才於前722年遭亞述帝國消滅。

大部分的居民都被迫遷到裏海西南岸，剩下的人則成為難民，逃到猶大王國去了，以色列王國的舊址則由帝國內的異域居民遷入居住。猶大王國也面臨相同命運，遭到新巴比倫尼亞的消滅。前586年，耶路撒冷的多數居民被迫遷到巴比倫等王國內之各地，史稱巴比倫囚虜。

耶路撒冷以外的居民當中也有大量逃難者，他們先殺掉巴比倫尼亞的代理官員，再逃往埃及。當新巴比倫尼亞被阿契美尼德王朝滅亡之後，猶太人已經得以返回迦南，但此時也有不少人沒有選擇返回，而是繼續留在巴比倫尼亞各地。

後來，歷經了亞歷山大大帝、塞琉古王朝的統治，在隸屬祭司家系的哈斯摩尼家帶領之下，雖然多次取得獨立，卻又於前一世紀遭羅馬併吞。後於66年與132年共發動過兩次起義，但皆被鎮壓，人民從此流散帝國各地。

重點整理

雖在迦南之地建立了夢寐以求的王國，卻分裂為二，遭受異國統治，猶太人的苦難歷史於焉開啟。

延伸閱讀

山形孝夫《聖經物語》岩波青少年新書

Return 58 前232年左右→前800年左右

鐵器的普及間接促進了佛教的普及

■鐵製農具的普及發展出貨幣經濟

前232年，孔雀王朝時期以護持佛教、於全國各地興建八萬四千座佛塔聞名的阿育王去世了。建立佛塔一事可讓我們窺知佛教是如何普及，更深一層來說，其實這與鐵器的普及有著密切關係。

前五世紀至前四世紀的南亞與同時代的中國情況非常類似，兩者都是處於小國割據的狀態，沒有統一的王朝，也沒有特別強大的勢力。和春秋戰國時代一樣，那裡有思想自由與言論自由；和諸子百家*一樣，那裡也有否定過去價值觀並四處向大眾宣揚自身所信之道的人。

那個時代，也正好是使用鐵器的習慣已普及至一般百姓的時期。鐵器的使用最晚約始於前800年，起初只被拿來當作武器，當它開始被拿來當作農具使用時，立刻為社會帶來重大變化。不僅有利於恆河旁的森林開墾，也發展出以牛拖拉鐵尖犁的耕法，使農業生產獲得飛躍式的提升。

*諸子百家　活躍於中國春秋戰國時代的思想家與學派總稱，「子」指思想家，「家」指學派，「百」代表數目眾多。

農業生產的提升促進工商業發達，進一步又隨著都市的誕生而加速貨幣經濟發展。所以變成一切物品價值皆以貨幣來衡量，擁有較多貨幣的人便可掌握社會力量。

在這個貨幣成為唯一價值基準的世界，舊有階級制度的瓦解也就無可避免了。人民已經不再純粹因為血統而尊敬婆羅門*，對他們而言，婆羅門所舉行的祭祀完全是迷信，另一方面，道德也持續敗壞。於是，開始希求符合時代的新秩序與教導。

佛陀最大的競爭對手是？

中國有「諸子百家」一詞，同樣地，佛教經典也有「六十二見」一詞，用來指稱新思想或思想家。

兩者皆非實數，純粹只是表示數目很多的意思。這些思想家當中，對後世造成極其巨大影響的是同樣出身於剎帝利階級的筏馱摩那與瞿曇・悉達多（佛陀、釋尊）。佛教經典將「六十二見」當中特具影響力的六人稱為「六師外道」，意指其所持思想與佛陀相佐，而筏馱摩那即是其中一人。

筏馱摩那婚後育有一女，三十歲出家。他加入尼乾陀派的修行者行列，經過嚴格的修行，於四十二歲開悟。相傳從那時開始到七十二歲去世為止，他都在教化眾生。開悟以後，他被尊稱為耆那（勝利者）、瑪哈維拉（偉大的英雄）等。由於是耆那的教導，所以

***婆羅門** 古代於南亞形成的四大社會階級之一，屬於祭司階級，是四大階級中地位最高的。

■佛教與耆那教

	佛教	耆那教
始祖	瞿曇・悉達多 前566年～前486年或， 前463年～前383年 前624年～前544年 尊稱：釋迦牟尼（釋迦族的聖者）、佛陀（證悟者）	筏馱摩那 前549年～前477年 尊稱：耆那（勝者）、瑪哈維拉（偉大的英雄）
出身	剎帝利	剎帝利
傳播	廣泛傳播於亞洲各地	以西印度地區為主 （約四百萬人）
支持層	在印度的話，是城市內的王室、商人、手工業者	城市內的零售業者、金融業者
五戒與教義	①不殺生 ②不偷盜 ③不邪淫 ④不妄語 ⑤不飲酒 無常觀。斷煩惱，得解脫	①不殺生 ②真實語 ③不偷盜 ④不行淫 ⑤無所著 出家修行者實踐苦行

這個教團被稱為耆那教。

耆那教與佛教有諸多共同點，例如兩者都認為生命是「苦」，並尋求解脫之道。其次，也都透過斬斷世俗牽纏、出家苦行來淨化靈魂，認為靈魂徹底淨化後便不會再輪迴轉世等。

但兩者也有相異之處，耆那教的戒律比佛教嚴格。

例如，首先必須遵守五大戒，包括不殺生（不可殺死生物）、真實語（須說真話）、不偷盜（不可偷盜）、不行淫（不可淫亂）、無所著（不可執著）。據說嚴守這些戒律的

鹿野苑，佛陀初轉法輪的地方，後來在此地建造了巨大佛塔。

人都非常小心謹慎，連小蟲子也不殺。另外，他們也不穿衣服。

雖說如此，但並非所有信眾都會出家，也有在家眾。按照教義，在家眾雖無法解脫，卻可藉由聆聽出家眾說法並依教奉行，以及供養出家眾食物等來積累功德，死後即能憑此獲得往生天國或轉生良家的福報。

否定婆羅門的世襲

佛陀雖與耆那教的五大戒一樣，也宣說四聖諦、八正道，但所採用的修行方法乃是中道，摒棄了苦行與耽樂兩種極端修法。

佛陀在二十九歲之前生活充裕自由，出家之後專修苦行六年，卻毫無所獲，於是改至菩提樹下靜坐冥想，最後終於開悟，佛陀應該就是從這種親身的體驗領悟出中道才是最圓滿的吧。

知識小百科　相傳為佛陀誕生地的藍毗尼今由尼泊爾管轄，當地遺有佛陀初浴的浴池等。

佛陀雖然沒有公開否定舊有的階級秩序，卻針對真正的婆羅門提出自身見解。

他認為真正的婆羅門不是那些出身良好、血統純正的人，而是能斬斷一切束縛、超越執著、完全不受羈絆的人。換言之，這雖肯定婆羅門的優越性，卻非基於血統因素，其主張應以日常言行與人性作為價值判斷的標準。

就這樣，佛教提出了極具革命性的義理。如果沒有工商業的發達與都市存在，便不會有這種結果。而創造出這些條件的，正是鐵器的普及。

佛教與耆那教雖都興盛一時，但自四世紀初成立的笈多王朝以後，即隨著印度教的興起而逐漸在南亞沒落。

重點整理

鐵器的普及提高農業生產力，促使都市誕生。由於舊有秩序的瓦解，人民開始尋找新的教導，尤其是向極具革命性的佛教尋求救贖。

延伸閱讀

中村元《古印度》講談社學術文庫

在西克索人的統治下，埃及成為世界帝國

古王國時代建造的三大神祕金字塔

埃及文明經常遭受外來侵略，直到某個時期，埃及開始反過來對外發動戰爭，這個轉捩點起源於西克索人的統治。

關於古埃及史的時代劃分，現今仍沿用前三世紀祭司馬涅托的分法。他將首次統一埃及的美尼斯王至內克塔內布二世之間的歷史劃分為三十個王朝，再進一步分成古、中、新王國三個時代。若按這個分法，那麼吉薩三大金字塔就是在古王國時代第四至第五王朝時期建造的。

金字塔本身的歷史則更久，以第三王朝時期左塞爾王建造的「階梯金字塔」為最早。該座金字塔建於前2650年，高六十三公尺，底部各為一百一十八公尺與一百四十公尺。這是為了彰顯王權而建造的紀念碑，也可說是預備讓王升天時使用的階梯。

隨著時間過去，創建第四王朝的斯尼夫魯王造了「坍塌金字塔」、「彎曲金字塔」、「紅金字塔」三座金字塔。其中，「彎曲金字塔」在建蓋過程更改計劃，算是明顯的失敗

知識小百科　圖坦卡門的原名叫「阿頓神化身」，父親歿後改名。

之作。「坍塌金字塔」則在完成之後坍塌了，經過這些失敗，令人滿意的成果終於問世，那就是「紅金字塔」。

繼此之後登場的是吉薩三大金字塔，這三座金字塔究竟是為何而建，至今尚不明。雖然前五世紀的希臘歷史學家希羅多德表示其為墳墓，但在三大金字塔裡面並沒有發現木乃伊，也沒有埋葬過的痕跡。希羅多德還指出那是強迫勞工建造而成的，不過從各種史料來看，此一說法在現今已遭否決。

外族西克索人統治埃及

第六王朝滅亡後，進入地方豪族紛立的第一中間期。由第十一王朝阿蒙涅姆赫特一世

■古埃及

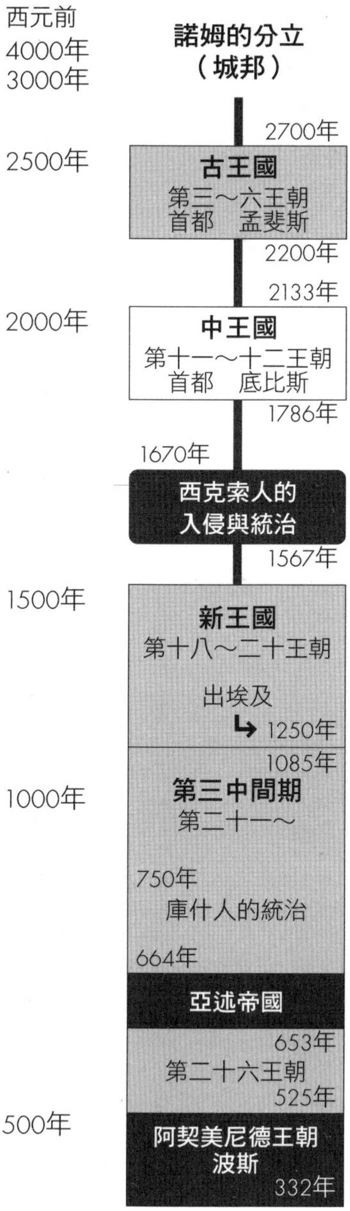

恢復統一，即邁向中王國時代，但歷經兩百三十餘年後也滅亡了，隨之進入第二中間期。第十三王朝以後，亞裔的王陸陸續續崛起，到了第十四王朝時期再度陷入分裂。結果，前1663年，以尼羅河三角洲為中心，首次由西克索人這樣的亞裔外族創建了王朝，此即第十五王朝。

「西克索人」一詞源自古埃及語，意指「異國（出身）的統治者們」。它本身是數個民族的混合體，關於主要人種，有兩種說法，一說是起源於美索不達米亞北部的亞摩利人，另一說是胡里特人。而關於篡奪王位的來龍去脈，也有兩種說法，一說是透過當傭兵累積實力之後發動政變而奪取到政權，另一說是憑藉軍事力量征服對方。

無論如何，西克索人武力強大是毋庸置疑的。他們也將馬以及二輪戰車、複合弓、青銅偃月刀、鱗鎧、皮革盔等新式武器與相關軍事技術輸進埃及。西克索人雖引入巴勒斯坦的巴力神，但由於埃及人把它視為埃及固有的神祇賽特，所以沒有產生太大衝突。巴力神是滋潤大地的冬雨神或暴風雨神，一般認為那是將從雨季復甦的植物生命進行擬人化。

從地方政權變身為世界帝國

埃及在西克索人的統治之下，改變了埃及人的世界觀。除了尼羅河流域，他們也開始關注外面的世界，最吸引他們的是自古以來被視為東西貿易要塞的敘利亞、巴勒斯坦。

延伸閱讀

近藤二郎編修《越讀越有趣的圖坦卡門與古埃及王朝》實業之日本社

成功驅逐西克索人而恢復獨立的是第十八王朝，此後一直到第二十王朝這段期間稱為新王國時代。如同圖特摩斯三世（前1479年至前1425年在位）那樣，埃及軍進攻西亞已是屢見不鮮之事。

埃及遂從非洲地方政權變身成為世界帝國，自此時起，埃及開始以法老來稱呼王。這個詞彙源自古埃及語大王宮（per-ʿO），原本意指王宮，後被借來指稱王。

現今，古埃及史上最著名的法老是圖坦卡門，但從實際功績來看，最偉大的應屬圖坦卡門的父親阿肯那頓，或第十九王朝的拉美西斯二世。拉美西斯從阿布辛貝勒神廟開始，因多項建築事業而留名，阿肯那頓則是因宗教改革而留名。他為了削弱阿蒙祭司團過於強大的勢力，果斷進行一神教改革，將太陽神阿頓*奉為唯一之神。改革雖因他的死亡而受挫，但其獨創性可能對後來猶太教的成立多少有些影響。

按《舊約聖經》，猶太人原本在埃及是奴隸，後來於摩西的帶領下成功獲得解放，脫離了埃及，據說這段神話是根據拉美西斯二世前後的史實所作。

重點整理

埃及蒙受亞裔外族統治的屈辱，反而因此改變世界觀，邁入巔峰期。

* **太陽神阿頓** 古埃及的神祇之一，為了削弱既有的祭司團勢力，阿肯那頓透過改革將之奉為唯一之神。

60 對牛的崇拜可追溯至印度河文明

■出土品顯示出印度河居民的信仰

2008年9月8日，新德里市當局公布，作為衛生保健措施的一環，過去一年共捕獲二萬隻在市內各地徘徊的牛。這些牛幾乎都是酪農業者所有，由於飼養場地不足，所以被放到外面覓食。

在印度，大部分的州都禁止撲殺牛，因此多數被捕的牛就會被移送到可以撲殺的州。這真是一篇輕鬆寫意的報導，但話說回來，為什麼那麼多州都禁止撲殺牛呢？這是因為在印度教裡，牛被視為神聖的，此觀念的起源可追溯至雅利安人入侵之前的印度河文明。

印度河文明指的是以印度河流域為中心而興盛起來的文明，哈拉帕與摩亨佐・達羅等所代表的都市文化興盛於前2300年至前1800年。

關於文明的推手，目前只知道是比雅利安人更早的原住民。至於它有著什麼樣的社會結構、為何會衰退乃至消失，同樣不詳。

當然，也不是完全沒有線索。那些從都市遺跡出土的印章或許就是解謎關鍵，印章由四至五公分見方的滑石製成，表面刻有文字與圖像。由於它不像埃及的羅塞塔石碑那樣同時使用三種語言，而且總體數量很少，所以還無法解讀出文字，但從圖像似乎能夠想像當時的社會狀況。

描繪的圖像有公牛、大象、老虎等動物，以及樹木，還有採取瑜伽坐姿並豎起陽具的男子等。從以上這些與其他陶瓦肖像等出土品、堡壘遺跡、大浴池、各家浴室、下水道的存在，可以推測印度河文明具有聖樹崇拜、聖獸崇拜、女神崇拜、生殖器崇拜、將水運用於祭祀上、視牛為神聖對象等情形。

■印度河文明與雅利安人的入侵

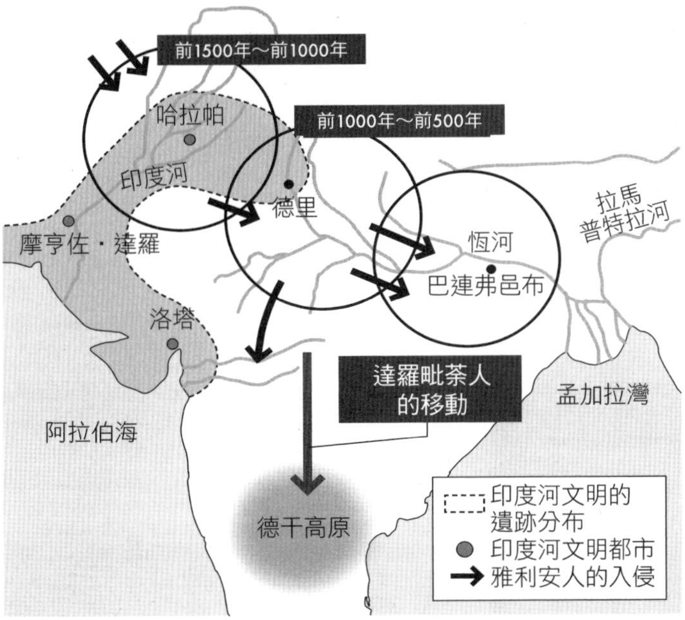

■雅利安人進入印度次大陸

印度河文明從前1800年左右開始衰退，於前1700年消失。隔了一段時間，在前1500年左右，雅利安人開始入侵。

雅利安人視伊朗人與歐洲人為祖先，據說他們的起源地是中亞。前2000年，從在中亞過著畜牧生活的印歐語系民族分出一支往西方歐洲遷移的群體。

剩下的人便自稱雅利安人，後來他們遷入之地的當地人為了方便，也稱其為印度・伊朗人。可能是因為學會運用馬與二輪戰車而迅速提升戰鬥能力和延長移動距離的關係，他們在前1500年出現了新動向。一者是越過興都庫什山脈進入南亞，一者是進入伊朗高原。還有一者是留在中亞成為綠洲都市的定居民，另一者則成為乾草原上的騎馬游牧民。

南下至南亞的雅利安人首先進入印度河流域，不斷與原住民進行融合，生活基礎隨之從畜牧轉為農耕。接著，前1000年，他們開始往恆河流域移動。

在這過程，對於雅利安人來說，牛也占有重要地位。除了可以當作搬運等動力來源，或許也是因為牛奶以及從中製造出來的奶油、乳酪、優格等是珍貴的蛋白質來源，並且還是獻給神祇的無上祭品吧！

所以牛是重要的財富，有些戰爭可能也是肇因於為了掠奪牛或搶占牧場，某些詞彙的存在彷彿就是要證明這一點似地，例如用來表示「想要得到牛」的詞彙是「襲擊」、「戰鬥」，表示「贏得牛之人」的詞彙是「英雄」，表示「看守牛之人」的詞彙是「首長」。

知識小百科 現今印度教以信仰濕婆與毗濕奴兩大神祇為主，而在古代則是以雷神因陀羅為主。

■以婆羅門為首的種姓制度成立

雅利安人視牛為神聖對象，這究竟是受到印度河文明的影響，還是他們既有的習俗？雖然至今未明，但撇開這點不談，由於雅利安人的進入，也有一處明顯改變了，那就是社會結構。

■何謂種姓制度？

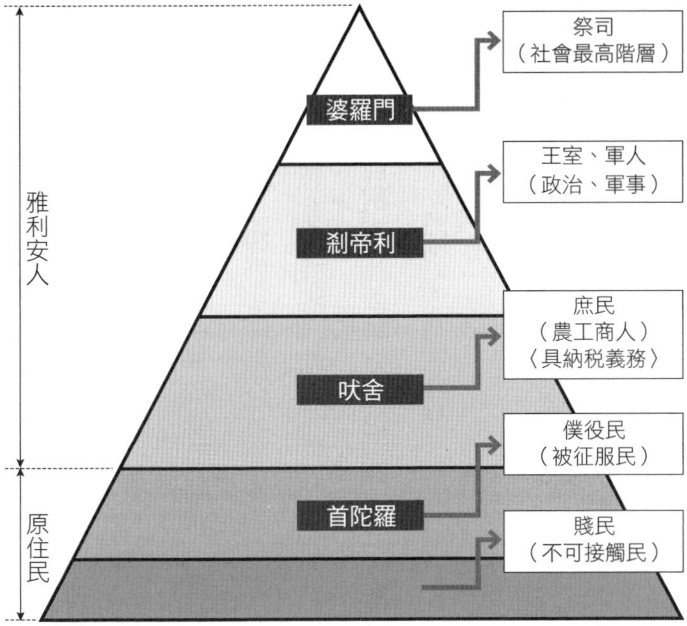

剛開始，雅利安人把語言不同、膚色黝黑、鼻梁低平的原住民與自己做出嚴格區分。但隨著文化的融合與血統的相混，變成必須再建立新的區分法，他們採用了以階級作為標準的差別制度。

藉由意指「顏色」的瓦爾那一詞來指稱階級，最上層的稱為婆羅門，該詞是聖典所記載擁有咒力「梵」（Brahman）的人，也就是「婆羅門」（Brahmana）的訛音。

接下來，位居第二的瓦爾那稱為剎帝利，意指「剎帝拉（權力）的掌握者」。

然後，位居第三的瓦爾那稱為吠舍，由負責生產與進貢的一般庶民組成。最後位居第四的是受奴役的服役階級首陀羅，幾乎所有拒絕混血的原住民都被列入這個階級。這樣說起來，婆羅門與剎帝利應該屬於統治階級，而吠舍與首陀羅屬於被統治階級，但實際上，前三個瓦爾那與首陀羅之間存在著明顯的界線。前者統稱為再生族，再生族可以透過一種叫作入法禮的特定儀式獲得重生，而首陀羅則被視為一生族，不可接受入法禮。

以上四個瓦爾那又依職業類別細分成內婚制群體，與輪迴思想及差別意識等緊密結合，直到現在，此即俗稱的種姓制度。

重點整理

從印度河文明時期開始，牛被視為神聖對象。入侵印度的雅利安人也因為搬運、食物、祭品這些方面，而把牛當成寶。

延伸閱讀

山下博司編集《印度教　印度之「謎」》講談社選書達人

前814年左右⬇前3200年左右

61

字母文字源自象形文字

使用了三千年的神聖文字

世界上最早的文字是哪一種呢？東洋在商朝時代出現甲骨文，這成為後來的漢字，再傳到日本，發展出平假名與片假名。古代東方大約在同一時期，也就是前3200年左右，出現了兩種文字，即埃及的象形文字及蘇美的楔形文字。

先從埃及的象形文字（Hieroglyph）說起，這是典型的象形文字，又稱為聖刻文字、神聖文字。事實上，當時的埃及人究竟如何稱呼它，我們並不清楚，由於希臘文化時代的希臘人稱它為「神聖的」（Hiero）、「刻製物」（Glyph），所以依此來命名。前100年開始不再被使用，後於1822年，經法國人商博良的解讀，重見天日。可是，因為這種文字沒有母音，只由子音構成，故無法得知古代人是如何發那些詞彙的音。

說到前100年，那時正值托勒密王朝時期。根據祭司兼歷史家馬涅托的分法，比這更早之前，埃及人創建的第三十王朝於前343年被阿契美尼德王朝征服。然而，波斯人的統治並不長久，後來東方一帶全都成為亞歷山大大帝的征服之地。大帝去世後，歷經因

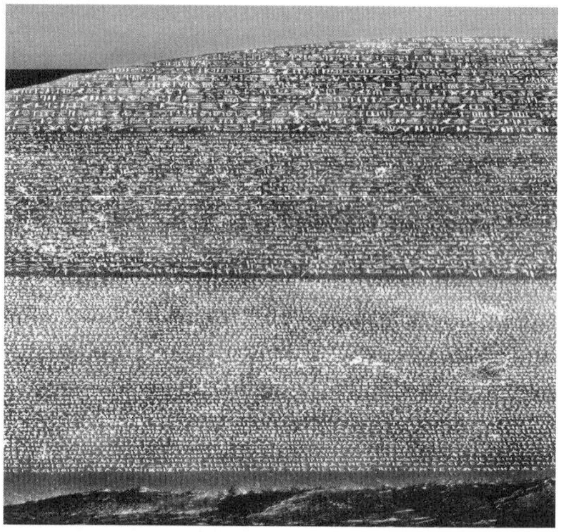

大英博物館展示的羅塞塔石碑。西元1799年拿破崙遠征埃及時被發現。

王位繼承問題而引發的戰爭，埃及改受希臘人創建的托勒密王朝統治。在托勒密王朝，雖是少數希臘人統治多數埃及人，但從文化層面來看，並無任何一方完全占上風。宗教上，是埃及方面生存下來；文字上，則是希臘方面雀屏中選。也許是因為象形文字太晦澀，才會敗給簡易的希臘文字吧！

西洋文字源自埃及

另一方面，蘇美人發明的是圖畫文字、表語文字，也因出土地點而被稱為烏魯克古拙文字。前2500年左右也出現表音文字，共約被整理出六百個字數。不久之後，蘇美的楔形文字被其他民族採用，包括被用來表記阿卡德語、烏加里特語、烏拉爾圖語、埃卜拉語、埃蘭語、古波斯語、西臺語、胡里特語等古代東方各種語言。其中位於敘利亞地中海沿岸的都市烏加里特將楔形文字作為單音文字（字母）使用，創造出經過簡化的二十二個字母。

不過，我們所知道的字母和這個是不同系統，它的起源可以追溯至前面提到的象形

知識小百科　象形文字長久以來被認為晦澀難解，但商博良卻注意到它是由表意文字與表音文字組合而成。

文字。在此基礎上，發展出原始西奈文字與原始迦南文字，至前十一世紀，又進一步在這些基礎上發展出腓尼基文字。隨後經由貿易活動傳到希臘，再傳到羅馬，才誕生出現今的字母。希臘人認為這是腓尼基人發明的，所以稱之為「腓尼基的文字」。另外，字母（Alphabet）一詞源自希臘字母系統，是由該系統最前面兩個字組合而成。

根據傳說，腓尼基人於現今的突尼斯建立殖民城市迦太基是前814年左右的事，所以腓尼基文字應該也是在那時傳入希臘的。附帶一提，腓尼基是地中海東岸一處的古名，約位於今黎巴嫩。關於腓尼基（Phoenicia）這個名字的由來，有兩種說法，一是源自意指迦太基人（Poeni）的希臘語Phoinikes，另一說是源自傳說中的泰倫斯王阿格諾爾之子弗依尼克斯（Phoinix）的名字。

■威脅腓尼基繁榮的「民」指的是？

腓尼基在前十五世紀至前八世紀極為繁榮，據說當時幾乎一手掌握了東地中海的貿易。而他們所面臨的最大考驗，是遭受前十三世紀末至前十二世紀初襲捲東地中海一帶的「海民」襲擊。「海民」的主體不明，據推測它是一個包含各種身分背景的民族複合體。埃及雖然費盡千辛萬苦把他們擊退了，卻也有很多城邦因此毀滅，小亞細亞的大國西臺也是在這個時期滅亡的。

部分進攻埃及受阻的「海民」定居於迦南迦密山以南沿岸平原，由於他們被稱為非利士人，所以當地就被命名為非利士，而整個迦南則被稱為「非利士人的土地」（巴勒斯坦）。不過，他們與現今的巴勒斯坦人之間血緣關係非常微薄。

約莫與非利士人同一個時期，相當於現今猶太人祖先的古以色列人也來到了迦南。一開始，非利士人對於以色列人來說是最大的威脅。雖然以色列人和非利士人都仍未建立統一國家，但非利士人已經建立由迦薩、亞實基倫、亞實突、以革倫、迦特所組成的城邦聯盟。尚處部落聯盟階段的以色列屢次敗北，甚至連民族瑰寶「約櫃」都被奪走。

然而，隨著以色列人建立起王國，形勢就改變了，在那之後，非利士人多次歷經大國統治，隨之便無聲無息地從歷史上消失了。至於現今字母的起源，有不同說法，也有研究者主張其源自楔形文字。總之在腓尼基人扮演了媒介角色的這一點上，是沒有異議的。

重點整理

透過擅長在地中海進行貿易的腓尼基人，象形文字獲得發展與傳播。

延伸閱讀

岸本通夫．伴康哉．富村傳．吉川守．山本茂．前川和也《古代東方世界的歷史2》河出文庫

62 巴比倫的興盛可追溯至最古老的文明

建立最古老文明的蘇美人

伊拉克已故總統薩達姆．海珊曾將自己比作尼布甲尼撒二世再世，這位國王是締造美索不達米亞文明黃金時代的人物。該文明被定位為世界最古老的文明，其歷史可追溯至前3200年左右。

大河流域富藏孕育大文明的要素，事實上，人類最古老的文明美索不達米亞文明正是依於底格里斯河、幼發拉底河兩大河流域繁榮起來的。「美索不達米亞」一詞源自希臘語，意指「河流之間的土地」。它的南方稱為巴比倫尼亞，再南方稱為蘇美，前3000年代後半，蘇美這裡誕生了城邦。

從城邦的分立狀態脫離出來，最先建立區域國家的是巴比倫尼亞北部、阿卡德出身的薩爾貢。前二十四世紀中葉，薩爾貢首次完成了巴比倫尼亞的統一。身為國家創始人，難免都有一些神祕傳說，薩爾貢也不例外，他同樣有這一類的軼事。

據傳，薩爾貢的母親是一位終生必須保持純潔的祭司，所以他一出生就被放進籃子，丟到幼發拉底河隨波漂流，這時他的命運全掌握在上蒼手裡。

結果，奇蹟出現了。薩爾貢被一名叫作阿契的園丁撿到，長大之後，他成了基什烏爾扎巴巴王的侍酒官。基什是位於蘇美北方的城市，至於它相當於現今何處，尚不清楚，據說庇護薩爾貢的是伊南娜女神。

阿卡德王朝衰亡以後，美索不達米亞的歷史又經歷了烏爾第三王朝、伊辛·拉爾薩時代、古巴比倫尼亞時代。

■《漢摩拉比法典》的特色是？

古代法典當中，以《漢摩拉比法典》最著名。此部法典比同樣記載有「以眼還眼，以牙還牙」這項條文的《舊約聖經》更早問世，是以人類最古老的法典聞名。

由於漢摩拉比*是前十八世紀的人，人們自然會將他制定的法典當成古物。但是，隨著考古學調查的進展，已發現幾部更古老的法典，因此「最古老」這個頭銜必須撤換掉了。《埃什南納法典》估計出現於前十九世紀，《里辟伊士他法典》是前二十世紀，《烏爾那木法典》則是前二十二世紀。

而「以眼還眼，以牙還牙」這項條文是怎麼回事？其實，從這裡我們可以得知《漢摩拉比法典》並非最早問世，而且這項條文也無法代表此部法典的特徵。再者，這到底是不

＊**漢摩拉比**　巴比倫第一王朝第六代王，將南方的蘇美與北方的阿卡德統一起來，建立強大的區域國家。

■阿契美尼德王朝波斯統一東方

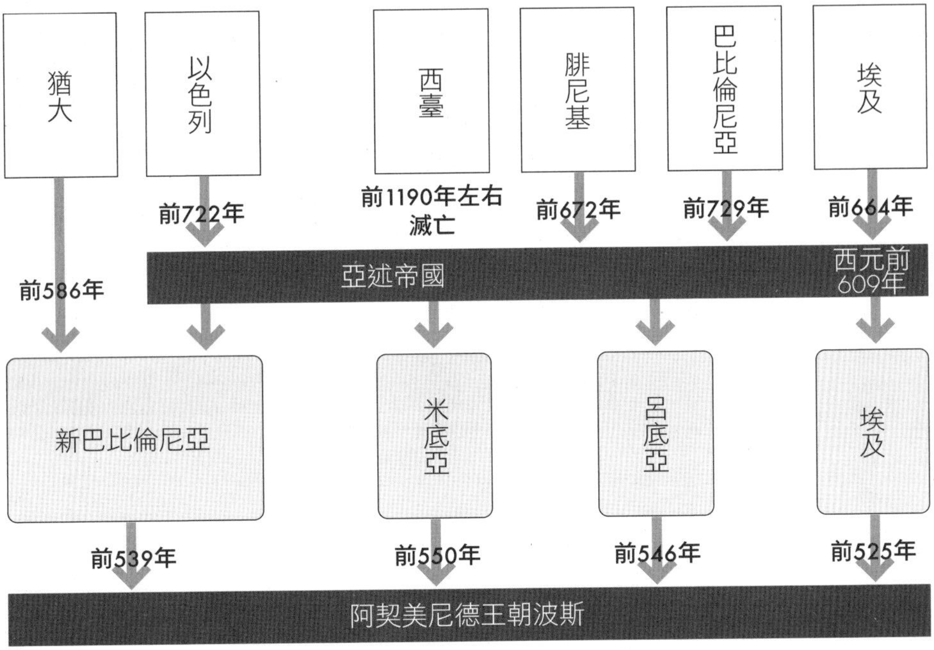

是一部法典也都還存在爭議，其中甚至有研究者認為它是一本判例集便覽。

相較於其他更早的法典，《漢摩拉比法典》在內容上並沒有比較特殊，但可以確定的是，制定這部法典乃漢摩拉比的豐功偉業之一。

漢摩拉比在位時間長達四十三年，根據當時的紀錄，他在位前十八年卯足全力建蓋神廟。在位二十年以後，便致力於建造城牆與開鑿運河。在位三十年以後，則開啟一連串的對外戰爭勝利史。實際上，漢摩拉比統一整個巴比倫尼亞，建立了足以與北方亞述帝國相互抗衡的強大國家。

■首次統一東方的亞述

「亞述」原本是地名，指美索不達米亞北部地區。歷經多次興亡後，自前1000年開始，於此地崛起的國家日益強大，最終統一了整個東方。這稱為新亞述時代，以與前者作區分。

亞述扎實地擴張版圖，從城邦到區域國家，最後終於晉身成為大帝國。而自前721年即位的薩爾貢二世至第四代王之間進入了全盛時期，究竟是什麼造就了亞述的強大呢？

亞述時代後期的浮雕。描繪的是坐在馬車上的貴族（巴比倫出土，收藏於安卡拉的安那托利亞文明博物館）。

雖然至今不詳，但無論如何，亞述當時的軍事力量在東方是非常突出的，也似乎只有這樣才能壯大威勢。

然而，盛衰榮枯是世間常理，當過了全盛時期，各種矛盾就開始浮現，最後註定要走向衰亡。前612年，其遭受米底亞與新巴比倫尼亞的聯軍攻打，首都尼尼微淪陷。餘黨雖然繼續抵抗，但於前609年被殲滅，亞述也從歷史的舞台上銷聲匿跡。

知識小百科　巴比倫由德國探險隊所發掘，現在那些成果放置於柏林佩加蒙博物館進行展示。

亞述的舊有領土遭到埃及、呂底亞、新巴比倫尼亞、米底亞四個大國瓜分，在這期間，統治巴比倫尼亞的是新巴比倫尼亞，該國在前604年即位的尼布甲尼撒二世帶領之下，邁向巔峰時期。

國王為了將首都巴比倫打造得金碧輝煌，所以非常熱衷於建蓋城牆與伊什塔爾門，以及馬爾杜克神廟的金字形神塔（高塔）。有人認為高約七十公尺、共有七層階梯的金字塔形神塔是《舊約聖經》〈創世紀〉所載「巴貝爾塔」的原型。

另外，尼布甲尼撒也以消滅猶大王國聞名於世，或許因為他在文武兩方面都立下輝煌功績，海珊才會拿他來比喻自己吧！

另外，統治伊朗的是米底亞王國，但這個王國很快就被在其統治之下崛起的哈哈瑪尼修家消滅了。

重點整理

締造美索不達米亞文明黃金時代的尼布甲尼撒二世為了將巴比倫打造得金碧輝煌而傾注熱情，那一道燦爛的光芒也吸引著現代人。

延伸閱讀

大貫良夫・前川和也・渡邊和子・尾形禎亮《人類的起源與古代東方世界的歷史1》中公文庫

國家圖書館出版品預行編目資料

倒著看的世界史 / 島崎晉著 ; 賴又萁譯. - 初版. - 臺北市 : 商周, 城邦文化出版 : 家庭傳媒城邦分公司發行, 2015.10
面 ;　公分　譯自 : 目からウロコの逆さま世界史
ISBN 978-986-272-899-4(平裝)
1.世界史 2.通俗史話
711　　104019524

倒著看的世界史

原著者 島崎晉
譯者 賴又萁
企劃選書 李韻柔
責任編輯 李韻柔
版權 翁靜如、黃淑敏
行銷業務 張倚禎、石一志
總編輯 陳美靜
總經理 彭之琬

發行人 何飛鵬
法律顧問 台英國際商務法律事務所 羅明通律師
出版 商周出版
臺北市中山區民生東路二段141號9樓
電話：（02）2500-7008 傳真：（02）2500-7759
E-mail：bwp.service@cite.com.tw
發行 英屬蓋曼群島商家庭傳媒股份有限公司 城邦分公司
台北市104民生東路二段141號2樓
電話：(02)2500-0888 傳真：(02)2500-1938
讀者服務專線：0800-020-299 24小時傳真服務：02-2517-0999
讀者服務信箱：service@readingclub.com.tw
劃撥帳號：19833503
戶名：英屬蓋曼群島商家庭傳媒股份有限公司城邦分公司
訂購服務 書虫股份有限公司客服專線：(02)2500-7718；2500-7719
服務時間：週一至週五上午09:30-12:00；下午13:30-17:00
24小時傳真專線：(02)2500-1990；2500-1991
劃撥帳號：19863813 戶名：書虫股份有限公司
香港發行所 城邦（香港）出版集團有限公司
香港灣仔駱克道193號東超商業中心1樓
電話：（852）2508-6231 傳真：（852）2578-9337
E-mail：hkcite@biznetvigator.com
馬新發行所 城邦（馬新）出版集團
【Cité (M) Sdn.Bhd. (458372 U)】
41, Jalan Radin Anum, Bandar Baru Sri Petaling,
57000 Kuala Lumpur, Malaysia.
電話：(603) 90578822 傳真：(603) 90576622 Email：cite@cite.com.my
印刷 韋懋實業有限公司
總經銷 聯合發行股份有限公司 電話：(02)2917-8022 傳真：(02)2911-0053
新北市231新店區寶橋路235巷6弄6號2樓

ISBN 978-986-272-899-4（平裝）
2015年（民104）10月初版
2016年（民105）12月初版3.5刷

定價／350元

城邦讀書花園
www.cite.com.tw

請於此處用膠水黏貼

商周出版

讀者回函卡

謝謝您購買我們出版的書籍！請費心填寫此回函卡，我們將不定期寄上城邦集團最新的出版訊息。

姓名：＿＿＿＿＿＿＿＿＿＿＿＿＿＿ 性別：□男 □女

生日：西元＿＿＿＿年＿＿＿＿月＿＿＿＿日

地址：＿＿＿＿＿＿＿＿＿＿＿＿＿＿＿＿＿＿＿＿

聯絡電話：＿＿＿＿＿＿＿＿ 傳真：＿＿＿＿＿＿＿＿

E-mail：＿＿＿＿＿＿＿＿＿＿＿＿＿＿＿＿＿＿＿＿

學歷：□1.小學 □2.國中 □3.高中 □4.大專 □5.研究所以上

職業：□1.學生 □2.軍公教 □3.服務 □4.金融 □5.製造 □6.資訊

□7.傳播 □8.自由業 □9.農漁牧 □10.家管 □11.退休

□12.其他＿＿＿＿＿＿＿＿＿＿＿＿

您從何種方式得知本書消息？

□1.書店 □2.網路 □3.報紙 □4.雜誌 □5.廣播 □6.電視

□7.親友推薦 □8.其他＿＿＿＿＿＿＿＿＿＿

您通常以何種方式購書？

□1.書店 □2.網路 □3.傳真訂購 □4.郵局劃撥 □5.其他＿＿＿＿

您喜歡閱讀哪些類別的書籍？

□1.財經商業 □2.自然科學 □3.歷史 □4.法律 □5.文學

□6.休閒旅遊 □7.小說 □8.人物傳記 □9.生活、勵志 □10.其他

對我們的建議：＿＿＿＿＿＿＿＿＿＿＿＿＿＿＿＿＿＿＿＿

＿＿＿＿＿＿＿＿＿＿＿＿＿＿＿＿＿＿＿＿

＿＿＿＿＿＿＿＿＿＿＿＿＿＿＿＿＿＿＿＿

＿＿＿＿＿＿＿＿＿＿＿＿＿＿＿＿＿＿＿＿

＿＿＿＿＿＿＿＿＿＿＿＿＿＿＿＿＿＿＿＿

【為提供訂購、行銷、客戶管理或其他合於營業登記項目或章程所定業務之目的，城邦出版人集團（即英屬蓋曼群島商家庭傳媒（股）公司城邦分公司、城邦文化事業（股）公司），於本集團之營運期間及地區內，將以電郵、傳真、電話、簡訊、郵寄或其他公告方式利用您提供之資料（資料類別：C001、C002、C003、C011等）。利用對象除本集團外，亦可能包括相關服務的協力機構。如您有依個資法第三條或其他需服務之處，得致電本公司客服中心電話(02)25007718請求協助。相關資料如為非必要項目，不提供亦不影響您的權益。

1. C001辨識個人者：如消費者之姓名、地址、電話、電子郵件等資訊。
2. C002辨識財務者：如信用卡或轉帳帳戶資訊。
3. C003政府資料中之辨識者：如身分證字號或護照號碼（外國人）。
4. C011個人描述：如性別、國籍、出生年月日。

請於此處用膠水黏貼

TYPVS ORBIS
GENERATI,
VERENTVR
M GLOBVM,
IN HOC TEM
MEDIVM VI
QVAE TER
DICITVR.
Cicero.
TERRA SEPT EMTRI
CIRCVLS ARCTICVS
ANIAN regnum.
AMERICA SIVE IN DIA NOVA. Ao 1492. a Christophoro Colombo nomine regis Castellæ primum detec ta.
Noua Francia.
Chilaga
QVIVIRA regnum.
Tolm
Totonteac
Marata
Calicuas
Tagil.
Florida.
Estotilant.
Canagadi.
La Bermuda
TROPICVS CANCRI
MAR DEL NORT
Y. de los galopegos
CIRCVLVS AEQVINOCTIALIS
Caribana
Trinidad
Peru.
Brasil.
Amazones.
MAR DEL ZVR
Islas de Salomon.
TROPICVS CAPRICORNI
EL MAR PACIFICO.
Chica.
Rio de la Plata
Terra del Fuego.
CIRCVLVS ANTARCTICVS
TERRA AVSTRAL
HOC
PVNCTVM,
D INTER TOT
TES FERRO
GNI DIVIDI
O QVAM RIDI
SVNT MOR
QVID EI POTEST VIDERI MAGNVM
OMNIS TOTIVSQVE MVNDI

S TERRARVM.
VIDENDI
CAVSA, ARAN
BOS, VENAN
ET CVSTODIE
CANIS, HOMO
TEM ORTVS
MVNDVM CO
TEMPLANDVM
Cicero.
Tartaria.
Mongol
Cathaio.
Turchestan.
China
Persia.
Natolia.
Aegyptus
Arabia.
India orien
talis.
AFRICA.
Nubia
Abissini.
Manicongo.
OCEANVS AE
THIOPICVS
Lantchidol
mare.
LIS NONDVM COGNITA
VTINAM
QVEMADMO
DVM VNIVERS
MVNDI FACIE
IN CONSPECTV
VENIT, ITA PH
LOSOPHIA TOT
NOBIS POSSE
M IN REBVS HVMANIS, CVI AETER
NOTA SIT MAGNITVDO. CICERO.